IT运维之道

第2版

李鹏◎著

人民邮电出版社
北京

图书在版编目（CIP）数据

IT运维之道 / 李鹏著. -- 2版. -- 北京 : 人民邮电出版社, 2019.1（2024.2重印）
ISBN 978-7-115-49699-7

Ⅰ. ①I… Ⅱ. ①李… Ⅲ. ①IT产业—商业服务—运营管理 Ⅳ. ①F49

中国版本图书馆CIP数据核字(2018)第234871号

内 容 提 要

本书共分为五篇（机遇篇、做事篇、处事篇、技能篇和深入篇），从不同的层面阐述了 IT 运维人员应掌握的方法及相关知识与技能。本书深入浅出、化繁为简，将信息化服务中晦涩的 IT 标准、流程体系用浅显易懂的方式娓娓道来。“机遇篇”以一个实际案例为背景，帮助读者进行职业规划，引导从业人员在“软件开发”和“IT 运维服务”之间做出正确的选择。“做事篇”针对 IT 运维服务做什么、怎么做、怎么做好等问题进行了阐述，帮助 IT 运维服务人员梳理了工作思路，明确了工作目标和方向。“处事篇”从内外兼修两方面阐述了如何赢得人心。“技能篇”系统地介绍了 IT 运维服务涉及的技术和技能。“深入篇”深入浅出地介绍了当今国内外先进的 IT 运维服务标准、架构、体系和方法。本书可供 IT 运维人员、IT 从业者、IT 服务人员阅读，也可供从事 IT 工作的相关专业人士参考。

◆ 著　　　李　鹏
责任编辑　谢晓芳
责任印制　焦志炜

◆ 人民邮电出版社出版发行　　北京市丰台区成寿寺路 11 号
邮编　100164　　电子邮件　315@ptpress.com.cn
网址　http://www.ptpress.com.cn
北京天宇星印刷厂印刷

◆ 开本：800×1000　1/16
印张：15.25　　2019 年 1 月第 2 版
字数：308 千字　　2024 年 2 月北京第 17 次印刷

定价：55.00 元

读者服务热线：(010)81055410　印装质量热线：(010)81055316
反盗版热线：(010)81055315
广告经营许可证：京东市监广登字 20170147 号

推荐序

随着信息技术（IT）日新月异的发展，信息化技术浪潮已触及人们工作、生活的每一个角落。物联网、云计算、移动互联、大数据、人工智能等信息技术已经在国内各领域得到了广泛的应用。不但金融、电信、电子商务、互联网等离不开信息技术，传统的制造业、物流业、服务业、交通运输业、教育培训以及农牧业等，也都离不开信息技术的支撑。因此，通过 IT 服务，确保 IT 系统的安全、稳定、可靠运行是当今社会面临的重要课题。IT 服务是伴随 IT 系统的存在而产生的，只要有 IT 系统的地方，就需要 IT 服务。目前有超过三分之一的 IT 专业人员从事 IT 服务行业，大有三分天下有其一之势，这是一个大有可为的行业。

事实上，IT 服务是一项重要而平凡的工作。如何使工作平凡而不平庸，在平凡中透出精致，在平淡中于幕后透出光环，让 IT 运维人员的人生充满智慧与成就感？作者希望通过本书来解答。

目前 IT 服务类图书主要介绍 IT 运维标准和理论体系，IT 运维体系建设和服务流程，以及 IT 服务内容和技巧。对于从业者，这些只是 IT 服务工作的冰山一角。

本书作者长期从事大型 IT 服务管理工作，有多年的 IT 运维经验。本书从 IT 服务人员的视角阐述了如何在信息技术发展的大潮中明确自己的职业定位，历练技能，成为服务达人。本书深入浅出、化繁为简，将信息化服务中晦涩的 IT 标准、流程体系用浅显易懂的方式娓娓道来。“机遇篇”通过实际案例分析，帮助读者进行职业规划，使长期纠结于“软件开发”与“IT 服务”的从业人员得到明确的指引。“做事篇”针对 IT 服务做什么、怎么做、怎么做好等问题进行了阐述，为整天陷于事无巨细的 IT 服务工作的从业人员梳理了工作思路，明确了工作目标和方向。“处事篇”讨论了如何将 IT 服务人员从与机器和代码打交道中解脱出来，展示了如何与用户进行有效的沟通和交流，分享了“做事先做人，有位必有为”的服务理念。IT 服务的基础是扎实地掌握信息化技术，“技能篇”系统地介绍了 IT 运维服务所涉及的各种技术和技能。最后为了便于读者深入了解和掌握 IT 服务的高端知识，“深入篇”深入浅出地介绍了当今国内外先进的 IT 服务标准、架构、体系和方法论。

总之，本书不但将 ITIL、ISO 20000 等运维服务理念和服务心得融入其中，还剖析了 IT

服务的成功经验和规律，让读者系统地了解和掌握 IT 服务的最新理念、技术、方法和要素，提高 IT 服务的水平和能力，享受从事 IT 服务工作的乐趣与荣誉。本书不仅适用于 IT 服务从业者本身，也适用于其他服务行业人员。

本书是一本富有内涵、智慧和趣味的图书，从事 IT 咨询、开发、建设和服务的工作者和一般读者，都将从中受益。

王金亮博士
中烟商务物流有限责任公司总工程师
2018 年 7 月

前　　言

这么多年，笔者一直从事 IT 服务及其管理工作，觉得 IT 服务就像一本奇书。初读它时，貌似看懂了，用起来却差强人意；有时候突然从里面发现了什么似的，又转瞬即逝；有些道理看似平淡，经过多年的感悟才体会到它们是千真万确的真理。于是，兴趣所致，常常在夜深人静时把一点一滴的得与失进行思考总结，日积月累，便有了一些积淀。而平时，在日常的工作中发现不少积极向上的同事也在探索 IT 服务的道路。在朋友和家人的提点与鼓励下，把多年的经验与心得凝聚成册，最终促成了本书第 1 版的面世。本书第 1 版出版后，广大读者又提出了不少宝贵的建议。考虑到新老读者的需求，笔者在不改变本书总体结构的基础上，对本书又进行了修订，增加了一些章节，并将原来描述不清楚的地方进行了补充，希望本书能够帮助朋友们在 IT 运维服务的道路上早入门、少走弯路，在工作中成就自己的梦想。

同第 1 版一样，本书第 2 版分为五大篇，即机遇篇、做事篇、处事篇、技能篇和深入篇。每篇又分为若干章节，从不同的层面、角度阐述做人做事的方法以及相关基础知识。“机遇篇”仍然使用的是第 1 版中的故事，故事发生在 2013 年，以那时的收入来看，主人公的收入水平还算可以。另外，由于 IT 服务中最主要并且最基本的服务就是 IT 运维服务，因此本书对此方面的着墨最多。IT 服务有很多种，但其工作方法都是相通的。掌握了 IT 运维服务的方法就能推而广之、融会贯通。希望本书能够成为 IT 从业者或 IT 服务人员的一个向导，为他们成功遨游于 IT 服务领域奠定基础。

在本书的编写过程中，周德照、冯励、周延斌等同事给予了大力支持，唐杰、魏胜纪也提供了帮助，在此向他们表示感谢。

由于时间仓促，书中难免有一些不足之处，恳请广大读者批评指正。

资源与支持

本书由异步社区出品，社区（https://www.epubit.com/）为您提供相关资源和后续服务。

提交勘误

作者和编辑尽最大努力来确保书中内容的准确性，但难免会存在疏漏。欢迎您将发现的问题反馈给我们，帮助我们提升图书的质量。

当您发现错误时，请登录异步社区，按书名搜索，进入本书页面，单击“提交勘误”，输入勘误信息，单击“提交”按钮即可。本书的作者和编辑会对您提交的勘误进行审核，确认并接受后，您将获赠异步社区的 100 积分。积分可用于在异步社区兑换优惠券、样书或奖品。

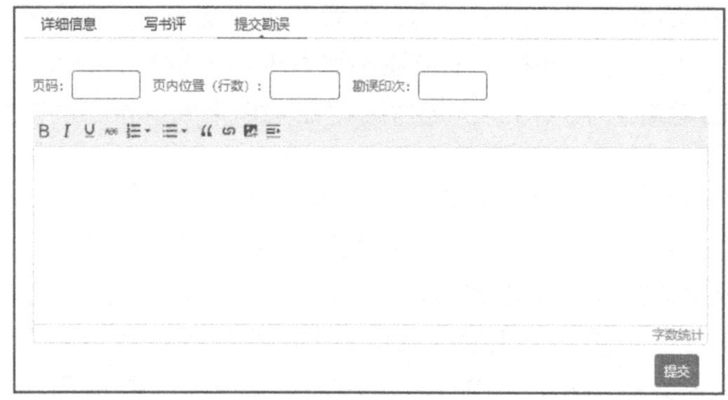

扫码关注本书

扫描下方二维码，您将会在异步社区微信服务号中看到本书信息及相关的服务提示。

与我们联系

我们的联系邮箱是 contact@epubit.com.cn。

如果您对本书有任何疑问或建议，请您发邮件给我们，并请在邮件标题中注明本书书名，以便我们更高效地做出反馈。

如果您有兴趣出版图书、录制教学视频，或者参与图书翻译、技术审校等工作，可以发邮件给我们；有意出版图书的作者也可以到异步社区在线提交投稿（直接访问 www.epubit.com/selfpublish/submission 即可）。

如果您是学校、培训机构或企业，想批量购买本书或异步社区出版的其他图书，也可以发邮件给我们。

如果您在网上发现有针对异步社区出品图书的各种形式的盗版行为，包括对图书全部或部分内容的非授权传播，请您将怀疑有侵权行为的链接发邮件给我们。您的这一举动是对作者权益的保护，也是我们持续为您提供有价值的内容的动力之源。

关于异步社区和异步图书

“异步社区”是人民邮电出版社旗下 IT 专业图书社区，致力于出版精品 IT 技术图书和相关学习产品，为作译者提供优质出版服务。异步社区创办于 2015 年 8 月，提供大量精品 IT 技术图书和电子书，以及高品质技术文章和视频课程。更多详情请访问异步社区官网 https://www.epubit.com。

“异步图书”是由异步社区编辑团队策划出版的精品 IT 专业图书的品牌，依托于人民邮电出版社近 30 年的计算机图书出版积累和专业编辑团队，相关图书在封面上印有异步图书的 LOGO。异步图书的出版领域包括软件开发、大数据、AI、测试、前端、网络技术等。

异步社区

微信服务号

目　录

深入篇

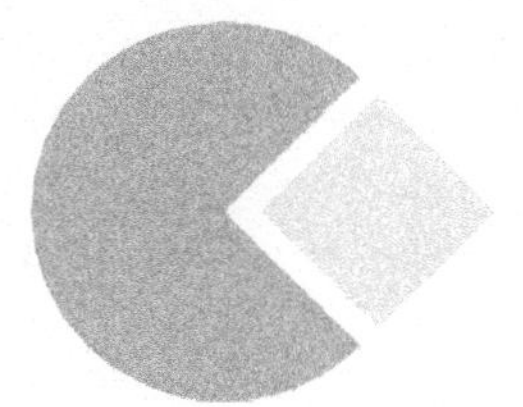

机遇篇

第1章 IT男

故事总是充满奇遇，该篇的主人公也不例外。几年前还是在校生的小王，在毕业前夕也经历了人生中的一次重大转折。

1.1 工作半年月薪过万

在毕业前夕，同大多数同学一样，××理工大学计算机软件专业的小王也希望成为一名软件工程师，在软件行业成就一番事业。然而，这时的他可能对4年的学校生活有些后悔，回想大学生活，除了熟悉的教室、食堂、宿舍、自己的笔记本电脑及游戏外，其他的几乎一片空白。田径场上没有他的英姿，各种社团中也没他的身影，每门成绩几乎都是60分。没有亮点的他投出去的简历几乎石沉大海，最后他被一家做IT运维的公司看上，工作内容是为另一家大型国企维护计算机，同时表姐给他报了一个DB2系统管理员培训课程。奇怪的是，小王对DB2异常感兴趣，也许这段时间只有沉浸在这里才能暂时忘记他曾是“失败者”的感受。就这样，一晃半年过去了。一天这家公司承接了该国企的数据库运维服务。在人员招募中，小王顺利通过了公司的考试，成为DB2维护团队中的一员。加入团队后，小王激情四射，常常为处理数据库的问题通宵加班。当东方开始发白的时候，问题也解决了，得到了客户的多次肯定与表扬，老板给他加了薪，月薪很快过万了。

1.2 三年当部门经理

有了这次成功的体验后，小王在工作上努力了，爱上了IT服务，在自己的工作中发现仅有激情还不够，规范到位的服务也非常重要。那什么才是好的规范服务呢？小王在网上查了很多资料，决定瞄准国际经验，开始自己报名学习 ITIL。通过学习 ITIL，他掌握了很多相关知识，开始给公司建言献策，建立起各种规范制度，并成为公司 ISO 20000 项目的骨干，最后公司通过了 ISO 20000 认证。除了服务意识之外，他坚持学习 ISO 20000，不断提升自身技能、管理能力等，一步步从项目经理、业务组长、部门副经理走了过来，短短三年时间内就当上了小型机服务事业部总经理。

1.3 IT 服务的创意人生

小王不但技术水平高，而且服务态度好，对客户总是笑脸相迎。经过这几年的历练，讲话水平有了大幅度的提高，不但技术方案讲得头头是道，而且对不同客户的商道也摸出了路数。有客户劝他自己开公司，在一帮老同学的帮助下，小王的技术服务公司诞生了。他的公司秉承规范服务、优质服务的理念，生意越做越大，由 IT 运维服务，到 IT 运维、IT 培训、IT 咨询、IT 服务外包等，不断扩展新的业务。小王的事业蒸蒸日上，自信心从他的言谈举止中展现了出来。前一段时间，他组织了一场公司员工与客户的篮球比赛，还联合当地电视台进行报道，不仅加深了与客户之间的感情，同时还加强了企业文化的建设。

第2章　机遇就是有时选择大于努力

上一章的故事说明了一个道理，人生的选择很重要，选择有时比努力更重要。但是，往往有选择就有痛苦，这种痛苦来自于对未知的恐惧和现实需要的付出。作为一名 IT 从业者或即将从事 IT 的工作者，你该怎么选择？下面我们来分析一下。

2.1 选择 IT 开发还是 IT 服务

从宏观上讲，现在软件产品已是百花齐放，品种众多，大规模的开发时代应该过去了，客户由追求软件数量到追求 IT 品质，IT 服务就变得越来越重要了。从数据上看，中国 IT 服务市场在 2011 年恢复高速增长，同比增长率逐年递增，从 2011 年市场规模达到 1507.28 亿元，到 2017 年市场规模达到 5851 亿元，预计 2018 年市场规模可达到 6728 亿元，2019 年可达到 7859 亿元。

所谓 IT 服务是指服务商利用计算机有关的专业知识、技术、硬件设施或软件为用户提供的一系列服务。例如，IT 硬件的维护或维保，基础软件或应用软件的维护与升级，IT 技术技能及管理的培训，IT 运行或管理的咨询，计算机有关设备的租赁及使用，通过应用软件为用户提供有偿或无偿服务等工作，都是 IT 服务。也就是说，单位里的 IT 部门为你提供 IT 服务，IDC 也在提供 IT 服务，微信、微博、QQ 以及手机上的大量 APP 都在为用户提供 IT 服务。目前，在 IT 服务的大家庭中，IT 运维服务占有越来越显著的地位，而且也是 IT 服务的基础性工作。伴随着电子商务、移动互联、网上或移动支付的崛起，系统的安全性、稳定性、运维的可靠性越来越受到 IT 服务界专业人士的重视。

综上所述，IT 服务大有可为。笔者常把 IT 工作比作医务工作，而不是建筑队、物业队。

之所以比作医务工作，首先，二者既是工程又是艺术，其次，它们都离不开人。IT 开发像外科医生，中年从业者最受欢迎；IT 服务像内科医生和保健医生，越老越值钱，需要靠经验。一个系统的问题可能是由多种因素造成的，这些因素又相互关联，你中有我，我中有你。问题的处理很多时候是一种平衡，IT 运维工作或更广泛的 IT 服务工作是一种在学习、探索、积累中不断提升自己经验值的工作，它让你的职业生涯充满好奇、充满挑战、充满智慧与成就感。从事 IT 开发的人员要求快速上手，开始时劳动强度比较大，中年时会考虑是提升的机会多还是转行更好。毕竟项目经理、高级设计师、需求分析师的职位少，而无论你在客户服务线，还是技术支持线，抑或管理线，IT 服务（包括运维、拓展、培训、咨询、数据处理、测试等），原则上都有很广的上升空间，从 IT 开发转行过来的人也很有优势。所以说，选择一个职业，还要结合自己的兴趣爱好、特长等。如果你年轻，还不清楚自己的定位，为什么不去多尝试一下？反正你的沉没成本低。

2.2 早选择，早领跑

我们从读小学起就在有意无意中进行选择，比如课外班选择奥数的人到了高中更倾向于读理科；课外班选择艺术类的人到了大学更能显示出文艺范儿；课外班选择外语的人到了工作中更容易进入外企。很多人以为冥冥之中他们的职业选择是命运安排的，其实兴趣班的选择往往在人们的职业道路上起到了潜移默化的作用。例如，IBM 公司在 2002 年收购普华永道咨询公司之举，当时来看颇有背水一战的勇气，而目前再看，实乃明智之举。当下，在中国 IT 行业的企业高举 IT 服务的大旗时，我们不得不佩服 IBM 公司选择从 IT 制造业转向 IT 服务业时巨大的魄力。早选择往往就有太极拳中“四两拨千斤”的巧劲。

前面讲的小王就是因为一次机遇，比同学早选择了 IT 服务这个行业，结果，把以前在学校比他优秀的同学甩在了后面。其实，关于他的故事本想写部长长的励志书，但这不是本书的重点，在此略去。

那如何早选择呢？确实越早选择就越难选择，选择不是天马行空，选择要与自己的专业相结合，要与自己的志向相结合，要与自己的兴趣特长相结合。一般情况下，一个从事 IT 服务的人员应具备必要的计算机基础知识，善总结，爱积累，好学习，同时要有持之以恒的信念和热爱服务的理念。不管是外向型性格还是内向型性格，笔者觉得这都不影响人们在 IT 服务中找到自己的位置。无论怎样，本人是 IT 服务的一名从业人员，当然，欢迎你们加入 IT 服务这支队伍，并尽早成为这支队伍中的“达人”。

做事篇

第 3 章　IT 运维做什么

3.1 IT 运维的 4 件要事

IT 服务中最主要且最基本的服务就是 IT 运维服务，本章就从这里说起。

在 2014 年春节微信红包派发之际，移动互联网行业惊呼“微信一个晚上绑定 1 亿的用户，完成了支付宝历时 8 年的工作”。微信只用一晚上就完成 1 亿的用户绑定，按照一晚上 8 小时计算，平均每小时微信需要处理 1250 万用户发起的绑定请求，平均每秒钟微信要处理 3472 个用户，同时完成每个用户的红包派发流程。凡是参与过 2014 年微信红包派发或领取过的人，几乎都能较为顺畅地绑定银行卡，派发或领取红包，个人的微信账号上也能即时显示每个人所领取的红包个数和金额等。在这套完整的银行卡绑定和红包领取流程中，用户的体验如此完美，其幕后是由一套完备的 IT 运维服务支撑体系来实现的。这套完备的 IT 运维服务支撑体系不仅包括强有力的技术平台，还包括周到的服务流程和应急准备以及以用户体验为核心的服务实施。想象一下，正当全民在欢度春节之际，一台台闪着绿灯的服务器在高速地运算着，一位位尽职的运维工程师还在终端前监测着系统的状态，保障着系统的顺畅运行，这些幕后的英雄创造了又一个移动互联网的新应用奇迹。

长期以来人们获得的一流的 IT 服务体验都是由一套完备的 IT 运维体系来支撑的。这套 IT 运维支撑体系容易让人们有一种错觉，即 IT 运维服务是以技术为核心的。因为在用户的眼里，好的 IT 运维服务总是取决于 IT 运维服务者技术能力的高低，水平高的工程师常常只需要几分钟就能完成工作，而水平低的工程师常常要耐心等上好几个小时才能解决问题。而这只是事实的一部分，一流的 IT 服务体验来自于以用户服务为核心的战略，即一个为用户服务的文化理念、一套标准规范的流程、一套科学有效的服务方法是用户获取最佳体验的基础，在此基础之上才是技术。我们说当今最具代表性的产品就是苹果公司的 iPhone 手机，它为用户提供的极致体验是以用户需求为出发点并借助高科技的创新手段来实现的。

高效能的 IT 运维服务者如同一名技艺高超的保健医生，在用户眼里是 IT 技术专家，在内行人眼里是 IT 服务专家。保健医生首先是全科医生，能够把人当成一个整体，来帮助人们预防疾病和治疗常见的疾病。IT 服务专家就具备这样全面的 IT 系统“保健”能力，他们能够把 IT 技术和 IT 服务当作一个有机的整体，让内行人士能感觉到我们有专业的能力为 IT 系统的“健康”保驾护航，让外行人士看到、听到、感觉到 IT 服务者能够在大多数情况下一次性高效率地解决问题。

那么 IT 运维服务的主要工作有哪些？这首先要从 IT 运维服务的目标说起。IT 运维服务的简单目标就是确保所维护的信息化系统安全、高效、平稳地运作。当然，高级目标还有客户的向心力等。IT 服务专家根据这个目标向 IT 系统使用者提供优质的 IT 服务要提供优质的服务，IT 运维服务人员如果做好以下 4 件事情（见图 3.1），就可以达到事半功倍的效果。

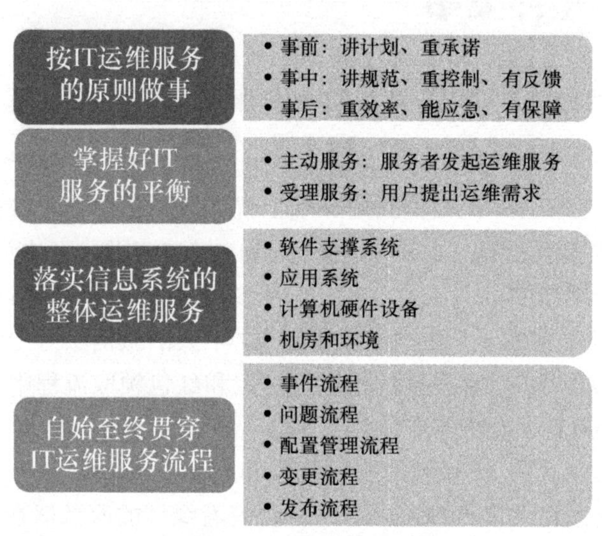

▲图 3.1　IT 运维的 4 件要事

- 按照 IT 运维服务的原则做事。IT 运维服务的原则即事前讲计划、重承诺，事中讲规范、重控制、有反馈，事后重效率、能应急、有保障，共八项原则。

- 掌握好 IT 服务的平衡。重点是掌握好主动服务和受理服务平衡的艺术。

- 落实信息系统的整体运维服务。信息化系统的整体运维要从做好相关子系统的维护入手，从信息化系统层面来看，信息系统可分为软件支撑系统、应用系统、计算机硬件设备以及机房和环境 4 个子系统。

- 自始至终贯穿 IT 运维服务流程。IT 运维服务流程的核心流程包括事件流程、问题流程、配置管理流程、变更流程和发布流程。

3.2 IT 运维服务的原则

通过前面的介绍，读者了解了 IT 运维服务的主要工作内容。作为 IT 运维服务者，如何做好这份工作呢？运维服务工作看似简单，不少人认为这项工作就是修修电脑、调试软件等，一年忙到头，既不被用户认可，也不被老板重视。面对困惑，我们多少会想，自己是做得多好还是做得少好？是忙点好还是闲一点好？这里的回答是："都不是！做到点上才好！"怎样才能做到点上呢？

首先，要用心，用心做事才能成功。当然，这里面确实有技巧。我们首先要知道 IT 运维服务的理念是"科学化、透明化、人本化"。总体原则是：事前讲计划、重承诺，事中讲规范、重控制、有反馈，事后重效率、能应急、有保障。这几个方面是相辅相成的，有了计划才能按照计划与承诺去开展相关工作，在这个过程中要体现规范性，并有效控制各种风险，对于服务过程与结果，应向用户进行报告和反馈。同时，整个运维工作应体现出积极的效果，包括运维效率、应急与保障能力等。只有这样，运维工作才能满足用户的需求，并达到预期的效果，实现用户放心、舒心、开心的目标。

3.2.1 重承诺

获得用户的信任是长期、稳定、深入开展运维工作的基础和前提。而要获得用户的信任，很重要的一点就是讲信用，即重承诺。重承诺是 IT 运维服务商向用户提出具体的运维服务承诺，并认真做好运维工作，确保各项运维指标达到标准，从而获得用户的信任，让用户放心。用户对运维工作的信任需要长期、耐心、深入地开展工作。

对于用户的任何承诺，都应严格予以履行，确因特殊原因导致无法履行时，应提前和用户进行说明和解释，并获得对方的谅解。简单来说，对用户不要轻易许诺，而一旦许诺，就要做到。具体体现在以下方面。

（1）事先和用户约定服务级别协议（Service Level Agreement，SLA），对于所承诺的服务级别目标应严格履行。

（2）对于给用户所做的书面或口头承诺，包括提供的资源、提供的方案、应给予的回复，都应在约定的时间内、按约定的要求予以提供或实现。

（3）向用户承诺后要认真执行相应的工作任务，确保服务承诺可以达成，重点是给用户的各种计划，应按计划安排予以执行，确实需要调整的应提前向用户进行说明以调整计划。

（4）对用户做出的书面服务承诺必须达成，当预判对用户的承诺在既定的时间内可能无法达成时，应提前向用户解释，并提出补救措施，以尽量达到服务承诺的标准。

（5）及时向用户汇报各项服务承诺达成的情况，让用户了解我们对运维承诺的重视和执行力。

3.2.2　讲计划

《草船借箭》是三国时期的一个故事。周瑜为陷害诸葛亮，要诸葛亮在 10 天之内造好 10 万支箭。诸葛亮算定了大雾之日，便借子敬 20 只草船驶往曹营，曹操因疑雾中有埋伏，便令以乱箭射之。待至日出雾散，孔明令收船急回，船轻水急，曹操追之不得，使孔明既安全借得箭，又挫败了周瑜的暗算，表现了诸葛亮有胆有识、才智过人的品质。《草船借箭》中诸葛亮的胆识和才智受到后人的赞美，不过笔者以为诸葛孔明最令人叫绝的是他的这次策划，因为有这天衣无缝的策划，所以胸有成竹，轻轻松松，成绩显著。而策划用在运维上就是计划。计划是运维服务工作变被动为主动的体现，它是运维人对运维工作的设计，体现了运维人对工作的积极性与创造性。好的计划一定会得到客户与公司的认可。当然，它也体现了运维人的成就。

因此，想在运维过程中轻轻松松，又能做到点上，还要工作愉快，就要科学周密地分析，落实客户的要求，落实公司的安排，还要把自己的意志表达出来，并得到公司和客户的认可。这就要重视事先的计划。计划其实就是运维工作中的策划，是运维工作的思想，就要重视事前的计划。计划来源于和客户达成的承诺或领导的命令。在整个运维过程中，计划是整个工作流程的核心，年度计划（依据服务承诺制订）又是计划中的龙头。按照计划先行的原则，依据本年度工作计划制订分项工作计划（如巡检计划、监控计划、培训计划等）和时间维度计划（季度工作计划、月度工作计划等），并遵照流程和计划实施和提供保障。因此，工作计划是真正运维具体工作的龙头，它是围绕实现服务承诺而制订的，各分项工作计划（如巡检计划、监控计划、培训计划等）和时间维度计划（季度工作计划、月度工作计划等），都应以确保实现服务承诺为前提。其中，现场巡检计划是运维工作计划的核心，因为现场巡检工作具有重要的作用和意义，通过现场巡检能够发现系统薄弱环节、关键业务节点、存在的隐患，尤其是对制订应急预案及备品备件计划至关重要。当然，写得再完美的方案如果不实施就等于纸上谈兵、水中之月，因此，计划执行应是重点，企业的成功很多时候在于执行，运维体系能否严格按照工作计划执行是运维服务效果能否达标的关键因素之一。当然，如果计划发生变化，那么如何执行也应进行相应的更新和变动，以适应工作计划的需要。在运维过程中，应严格按照流程规范开展运维工作，并注重控制以降低运维风险。针对运维的执行情况，应定期向用户进行反馈。不过，计划的详略、时间跨度要依据项目和公司情况而定。

另外，要将工作计划的执行效果及运维结果与服务承诺进行对比，对比的结果应作为改进工作计划的输入，确保对用户的承诺能够达成。在此过程中，运维人员将根据工作需要定期或不定期地将运维工作情况向用户进行反馈与汇报，让用户全面了解整个系统运行情况及运维工作情况。总结一下，运维工作执行来源于计划，受控于流程，输出于反馈，更新于实践。

3.2.3 讲规范

没有规矩，不成方圆。运维工作尤其需要注重规范性。讲规范就是按照既定的工作流程、礼仪、制度、要求等开展工作，这会让用户感受到我们的运维服务是透明的，符合科学流程。这项工作的价值还体现出服务的一致性上，无论用户在何时向任何运维工程师提出运维服务要求，他们均享受品质一致的运维服务，获得良好的服务体验。

讲规范，具有以下好处。

（1）对于所有运维人员，能够按照统一的服务规范开展工作，使运维参与者均能形成优良的服务意识，以确保运维服务质量。

（2）清晰的工作流程能够使用户感受到运维服务的专业性、一贯性。

（3）有效地执行服务流程能够确保其中的每个角色职责清晰，进而提高运维效率。

（4）统一的服务礼仪能够体现运维工作者的良好形象，规范的文档编写能够体现运维人员的专业素养，这均有利于用户满意度的提升。

要做到讲规范，重点要做好以下工作。

（1）按照运维管理体系制订完备的运维工作流程，按照流程的角色定义，明确各角色在流程中的职责。

（2）通过培训让全体运维人员熟悉并掌握运维工作规范的要求，通过沟通让用户充分理解运维工作流程的执行效果对用户的重要性。

（3）运维服务者通过日常工作认真落实各项运维工作流程与规范，借助运维服务管理平台记录工作执行的过程与结果。

（4）运维管理者通过定期汇总分析常见故障和突发事件量以及事件完成质量，了解流程规范执行的落实效果，并在此效果基础上持续改进。

3.2.4　重控制

重控制是为了控制运维服务质量达到运维服务承诺的要求而开展的工作，主要涉及两个方面：一是确保运维服务目标按要求达成，二是有效控制运维服务过程中的系统风险。在运维过程中，若不注重控制，将很难保证运维服务结果达到约定的要求，而且，有可能发生一些影响较为恶劣的重大事故，比如业务中断、数据丢失等。因此，在运维过程中注重控制，将有效规避风险，保障运维服务质量。

重控制包括关键流程节点控制、操作痕迹化管理、变更控制、发布控制、定期回顾并出具服务质量报告等。具体措施包括以下内容。

（1）按照运维服务的特点梳理运维服务流程的关键节点，将关键节点的日常运维工作文档化。

（2）运维过程要体现痕迹化管理，所有事件、变更、发布等环节的处理细节均应完整记录下来，作为质量跟踪的依据。

（3）使系统变更应受控于变更管理流程。所有变更均应充分评估风险，并在实施前经过严格测试，制订回退机制，确保在风险可控的情况下进行变更实施。若因故变更失败，亦能通过回退机制恢复服务。

（4）使系统发布受控于发布管理流程和变更管理流程。所有发布均应提前进行严格测试，制订回退机制，确保在风险可控的情况下发布实施。在应用部署发布前，制订测试方案及运维保障实施方案。

（5）定期开展事件流程的回顾会议，定期（如每月或每个季度）进行流程执行过程与结果的检查与回顾对于存在的问题或风险进行分析并提出改进措施，同时在下一个周期内改善服务质量、规避系统风险，以有效控制整体运维服务质量。

（6）严格按照“运维报告机制”进行内部报告和审核，以把相关情况纳入跟踪控制范畴，按照统一口径进行处理。

3.2.5　有反馈

与用户建立良好的沟通是做好运维服务的关键。有反馈主要是指运维服务者向用户及时反馈信息。有反馈就是在做好运维服务的基础上，让用户及时了解运维服务者的工作情况。适当的运维信息反馈是必不可少的。用户是运维服务的消费者，也是最终受益者。如果对运维工作不了解或了解不透彻，从某种意义上说是用户的损失，也是运维服务者对运维服务质量不够重视的体现。

在以下方面，要向用户进行必要的反馈。

（1）对于用户的关切点，包括系统运行状况、潜在风险情况、运维工作情况等，定期通过书面方式报告给用户。这充分尊重了用户的知情权，并且可让用户全面了解系统整体情况及运维情况，进而对运维产生信任感。

（2）对于重大事件的处理进展，定时向用户进行报告。这有利于缓解用户的紧张和急躁情绪，避免运维工作陷入被动。

（3）对于用户提出的需求，按时予以反馈。这能让用户感到自己的建议和意见获得足够的重视，从而建立良好的工作关系。

做好运维过程中的沟通反馈主要包括以下几方面。

（1）定期向用户出具运维工作情况报告（如周报、月报、年报），向用户展现系统运行情况、潜在风险分析、隐患发现情况、故障受理情况、其他各类服务情况及运维服务建议等。

（2）在处理重大事件过程中，按与用户约定的频次主动（如每半小时 1 次）向用户报告故障的排查情况、处理进展和预计恢复时长等。

（3）对于各项需要向用户进行反馈的信息，应事前制订“运维报告机制”，运维服务者都应该按照“运维报告机制”进行内部报告，并有各级管理人员审核，从而可以将相关情况纳入内部质量跟踪控制范畴。同时，经过报告和审核的内容要按照报告机制以口头或者书面形式及时向用户报告。

（4）对于用户提出的各类咨询或服务请求，应在处理过程中及时向用户报告处理进展或解决建议，积极主动和用户进行沟通交流。

3.2.6 重效率

一般来说，系统一旦发生故障，用户往往希望能够在最短的时间内解决，尽量在时间或金钱上减少对业务造成的损失，这对运维效率提出了很高的要求。重效率是指在处理各类故障和咨询服务时，我们始终要做到快速响应、迅速处理。要做到这一点，需要运维服务者能够及时响应需求、快速定位故障、安全排除故障。如果运维服务者能够将重效率和有反馈有效地加以运用，就可获得用户的充分信赖。

（1）运维服务者均应树立“想用户之所想，急用户之所急”的观念，将用户对解决问题的迫切愿望放在首要位置。

（2）运维管理者应该按照科学化的理念测算各类故障级别的平均恢复时长，安排运维工程师对每一个级别的故障排除方案进行反复演练。一旦故障发生，能够熟练地处理故障，快速解决问题，稳妥恢复业务。

（3）运维质量管理部门通过日常事件处理的服务恢复时长检查运维事件处理是否能够达到快速响应和处理的要求。

（4）建立 IT 服务管理体系，定期回顾事件处理效率在哪些方面存在改进的空间，定期发起持续改进。

3.2.7　能应急

对于用户而言，IT 系统仅仅是帮助他们完成业务的工具。只有在用户使用的过程中出现故障，用户才会感到运维服务者的重要性。作为 IT 系统的保健医生，IT 运维专家一方面要预见到系统的故障，另一方面也应该能够排除故障，这也是成为一名 IT 运维专家的核心要求。对于系统突发的故障，尤其是影响程度高的故障，若能快速应急响应并迅速解决，就会和用户建立充分的信任关系。若所有突发故障均能迅速解决，将使用户对我们产生信赖感，即在信任的基础上形成依赖。因此，整个运维服务团队的应急保障能力至关重要。

为了体现应急保障能力，可采取以下措施。

（1）建立应急预案，提前做好各类预判与准备，必要时定期对应急预案进行演练，包括不同类型事件的应急保障团队、保障服务方式等，确保一旦发生突发故障，能够有条不紊地按照预案进行应急响应和处理。

（2）配备一定的应急服务装备，如处理故障的必备工具、排除故障的必需备件、恢复系统的必备软件、3G 无线网卡、精确检测仪器等。IT 运维专家首先是能够依靠技术手段提升应急保障能力的专家。

（3）对于信息化系统中包含硬件设备的用户，建议用户储备必要的备品、备件和备机，一旦突发硬件故障且短时间内无法修复，能够利用备品、备件先行顶替故障设备，从而尽快恢复业务。

3.2.8　有保障

运维服务的效果体现为“有保障”，运维队伍给用户的感觉简单来说就是：招之即来，来之能战，战之能胜，从而让用户对系统放心、对运维放心。如果运维工作是有保障的，就能够消除用户的后顾之忧。

要做到有保障，可采取以下措施。

（1）通过网络互动服务、电话服务热线、现场服务等多种运维服务途径让用户随时随地都能够联系我们。

（2）如果 IT 系统较大或较复杂，运维服务商内部建立起一线、二线、三线的运维梯队，二线对一线进行支持，三线对二线进行支持。系统开发商、设备供应商都属于三线支持人员，必要时他们能够给予二线足够的支持与保障，确保整个运维工作是有保障的。如果 IT 系统较小或较简单，运维服务商不一定需要建立完备的一线、二线、三线队伍，但需要在岗位职责中包含相应的职责，确保运维工作流程是闭环的。

（3）运维服务商内部有完善的软硬件支撑环境，包括 IT 服务管理平台、电话呼叫系统、网上培训平台、全套运维模拟环境、运维协同办公系统等。

（4）在重要时期，比如业务高峰期或重点节假日期间，制订重点保障预案，严格按照保障预案执行，并在结束时向用户提交重点保障完成情况报告。

要做好 IT 运维，就要理解这八项原则的要义。如果把 IT 行业比作“江湖”，那么知道 IT 运维需要做什么就是了解“江湖”的第一课。遵循 IT 运维服务的原则就好比一门高深的武功，要练好武功，首先要练好内功。这八项原则就是练好内功的秘诀，练到炉火纯青的时候，不但拳脚不能伤其毫发，即使用刀劈剑刺，亦难伤其毫发。

3.3 实现服务平衡

IT 运维的第一件要事是按照 IT 运维服务的原则做事，第二件要事就是将这些原则应用到 IT 运维服务工作当中，让服务恰到好处。我们说过，服务并不是越多越好，更不是越少越好，是服务到点上就好，这就是需要平衡。平衡有两个层面。一个层面是客户与公司的平衡，用合适的服务力量满足客户的需求；另一个层面是服务方式的平衡。从服务的发起方来看，IT 运维服务工作可以分为主动服务和受理服务。

我们曾将 IT 运维专家比作 IT 系统的保健医生，保健医生最重要的能力是“治未病”的能力。对于 IT 运维服务而言，“治未病”就是主动服务，“治已病”就是受理服务。

3.3.1　主动服务

主动服务是服务者主动为用户提供一系列运维服务，其目的是为系统提供防患于未然的维护保养服务，使得系统长期处于一个健康稳定的状态。主动服务是确保信息化系统安全、高效、平稳运作的有效手段。主动服务还可以让用户获得更好的服务体验，同时，更好地了解系统的运行状况和未来需要配备的备机及备件资源等，从而使用户对服务者产生信赖感。主动服务的形式包括向用户提供服务计划、对 IT 系统定期巡检、设计必要的应急预案等。主动服务的工作内容包括远程监控、现场巡检、技术培训、服务报告和问卷调查等。主动服务完成的效果可以从策略制订、计划实施、服务质量 3 个方面进行评价。

能够做好主动服务的 IT 服务者通常是条理性好、目的性强、对 IT 系统的各子系统了解比较清晰的人。他们会用心地研究 IT 服务的内容，编制好系统定期养护的计划。

3.3.2　受理服务

受理服务是用户在发生故障时向运维服务者提出服务需求并获得运维服务的过程，其目的是在信息化系统意外发生故障时快速有效地解决，从而减小对业务的影响。受理服务包括受理各类用户电话请求（故障请求、服务请求和咨询请求等），以及远程请求和现场服务请求。受理服务标准包含 3 个方面：受理服务分类标准、受理服务处理规范和受理服务效率要求。这些工作将由服务提供商和用户共同确认，双方彼此都接受与认可，作为日后执行受理服务的目标与要求。

服务提供商的资源是有限的，而用户的需求依据不同的服务类型是有轻重缓急之分的。如何将有限的资源分配给不同类型的事件，需要依据一定的策略对事件进行分级，这就形成了受理服务分类标准。在分类标准的基础上，针对不同类型的事件，应有相应的处理规范与子流程，以确保资源得到合理分配，这就形成了受理服务处理规范。而每一个事件的处理都有一个完成目标，比如目标恢复时间与目标解决时间，将这些都详细地列出来，这就形成了受理服务效率要求。这 3 个部分是一个有机的整体，也是确保受理服务能够贴近用户需求的必要保障。

1. 受理服务分类标准

对于用户提出的各类请求，即故障、服务、咨询及变更等请求（统称为“受理服务事件”），这里将对其提供的服务称为受理服务。依据服务提供商在资源有限的情况下如何最大限度地满足用户需求、提升用户满意度，将受理服务按重要性来进行划分。重要性主要依据两个维度（紧急度与影响度）来判断，详见图 3.2。按照受理服务的重要性，可以将服务划分为若干级（企业可根据自身实际情况划分等级，推荐为 7 级）。不同级别的受理服务处理的流程与方式也有所不同，因此分类的情况应先取得用户的认可。

2. 受理服务处理规范

受理服务处理规范包括响应时间要求、电话作业规范、事件处理流程 3 个部分。其中，响应时间要求是针对用户拨入电话的响应速度，将用户的等待时间限定在一定范围内；电话作业规范主要约定了电话用语，以使用户感到整个受理服务过程是热情、专业、规范的；事件处理流程规定了事件从受理开始到受理结束应经历的过程，以确保每一个事件的服务质量。

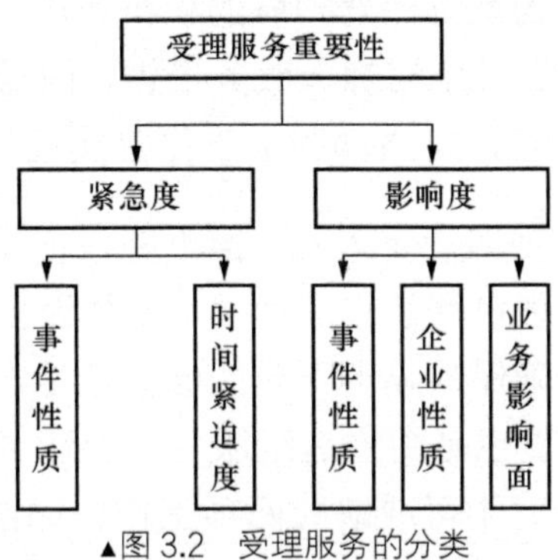

▲图 3.2 受理服务的分类

3. 受理服务效率要求

受理服务的效率要求包括目标恢复时间要求与目标解决时间要求，依据受理服务分类与事件类型确定每一类、每一级事件的目标恢复时间与目标解决时间。

能够做好受理服务的IT服务者通常是在平时注意积累与IT运维服务相关的知识并且学以致用的人，因此，他们在遇到IT故障时可以从容不迫地解决系统的故障。

3.3.3 服务的平衡

好的IT运维服务能为IT系统提供全方位的维护保养，IT运维专家能够把IT技术和IT服务当作一个有机的整体，为IT系统安全、高效、平稳的运作而保驾护航。我们将IT运维服务比作保健医生，那么保健医生既要能够“治未病”，也能够“治已病”。在运维服务工作中，主动服务相当于为IT系统“治未病”，受理服务相当于为IT系统“治已病”。这两项服务工作都要做，并且要做好。那么主动服务和受理服务在实际工作中的占比应该是多少呢？这需要根据每个企业的实际情况和用户对IT系统维护的需求而定。

在现实情况中，我们遇到很多主动服务和受理服务占比不合理的例子。例如，如果企业的IT 系统处在建设期刚结束、运维期刚开始之际，运维人员没有提前在系统建设期做好准备，没有及时介入到系统运行的保障当中，那么就容易出现手忙脚乱的局面，疲于应付受理服务而无暇顾及主动服务。要避免这样的情况发生，最好在系统规划时期对IT系统的运维需求进行调研，并对IT系统的运维指标进行预先规划。规划的主要内容包括运维服务工作量的测算、运维服务中涉及的运维范围、运维服务中涉及的各子系统的技术资料，以及运维期预测产生的资源需求等。一旦在系统规划期对运维服务进行了同期规划，那么在系统建设期就能够及时考虑运维服务的具体需求。当系统建设进入后期时，运维服务团队及时介入到建设期的收尾工作中，将有利于 IT 系统平稳顺畅地过渡到运维服务期。由于提前介入，运维服务团队可以有效地开展主动服务工作，切实起到为系统保驾护航的积极作用。进入运维期后，按照主动服务的工作内容（远程监控、现场巡检、技术培训、服务报告、问卷调查等）与用户进行沟通，确定当期重点需要执行的主动服务项目，将主动服务工作落实到位。

虽然主动服务能够最大限度地防患于未然，但不能保证系统不出现意外的故障。例如，系统设备由于使用年限的问题，出现自然老化的现象，系统设备因此产生故障，这就需要我们在受理服务方面提供必要的保障，确保故障出现时能够快速地响应用户需求，及时恢复服务。因此，受理服务的工作量和工作质量也是衡量运维服务是否达到优良的重要指标。主动服务和受理服务的平衡是提升用户满意度时不可或缺的两项工作，如图 3.3 所示。

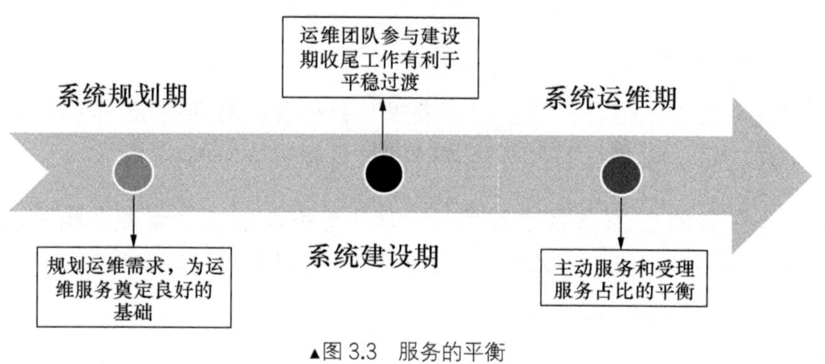

▲图 3.3　服务的平衡

3.4 落实整体运维

IT 运维的第一件要事是按照 IT 运维服务的原则做事。第二件要事是将这些原则应用到 IT 运维服务工作当中。第三件要事是要以整体或全局思维来对待 IT 运维工作。要熟悉各功能之间的内在联系，各功能与辅助支撑之间的关系等，不能有头痛医头、脚痛医脚的思想。要对服务的任务或事件举一反三，善于分析，找出问题的本质，这很像内科医生。从宏观上讲，常见的信息系统可分为 4 个子系统。它们分别是软件支撑系统、应用系统、计算机硬件设备和机房及环境。

3.4.1 软件支撑系统的运维

软件支撑系统是指满足应用软件运行条件的软件环境，包括操作系统、编译程序、数据库管理系统、中间件和各种高级语言等。例如，针对信息系统服务器上部署的操作系统（如

Windows、AIX、Linux、HP-UX），数据库（如 DB2、Oracle、SQL Server），中间件（如 WebSphere），数据传输软件（如 MQ）等，主要运维工作是提供日常例行检查、故障排除、系统软件升级、定期巡检、数据库性能调优、系统与中间件部署、系统软件维护培训等运维服务。

3.4.2　应用系统的运维

应用系统是指为特定用途而开发并可在生产环境执行的一个或多个应用程序，以及和程序一起产生的数据信息。

应用系统的运维主要包括日常性维护、纠错性维护、适应性维护、完善性维护、操作性指导、技术培训、数据完整性维护及数据分析等。

- 日常性维护：包括信息系统软件运行状态监控、日常检查、故障诊断与排除、日志管理、定期备份、垃圾信息清理、技术支持等日常性工作。
- 纠错性维护：修正信息系统可能存在的软件缺陷和错误以及其他未曾预见的错误等。
- 适应性维护：适应硬件环境和系统软件的变化而进行的性能检测调优、系统优化、配置变更等局部性修改。
- 完善性维护：为扩充功能和改善性能而进行的一般性修改。
- 操作性指导：为用户正常开展业务而提供的操作指导或帮助，指导用户按运行要求开展业务，并解答用户提出的各类咨询问题。
- 技术培训：定期组织行业用户进行与信息系统应用操作与维护相关的技术培训，提升用户操作与维护技能。
- 数据完整性维护及数据分析：应用系统安全性维护（保障安全的设备或系统软件，包括防火墙、入侵防范系统、安全审计系统、防病毒系统和终端安全管理系统等）和信息内容服务型维护（包括信息采集、整理、编辑、制作、发布、挖掘、分析和安全管理等）。

一般来讲，整个运维工作的核心是应用系统的维护，这也是最难的部分，特别是对第三方运维商来说。

3.4.3　计算机硬件设备的运维

计算机硬件设备是指计算机系统中由电子、机械和光电元件等组成的各种物理装置的总称。这些物理装置按系统结构的要求构成一个有机整体，为计算机软件运行提供物质基础。简而言之，计算机硬件的功能是输入并存储程序和数据，以及执行程序并把数据加工成可以利用的形式。从外观上来看，微机由主机箱和外部设备组成。主机箱内主要包括 CPU、内存、主板、硬盘驱动器、光盘驱动器、各种扩展卡、连接线、电源等。外部设备包括鼠标、键盘、显示器、音箱等，这些设备通过接口和连接线与主机相连。

计算机硬件设备的运维包括针对 PC、平板电脑、服务器、存储设备、网络交换机以及其他计算机控制设备提供定期巡检、定期保养、故障诊断与排除以及备件的更换等运维服务。

3.4.4　机房和环境的运维

计算机机房普遍指的是组织或企业等存放服务器以便为用户以及员工提供 IT 服务的地方。

机房环境监测系统是一个综合了计算机网络技术、数据库技术、通信技术、自动控制技术、新型传感技术等的计算机网络，旨在提供一种基于计算机技术和集中管理监控模式的自动化、智能化和高效率的技术手段。系统监控对象主要是机房动力和环境设备等。

机房及环境的运维主要是针对机房中比较重要的设施（如配电、UPS、空调、温湿度、防水、烟雾、视频、门禁、防雷、消防系统等）进行全天候不间断的监控与预防性维护。

3.5　贯穿始终的服务流程

IT 运维工作的第四件要事就是将服务流程贯穿于 IT 运维过程的始终，保证规范性和可追溯性。根据客户的要求和实际，各企业都应建立自己的服务流程。只要流程合理，都是好的，但也有一些共性的和必要的流程，如按照 ITIL 的思想，应该建立 IT 运维服务流程的核心流程。其中包括事件流程、问题流程、配置管理流程、变更流程、发布流程，如图 3.4 所示。

3.5.1　事件流程

事件是指 IT 系统运行中发生的任何不符合标准操作且已经引起或可能引起服务中断和服务质量下降的 IT 系统故障。事件处理流程涉及许多 IT 部门和 IT 方面的专家。首先是服务热线。作为事件的受理责任人，服务热线（一线）确保首问负责制的流程在整个 IT 运维服务流程中贯穿实施。当服务热线不能解决发生的事故时，就将其转移给二线技术支持小组。二线技术支持人员首先需要提供临时性的解决办法或采取补救措施，尽可能快地恢复服务，避免影响用户正常业务的开展。接下来，二线技术支持人员分析事件发生的原因，制订解决方案以彻底恢复服务和业务的正常运行。

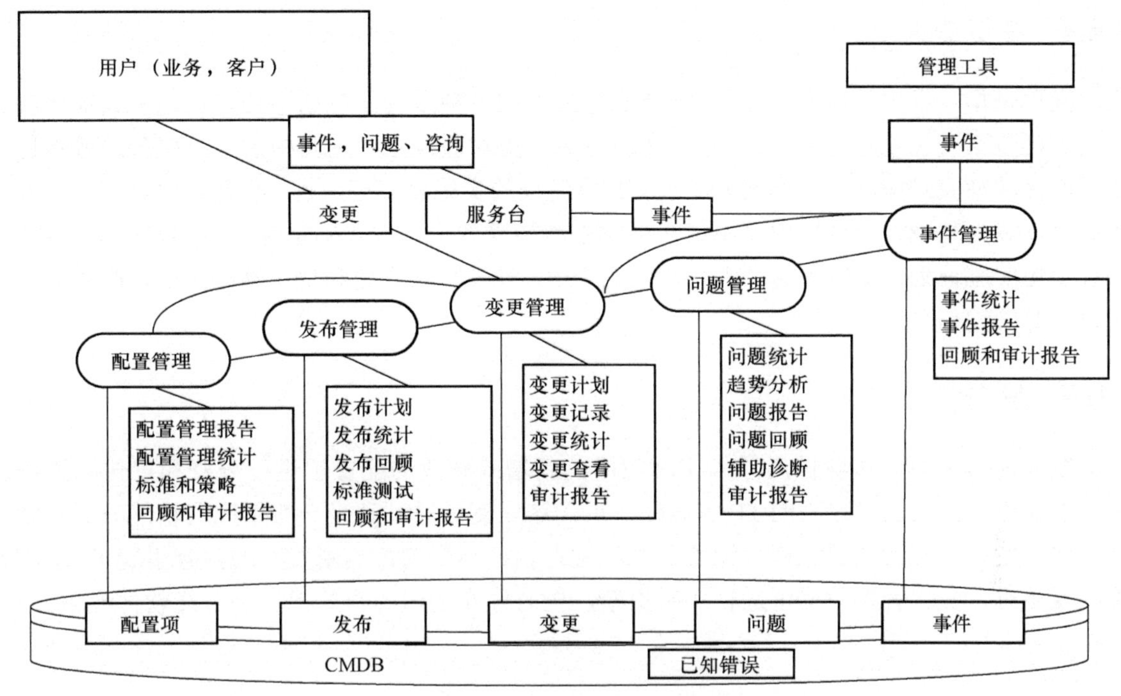

▲图 3.4 贯穿始终的服务流程

3.5.2 问题流程

问题是指存在某个未知的原因导致一起或多起事件发生。经常分析多个呈现相同状况的事件来发现问题。也可以从单个重要的事件中确认某个问题。产生问题的原因虽然未知，但其产生的影响可能非常严重。问题流程负责解决 IT 运维运营过程中遇到的所有问题。问题流程包括问题管理和问题控制，其目标在于将由于 IT 基础架构的错误而导致的问题和事件对业务产生的负面影响减小到最低，以防止与这些错误有关的事件再次发生。为了实现这个目标，问题流程调查分析事件的根本原因后采取有关行动减少问题。

3.5.3 配置管理流程

配置管理是指识别和确认 IT 系统的配置项，记录和报告配置项状态和变更请求，检验配置项的正确性和完整性等。配置管理流程包括如何管理和及时提供准确可靠的 IT 基础架构配置信息之类的活动。配置管理不仅提供单个 IT 组件的信息，它还提供有关各个配置项之间关系的信息。这些信息是对 IT 系统故障影响程度进行分析的基础。配置管理流程负责记录有关 IT 基础架构的变更情况，监控 IT 组件状态，确保服务管理人员可以清楚地了解各个版本配置项的信息。

3.5.4　变更流程

变更是指在维护过程中对 IT 系统或服务所做的各种改变，包括增补、移除和其他修改。变更流程包括变更处理和变更控制，旨在将有关变更对服务级别承诺中的运维服务绩效指标达成而产生的冲突和偏离减小到最低程度。变更流程的实施以变更请求、配置管理数据库和变更实施进度表为基础，经过登记变更请求，筛选和接受变更请求，确定优先级和归类变更请求，制订变更实施计划，实施变更，评价和终止变更，处理紧急变更和变更活动之后，产生变更管理报告等管理信息。

3.5.5　发布流程

发布流程是对经过测试后导入实际应用的新增或修改的配置项进行分发和宣传的管理流程。发布流程涉及已经定义的 IT 服务的变更，这些变更通过升级一些新应用软件与更新硬件来完成。发布流程和变更流程、配置管理流程是紧密结合的，当新发布的内容引起 IT 基础架构的变更时，配置管理数据可进行实时更新，同时发布的内容也要保存到最终软件库中。

第 4 章 有目的、有计划地做事

本章将介绍如何提供 IT 运维服务。IT 运维服务是一门科学，是有规律可循的。实践证明，80%的突发事件都是事先有预兆或因人为失误造成的。从这个意义上讲，IT 服务的主要工作是要预防突发事件的产生和防止人为操作失误。根据这个规律，我们有目的、有计划地去做事，就能把事情做好。总之，做到预防为主、计划先行是非常重要的。

预防为主是指 IT 服务商通过加强主动服务，最大限度地减少突发事件对企业业务造成的影响。IT 服务商是“消防队”，更是“预防队”，日常以预防为主，通过主动预防，关键时刻能应急，随时向企业用户提供有力的保障。计划先行是指在整个运维服务过程中，计划是整个工作流程的核心。按照计划先行的原则，既可以依据本年度工作计划制订分项工作计划，比如巡检计划、监控计划、保养计划、培训计划等，又可以按照时间维度执行计划，比如年度工作计划、月度工作计划等，并按计划进行实施和保障。但所有的计划都有其目的或目标，我们在制订计划前必须明确目标。

4.1 怎样确定目标

怎样确定目标呢？我们认为 IT 运维服务的总体目标有 3 个：一是确保 IT 资源（软件和硬件）的价值在业务活动中得到充分发挥；二是确保 IT 信息的安全系数与企业的安全等级相匹配；三是确保 IT 系统的运行效率满足主营业务的运营要求。从宏观上讲，明确如何围绕业务配置好 IT 资源，同时确保信息安全和系统效率，多用 3W（What、Why、How）问自己，就能够找到正确的工作目标。

具体到日常工作中，怎样明确目标呢？我们把事情分成 3 个层面，即客户层面的事情、公司层面的事情和日常琐事。客户层面的事情的目的性是指 IT 服务者能够确实有效地满足客户的业务目标要求，切实达到客户想要的效果。说得再具体点就是，一看服务合同的范围与内容是否满足用户的要求，这是得到法律保护的服务目标；二看客户有没有明确指示；三听上级对任务的分解。合同不是每个员工都能看到的，了解合同对服务目标要求的途径，主要是上级对任务的说明和绩效指标的分解或直接接触的用户的一些具体要求。如果觉得三者有冲突，向上级请教明白，对上级布置的任务一定要听清，然后想明白为什么而做，具体要做些什么，绩效指标有哪些，什么时间做，要求持续多长时间等。如果你是项目成员，需要和同事一起接受一个子任务，则需要认真了解子任务最终要达到的目标是什么，你在此任务中需要承担什么职责，你需要做的事情是什么，什么时间完成，如何标识任务完成等。如果你是项目组长，更要主动向上级或客户明确工作任务的范围和内容。如果没有组长，你就需要认真思考任务的目标和内容，主动和共同承担这个任务的同事一起商量，搞清楚做什么、怎么做、何时做。如果一个比较正规的公司将目标与任务都清楚地传递和下达给你，则你只须认真阅读，仔细理解，按照要求认真落实就行了。

值得注意的是，有时用户也会提出要求。面对用户提出的要求，我们应从容、礼貌地应对，分析原任务的目标和范围。如果当前的服务要求所涉及的工作范围已经超出原任务的服务范围，这时需要认真判断这项服务的要求。如果是举手之劳，就可以当成附送的增值服务满足用户；如果服务范围超出太多，应向公司汇报，寻求妥善的解决方案。

总之，搞清楚服务的要求，就要对服务目标认真思考，并将总目标分解成子目标，分步达成，这就是我们要制订的计划。

4.2 怎样制订计划

制订计划不能孤芳自赏，要依据目标和客户的需求，最终还要让客户认可。当然，做计划要遵循 PDCA 循环的原则。PDCA 循环是美国质量管理专家休哈特博士首先提出的，由戴明采纳、宣传，获得普及，因此它也被称为“戴明环”，它是全面进行质量管理所应遵循的科学程序。PDCA 是英语单词 Plan（计划）、Do（执行）、Check（检查）和 Action（行动）的首字母缩写，PDCA 循环就是按照这样的顺序进行质量管理并且循环不止地进行下去的科学程序。P（Plan）包括方针和目标的确定，以及活动规划的制订。D（Do）明确各部门或岗位的职责，进行具体运作，实现计划中的内容。C（Check）用于总结执行计划的结果，分清哪些对了，哪些错了，明确效果，找出问题。A（Action）用于对检查的结果进行处理。对成功的经验加以肯定，并予以标准化；对于失败的教训，也要总结，并引起重视。对于没有解决的问题，应提交到下一个 PDCA 循环中并解决。

具体到 IT 运维服务工作中，工作计划的编写可以按照人员的角色、时间和工作性质等多个维度设计。例如，部门经理编写年度工作计划，业务组长编写月度工作计划，员工编写本周的工作计划。由此可以看到，从时间维度分，有年计划、月度计划和周计划。从事情的重要性分，有日常工作计划和重点保障计划。从工作性质分，有监控计划、巡检计划、保养计划和培训计划等。

【案例】

运维服务年度计划示例目录如下。

一、运维组织安排

二、运维人员及联系方式

三、运维服务质量保障

1. 月度工作计划

2. 运维工作安排

四、日常监控

1. 监控对象与内容

2. 监控频次及计划

3. 监控工作汇报

4. 异常情况处理

五、7×24 小时电话支持与远程支持服务

六、现场巡查

七、现场应急服务

八、重点保障计划

1. 业务高峰期保障安排

2. 节假日期间保障安排

九、现场巡检

1. 现场巡检目的

2. 巡检计划安排

3. 巡检报告

十、检查数据库及应用备份计划

十一、现场培训

1. 集中培训

2. 现场培训

十二、方案与建议

十三、精细化运维管理

十四、运维服务报告

以上是年度运维服务计划的例子。除此之外，我们还要为新的业务提供 IT 运维服务，这就需要为新的运维服务制订完整的工作计划。

【案例】

以下是新运维服务方案的目录示例（本案例涉及的新服务需要从一方交到另一方，前者是系统开发商或之前的运维服务商）。

一、系统概述

二、运维服务架构

1. 维护服务对象

2. 维护服务目标

3. 维护服务范围

4. 维护服务内容

三、维护服务方式及服务项目

1. 维护服务方式

2. 维护服务项目

四、维护服务移交

1. 移交双方

2. 移交工作组

3. 运维服务量预测

4. 资料移交

（1）技术文档的移交

（2）模拟环境的搭建

（3）系统运行状态移交和验证

（4）源程序代码移交

（5）系统培训

5. 移交职责界定

（1）移出方的职责

（2）接收方的职责

6. 移交计划

（1）第一阶段（准备阶段）

（2）第二阶段（接收阶段）

（3）第三阶段（正式运维阶段）

五、维护服务标准与指标

计划不是一成不变的，正如人们不可能在不同的时间点踏入同一条河流一样，当时间和环境发生变化时，我们制订的某项计划便有可能随之发生改变。对于合理的计划变更，我们只要有判断变更合理的标准就应该进行变更。

业务组长通常要编制月度计划，好的月度计划可以让用户了解我们的年度运维服务计划是如何分步骤达成的。

【案例】

以下是月度运维服务计划的目录示例。

一、日常工作计划

1. 远程监控计划
2. 服务器全面监控
3. 7×24 小时电话技术支持服务
4. 现场巡视计划
5. 现场应急服务

二、重点保障计划

1. 备份计划
2. 现场巡检计划
3. “××节假日”保障计划
4. 业务高峰期运维保障
5. 业务需求跟踪

三、预期达到的目标

附件 1　监控计划

附件 2　备份计划

附件 3　现场巡检计划

附件 4　节假日值班保障计划

员工根据实际工作需要制订周工作计划，同一岗位的组员按照同一个周工作计划开展工作。优秀的组员通常会主动编制个人工作计划和个人技能成长计划，这是主动服务意识在工作中的体现。

做事的计划性可以让一个很忙的 IT 服务者有时间考虑如何为用户创造更有价值的事情。因为有效的 IT 服务者将 IT 系统的日常维护和保养作为工作计划的一部分，所以他总是可以主动发现 80%隐藏的故障，从而做到防患于未然。做事的计划性可以让 IT 服务者在大多数情况下处于从容不迫的状态中。这是因为 IT 服务者事先通过计划安排好对 IT 系统的维护和保养，使得 IT 系统通常都是安全、稳定、可靠的。当有故障发生时，IT 服务者可以条理清晰、训练有素地做好对故障的处理。当用户遇到故障时，IT 服务者的应急服务总是能保证服务的效率和效果。时间一长，用户就会觉得这名 IT 服务者的应急服务总是很有效的，从而对他比较放心。

4.3 怎样按计划做事

高度重视计划的权威性是按计划做好事情的前提。俗话说得好：“态度决定一切。”按计划做好工作则是正确地做事。正确地做事有一个诀窍，那就是在拿到工作计划时，我们需要把计划中所涉及的时间、地点、人物、事件等因素在行动之前确定清楚。如果计划执行过程中因各种不确定因素导致计划需要调整，则需要我们具备一定的灵活处理能力。根据需要，该上报的信息及时上报，该调整的操作及时调整，该争取的资源及时争取。这样便能做到动静结合，张弛有度。

按计划做好运维服务是有一定的规律可循的。首先，做好计划前的准备工作，如熟悉软硬件设备情况、准备好工具。然后，与用户确认好时间，如果计划赶不上变化，要及时汇报。接下来，认真按计划做好每一项工作。最后，倾听用户的意见或随时了解用户的反馈，如果在实际工作中发现更好的方法，对计划提出合理建议。尤其在我们面对复杂的系统运维时，按计划做事情就显得更为重要。

【案例】

以下是一个大型企业在如何按照计划做好 IT 系统运维服务中现场巡检的例子。运维工程师按照以下的《现场巡检工作检查表》开展现场巡检，以达到按照计划有效地完成工作任务的目的。

现场巡检工作检查表
一、现场巡检前工作内容
1. 制订巡检计划。
（1）与本次巡检单位沟通巡检目标。
（2）安排巡检时间和人员。

（3）准备巡检过程中拜访的客户人员清单。

2. 对客户进行电话调查并记录《巡检调查表》。

（1）调查设定的巡检时间是否合适。

（2）调查巡检期间预计拜访人员是否在现场。

（3）调查最近出现哪些系统问题。

（4）调查需要进行哪些现场培训。

（5）调查客户对本次巡检的要求。

3. 收集资料。

（1）收集最近 3 个月 IT 服务管理平台中的工单清单。

（2）发现历史遗留问题。

（3）收集上次巡检发现的问题。

（4）收集上次的巡检报告。

4. 制作单据。

（1）整理及编写《巡检调查表》。

（2）在 IT 服务管理平台中建立巡检单。

（3）提出出差申请。

5. 准备工具。

（1）打印《巡检调查表》。

（2）准备软硬件工具。

（3）携带必要的备件、耗材。

（4）预订车票。

（5）准备个人用品。

- 工装

- 手机
- 身份证
- 电脑
- 记录夹
- 行李

（6）预订酒店。

二、巡检过程中工作内容

1. 离开出发地进行手机定位（离开）。
2. 到达客户城市后，与客户再次沟通，确认到场时间。
3. 进入企业前进行手机定位（进入）。
4. 与客户见面。

（1）打招呼。

（2）进行人员介绍。

（3）向客户说明本次巡检主要工作内容和需要客户提供哪些配合。

5. 检查记录系统所涉及的设备使用情况，填写《巡检调查表》。
6. 对于现场发现的问题进行处理。
7. 发现并排除故障隐患。
8. 在现场对客户进行针对性的培训。
9. 收集客户意见和要求，完善客户信息。
10. 设备检查完毕后，向客户汇报。

（1）介绍本次巡检大致情况，包括发现、处理的隐患及建议，制订以后的工作计划。

（2）客户在《巡检调查表》上签字。

（3）向客户的领导汇报巡检情况，征求意见，获得客户的支持，制订以后的工作计划。

（4）留电话号码、道别。

三、现场巡检结束后工作内容

1. 巡检工程师向组长汇报巡检情况。
2. 巡检完成3个工作日内，巡检工程师完成巡检报告，并提交组长审核。
3. 巡检完成2个工作日内，组长对客户进行客户回访。
4. 巡检完成5个工作日内，组长向用户提交《巡检报告》。

第 5 章　注重规范性和完整性

规范性和完整性使 IT 服务更像一个圆润的球。它既具有流线型的美感，又使工作形成闭环，有始有终，符合人类审美学原理。当然，它也就符合客户的心理。因此，规范性和完整性是客户体验相当于五星级酒店服务的基础。想让客户体验五星级服务，公司与个人都必须在规范性和完整性方面做得有板有眼。

规范有序是指运维服务按照 ITSM（IT Service Management，IT 服务管理）和 ISO 20000 等国际理念或标准，对各项主动服务和受理服务提出具体的工作规范，要求各项工作按照规定的流程规范开展。在此过程中，运维人员将根据工作需要定期或不定期地将运维工作情况向用户进行反馈与汇报，让用户全面了解整个系统运行情况及运维工作情况。完整保障就是做事有始有终，如对于 IT 系统的任何问题，IT 服务商都将在第一时间响应并受理。对于软件问题，要迅速解决。对于硬件故障，在诊断定位后要及时提请企业的维保厂商解决。IT 服务商应全程协助处理，任何问题处理完后应向客户汇报，在客户同意的情况下关闭该事件单。

5.1 做事的规范性

做事的规范性会让客户体验到运维人员做事有章法，会对运维人员行云流水的服务产生信赖感。做事的规范性主要表现在 3 个方面：流程的规范性、作业（动作）的规范性、服务礼仪的规范性。要达到做事的规范性，首先要找出公司这 3 个方面的文档仔细阅读并认真体会，然后在工作中坚决执行，并参考国际理念或标准来对照，从中得到更深的体会。这里先说说国际理念，ITSM 是一套帮助企业对 IT 系统的运维进行有效管理的高质量方法。它结合了高质量服务不可缺少的流程、人员和技术三大要素。IT 服务标准流程负责监控 IT 服务的运行状况，人员素质关系到服务质量的高低，技术则保证服务的质量和效率。这三大关键性要素的整合使

ITSM 成为企业 IT 管理人员管理企业 IT 系统的法宝和利器。IT 服务管理是一套面向过程、以用户为中心的规范的管理方法，它通过集成 IT 服务和业务，协助企业提高其 IT 服务的提供和支持能力。

实际情况下，各公司不一定都完全采用国际理念或标准。作为从业人员，你必须遵守公司的规定，并参考国际理念根据实际逐步完善公司规范。

5.1.1　流程的规范性

在了解流程的规范性之前，我们需要掌握 4 个概念，即事件、问题、变更和发布。这 4 个概念是 IT 服务管理体系中的重要概念。

事件是 IT 服务管理体系中重要的流程。事件是指非计划的服务中断、服务质量的降低或尚未对客户服务造成影响的事情。

问题是指造成一个或多个事件的根本原因。出现问题的原因通常是未知的，问题管理过程就负责探寻这些未知。

变更是提出针对服务、服务组件或服务管理体系的变更建议。

发布是作为一个或多个变更的结果而同时引入现实环境中的一个或多个新配置项或变更的配置项的集合。

为了方便理解，我们举个现实的例子。例如，用户日常工作中的某个页面某天无法登录了，这就是事件。页面无法登录造成了非计划的服务中断，对业务带来了不良影响。运维工程师就要尽快解决不能登录的问题。类似页面不能登录的事件反复出现就会形成问题，需要问题处理流程介入分析，找出故障的根本原因。如果问题的根本原因找到了，并且需要运维工程师为系统打一个“补丁”，这样的操作就属于变更流程，因为在此操作中服务产生了变化。如果一个问题需要部署新版本的程序才能得到解决，这就是因变更引起的发布流程。当对发布流程进行规划时，需要妥善考虑回退机制，确保发布过程中出现状况时能够恢复到系统发布前的状态。

对于 IT 运维服务而言，核心流程主要包括事件、问题、变更、发布流程。确保这些流程设计和制订的规范性很重要。例如，流程文档版本是否定期更新，流程是否定期回顾，核心流程与关联流程之间是否按照规范定期修订等。图 5.1 是某 IT 服务商按照 IT 服务管理流程设定的运维服务工作指南的目录。

总之，流程的规范性就是客户在需要服务的时候能轻松无误地找到帮助对象，运维人员在工作中知道每一类问题该按什么流程处理、该找谁。

第 1 章 事件管理流程概述
1.1. 流程描述
1.2. 总体政策
1.3. 责任人政策
1.4. 重大事件处理子流程
1.5. 事件单编制规范
1.6. 事件单分类规范
1.7. 事件单严重级别的划分及环节升级规范
1.7.1 受理服务分类标准及重要性划分策略
1.7.2 受理服务分类标准
1.7.3 环节升级策略
1.8. 事件单的关闭及关联配置库的政策
1.8.1 事件单关闭政策
1.8.2 事件单与配置项的关联政策
第 2 章 电话作业规范
2.1. 电话受理作业规范操作步骤
2.2. 电话受理作业规范项目及要点
第 3 章 驻省运维服务响应制度
第 4 章 现场巡检工作规范
4.1. 现场巡检适用范围
4.2. 巡检方式和周期
4.3. 巡检工作内容
4.4. 巡检工作流程
4.5. 巡检工作安全要求

▲图 5.1 运维服务工作指南的目录

5.1.2 作业的规范性

作业的规范性通俗来说就是 IT 服务者的流程执行力是否到位。也就是说，具体做事时有没有按要求与指标做到位。所谓流程的执行力既包括 IT 服务管理者的执行力，也包括员工的执行力。例如，在处理硬件设备时，佩戴必要的防静电手套就符合作业规范。

要实现作业的规范性，可利用一些国际先进经验，如 5S 管理法等，也需要中层管理者在日常的管理工作中落地实践，大力推进。

对中层管理者的 7 条基本行为要求很重要。这 7 条基本行为要求是：了解企业和员工，坚持以事实为基础，确立明确的目标和实现目标的先后顺序，跟进，对执行者进行奖励，提高员工能力和素质，了解自己。

1. 了解企业和员工

管理者必须学会全心全意地体验自己的企业。在那些没有建立执行文化的企业里，管理者通常都不了解自己的企业每天在做什么，他们只是通过下属的汇报来获得一些间接性的信息。然而，这些信息都是经过过滤的——在很大程度上受到信息收集人员的个人因素，以及领导者自身的日程安排、个人喜好等因素的影响。因为管理者并没有参加到战略计划的实施当中，所以他们也无法从整体上对自己的企业进行全面的了解，而企业的员工对这些管理者也并不真正了解。

2. 坚持以事实为基础

实事求是是执行文化的核心，企业的管理者也是如此。有些时候，在要求管理者描述自己企业的优势与劣势的时候，对方总是对自己的优势夸夸其谈，而对于自己的劣势，却总是讳莫如深。如果在做出任何决策的时候始终把实事求是的态度放在首位，就能做出正确的决策。首先，自己必须坚持实事求是。其次，要确保组织中在进行任何谈话的时候，都把实事求是作为基准。

3. 确立明确的目标和实现目标的先后顺序

执行型的管理者通常更为关注每个人都能把握清楚的一些目标。首先，所有懂得商业逻辑的人都明白这样一个道理：把精力集中在三四个目标上是最有效的资源利用方式。在矩阵型组织当中，部门之间将存在着对资源的竞争，同时决策权和工作关系不清楚的问题，也在很大程度上增加了人们选择的难度。在这种组织当中，如果没有事先设定清晰的目标顺序，各级部门之间在进行决策时可能就会陷入无休止的争论之中。如果领导为自己的组织设定一些顺序清晰而又比较现实的目标，则会对公司的总体绩效产生非常重要的影响。

4. 跟进

如果没有得到严肃对待，那么清晰而简洁的目标并没有太大意义。很多公司都是由于没有及时跟进而白白浪费了很多很好的机会，同时这也是执行不力的一个主要原因。

5. 对执行者进行奖励

如果希望员工能够完成具体的任务，就要对他们进行相应的奖励。一位优秀的管理者应该能够做到奖罚分明，并把这一精神传达到整个公司当中。否则，人们就没有动力来为公司做出更大的贡献，而这样的公司是无法真正建立起一种执行文化的。企业必须确保每个员工都清楚地理解这一点：每个人得到的奖励和尊敬都是建立在他们的工作业绩上的。

6. 提高员工能力和素质

作为一名管理者，成长的过程实际就是一个不断学习知识和吸取经验乃至智能的过程。因此，工作的一个重要组成部分就应当是把这些知识和经验传递给下一代管理者，通过这种方式来不断提高个人和集体的能力。

7. 了解自己

每个人都至少在口头上认为一个组织的管理者必须具有强韧的性格。作为一名执行型管理者，尤其如此。坦然地面对自己的业务和组织现实，必须具有一定的情感强度，也就是说，无论喜欢与否，都要面对现实。情感强度将使人有勇气来接受相关观点，有勇气去鼓励和接受小组讨论中出现的分歧，使自己能够接受和改正自己的不足，适当地鞭策那些不能完成任务的下属，果断地处理一个快速发展的组织中许多不可避免的问题。

员工的执行力是否得当，主要体现在服务过程中员工是否按照半军事化要求令行禁止、整齐划一地要求自己。

半军事化管理主要体现在：遵守纪律、听从上级安排、操作规范、上通下达，并在服务现场按照 5S 管理制度做好整理、整顿、清扫、清洁工作。古语说得好，“一屋不扫，何以扫天下？”5S 管理可以首先从日常的办公环境做起。首先，办公桌上的废用纸张坚决清理掉，并要求平日工作中将废弃的“垃圾”第一时间清理。其次，文件架中的多余文件夹放入备用箱内。最后，办公桌抽屉中不用的个人物品，清理出办公室。有用的可能包括打印机、日常工作执行表、笔、订书机、剪刀等。将物品都分清楚了，我们就会分清楚哪些东西是可以清理的，哪些东西是需要保留的。半军事化管理还包括 IT 服务者的仪容仪表、工作汇报、服务结果展示等。强调对服务者自己的严格要求，让良好的工作习惯内化为服务者个人的素质，在管理上倡导对员工由“训、堵、卡、压”的“管”字型向“讲条理、讲法理、讲道理、讲情理”的“理”字型转变，稳步推进员工的“自主管理、自我培训、自主学习、自我实践”，从而实现“操作制度化、行动军事化、秩序规范化、活动群体化”。

服务结果的平衡艺术简单来说就是两个满意，即用户满意和企业满意。这就像服务器的负载均衡一样。负载均衡是由多台服务器以对称的方式组成一个服务器集合，每台服务器都具有等价的地位，都可以单独对外提供服务而无须其他服务器的辅助。通过某种负载分担技术，将外部发送来的请求均匀分配到对称结构中的某一台服务器上，而接收到请求的服务器独立地回应用户的请求。均衡负载能够平均分配用户请求到服务器阵列，以达到快速获取重要数据以及解决大量并发访问服务问题的目的。这种群集技术可以用最少的投资获得接近于大型主机的性能。服务结果的平衡艺术就是在公司提供的有限资源下最大化地满足用户的需求。服务结果的平衡艺术绝不是通过一个员工规范地执行流程作业就可以达到的，它一定是全体运维服务者遵守作业规范性产生的效果。

5.1.3 服务礼仪的规范

服务礼仪的规范性就好比南洋的黑珍珠与和田的羊脂玉。服务礼仪通过精致的外表和丰富的内涵向用户展示服务之美，它使用户在体验到我们的 IT 运维服务时有一种如沐春风般的感觉。当 IT 服务者出现在用户面前时，微笑的问候、整洁的着装都会让用户产生舒畅的体验。

服务礼仪的规范性包括面对面服务、电话服务和远程服务。其中远程服务包括传真与信件、电子邮件、书面报告等。在服务礼仪中，有一些具有普遍性、共同性、指导性的礼仪规律。这些礼仪规律，即礼仪的原则。

1. 尊重的原则

孔子曰："礼者，敬人也。"这是对礼仪的核心思想高度的概括。所谓尊重的原则，就是要求我们在服务过程中，要将对对方的重视、恭敬、友好放在第一位，这是礼仪的重点与核心。因此在服务过程中，首要的原则就是敬人之心常存。掌握了这一点，就等于掌握了礼仪的灵魂。在人际交往中，只要不失敬人之意，哪怕具体做法一时失当，也容易获得服务对象的谅解。

2. 真诚的原则

服务礼仪所讲的真诚的原则，就是要求在服务过程中，必须待人以诚。只有如此，才能表达对客人的尊敬与友好，才会更好地被对方所理解、所接受。与此相反，倘若仅把礼仪作为一种道具和伪装，在具体操作礼仪规范时口是心非、言行不一，则是有悖礼仪的基本宗旨的。

3. 宽容的原则

宽容的原则要求我们在服务过程中，既要严于律己，更要宽以待人。要多体谅他人，多理解他人，学会与服务对象进行心理换位，而千万不要求全责备，咄咄逼人。这实际上也是尊重对方的一个主要表现。

4. 从俗的原则

由于国情、民族、文化背景的不同，在人际交往中，实际上存在着"十里不同风，百里不同俗"的局面。这就要求我们在服务工作中，对用户所在区域的礼仪文化、礼仪风俗以及宗教禁忌要有全面、准确的了解，才能够在服务过程中得心应手，避免出现差错。

5. 适度的原则

适度的原则要求应用礼仪时，为了保证取得成效，必须注意技巧，合乎规范，特别要注意把握分寸，认真得体。这是因为凡事过犹不及。假如做得过了头，或者做得不到位，都不能正确地表达自己的自律、敬人之意。

在电话服务中和远程服务中我们无法看到用户的脸与表情，要达到上述面对面交流的效果就比较困难，服务者如何能及时地做出相应的反馈比较重要。下面讨论电话服务的礼仪规范。

大家应该都有过这样的经验，在和用户进行面对面的交流之前，一般是通过握手、致敬来表现对对方的尊重。那么这在电话交流中如何体现呢？在进行面对面的交流时，用户会同时和多名用户服务人员进行接触，他对于公司的认识来自于许多名员工的综合表现，个别环节的小差错不会产生非常恶劣的后果。但对于电话沟通来说，这名服务者的表现将直接影响到对方对整个公司的评判。因此，必须有适当的电话礼仪来实现与用户的“握手”。

（1）接电话的礼仪

电话铃声响起后应尽快去接，不要让它响铃超过 3 遍。拿起电话应该向对方自报家门，增加对方的信任度。如：“您好！这里是××公司运维服务热线。”在话机旁准备计算机或纸笔等方便记录的工具，准备随时记录用户的相关信息，确保所记录信息的完整、准确。使用礼貌用语，叙述简洁明了，避免使用对方不能理解的专业术语或简略语。通话时除非用户提出特殊需求，否则语速不要太快，控制在 200 字/分钟左右。在语调上保持与用户相匹配，通过重复用户所叙述的重要信息（号码、地址等）来达到确认的目的。在通话结束后表示对用户来电的感谢，并让对方先挂断电话。

（2）打电话的礼仪

选择恰当的时间，一般的主动服务电话最好避开临近下班的时间，因为对方急于下班的心理将很难得到令人满意的效果。主动服务电话应尽量打到对方单位，若确实有必要往家里打时，应注意避开吃饭或睡觉的时间。电话接通后，应先通报自己的姓名、身份，再征得对方同意，在用户方便的情况下开始交谈。叙述准确、简洁，避免外界的杂音或私语传入电话内。因信息错误导致电话打错，应首先道歉，如果用户表示不满，应有足够的耐心予以解释。应由用户先挂断电话，如因特殊原因电话中断，应主动予以回拨。服务者在通过电话与用户交流时要清楚，因为用户无法看见你的面部表情和姿势，印象完全取决于你的声音。由于电话的技术设计，我们要以自然的音量和音阶传递信息，而不必高声喊叫。事实上，提高音量会导致声音扭曲。电话的收话器应当放在离你嘴唇一英寸（1 英寸=0.0254 米）左右的距离，听筒应靠近你的耳朵。说话清晰明确，就像面对面的交谈一样，保持笑容。

5.1.4 规范做事的一些案例

【案例】

某公司对某系统的运维服务工作指南（部分）如下。

一、运维服务理念及基本要求

（一）运维服务理念

略

（二）服务礼仪

略

（三）行为准则

二、制订与执行计划

计划是运维工作的龙头，各项运维服务应围绕计划有序展开。合理的计划安排是运维服务实施的前提，应提前做好策划；计划的执行是运维服务实施的关键，要严格按计划完成各项工作。

（一）制订计划

1.年度运维工作计划

略

2.月度运维工作计划

月度工作计划围绕年度工作计划进行分解，内容包括日常运维工作、公司工作重点、用户合理需求、部门工作内容、本地个性化工作等。各业务组在编制计划前应先要征集用户、部门等的意见与要求，并结合本组实际情况才可制订月度工作计划。月度运维工作计划在编制过程中应符合以下基本要求。

- 重点工作突出：包含背景分析、具体操作步骤、预期目标等。
- 根据本地实际情况最好找出有亮点、有效果的工作。
- 计划具有合理性和可执行性：目标清晰合理，内容安排合理，有具体的完成日期。
- 范围与重心不偏离：仅限于决策管理系统运维，紧密围绕公司要求及用户实际情况。
- 长期或重要工作具有延续性。
- 书写格式规范。

具体编制安排与要求详见《×××××运维工作计划编写作业规范》。

3.节假日保障等工作计划

逢节假日及特定时段，如元旦、春节、清明节、五一节、端午节、中秋节、国庆节以及春节前小高峰、重点保障时期等，应提前制定重点保障方案，并得到用户的认可。关于工作计划的制订，详见《×××××节假日及重点时段运维保障作业规范》。

（二）执行计划

（1）运维工作应严格按照运维工作计划执行。

（2）需要审批的工作事项，如出差、值班等，按照流程事前提交申请，待批准后方可执行。

（3）根据实际情况需要变更的工作内容，严格按照变更规则提出申请，待批准后执行。

（4）在计划执行中和完成后，按照工作要求提交相关记录。

（5）运维服务应按照 PDCA（P 表示计划、D 表示执行、C 表示检查、A 表示行动）的指导思想持续改进，不断提高服务水平与服务质量。

关于计划的执行要求，详见《×××××运维工作计划执行作业规范》。

三、运维工作操作指引

关于主动服务工作，要注意以下方面。

1.日常监控

日常监控是指运维人员通过技术手段发现并排除隐患的主动服务。

（1）事前策划与准备

略

（2）事中处理流程与要求

略

（3）事后的收尾工作

略

2.现场巡检

现场巡检是指运维人员现场对决策管理系统相关软件与硬件进行全面检查以及对特定设备进行维护和保养以降低设备与系统突发故障的概率的主动服务。

（1）事前策划与准备

（2）事中工作流程与要求

（3）事后的收尾工作

……

该案例告诉我们，要想做事有板有眼，需要有一个清晰的主脉络。

5.2 做事的完整性

做事的完整性是指 IT 服务者遵循工作流程完成 IT 运维服务。要实现做事的完整性，要严格执行闭环的流程，要实现首问负责制，要确保每件事情有始有终。完整地做事需要我们在每一次服务中都做到事前与用户充分沟通，事中科学严谨地处理问题，事后及时总结得失，并向用户做好汇报。

一般来说，一次 IT 服务往往是从与用户沟通开始的。下面介绍完整的做事流程。

（1）事先应明确各类事件的处理机制和流程，以及流程中的每个参与角色与职责，做到角色职责明确。

没有规矩，不成方圆。对于 IT 运维工作来说，更是如此。由于参与的人员很多，若对于同一类事件的处理流程不尽相同，那会导致服务无法统一，很难保证服务质量。因此，需要事先将各类事件的处理机制和流程固化下来，确定流程中各环节的角色职责，并与实际工作中的人员进行对应和匹配。这样，每个人都清楚自己的职责，有利于高效协同。

与事件处理密切相关的流程，主要包括事件处理流程、现场巡检流程、日常监控流程、配置管理流程、知识库管理流程、变更与发布管理流程、汇报流程等。很多人会问：现场巡检和日常监控以及汇报怎么纳入事件处理流程之中了呢？这里需要说明一下，日常监控、现场巡检属于主动预防性维护工作，其目的是提前发现潜在故障或隐患。在发现这些故障或隐患之后，也需要记录并按照事件处理流程予以处理，因此将其纳入事件流程管控范围之中。

（2）与用户密切相关的流程应事先以书面形式报告给用户。

有些事件的处理需要用户的参与，如用户发起的变更，可能需要用户按变更管理流程的要求提交一些必要的申请资料。那么，在此之前，一旦获悉有关信息，我们就需要事先将有关流程要求以书面形式告知用户，让用户清晰了解有关流程要求，避免在事件处理过程中产生误会和分歧。这里有两个要点：一是事先告知，二是以书面形式告知。事先告知能让我们把握主动权，而书面告知则是痕迹化管理的重要方面，可以避免后期出现问题时无法追溯。

（3）流程中所有参与者，应熟练掌握各流程要求，并能清晰、准确地向用户描述流程环节。

IT 服务人员应对各类事件的处理机制与流程有全面的了解和掌握，对于流程中的各个角色及其职责也要了如指掌。这对于准确、高效处理事件大有裨益。如果流程不清、角色职责不明，遇事时不知道该如何下手，往往导致做事效率低下，或者违反相关规定，这都是与做事完整性要求相背离。

同时，除了熟悉各相关流程外，我们还应能完整向用户说明各流程环节，这是运维透明化的具体体现。作为事件的参与方，用户有权了解流程环节，那么清晰、准确地向用户描述流程环节就是一项对运维人员必不可少的基本要求。

（4）流程中所有参与者，应严格按照确定的流程各司其职，不得简化或跨越流程。

工作流程一旦确定，那么对所有参与者均具有同等约束力，任何参与者只能按流程要求行事，不得根据自身习惯或个人喜好去简化或跨越流程。在此过程中，管理人员应率先垂范、以身作则，引导执行人员按规程行事。对于不按角色职责、不按流程要求操作的有关行为，应予以及时制止，并将有关执行情况纳入绩效考核之中。只有这样，大家才能共同遵守约定的流程，让工作在闭环管理中得到完整落实。

（5）以提高客户满意度为中心，除流程规范外，建立统一的礼仪要求、文档编写要求等规范。

做事完整的主要目的是提高客户满意度，拖拖拉拉、丢三落四肯定无法得到用户的认可。因此，运维工作的各项流程均应围绕客户满意度这一中心来制订。但除了按运维规范行事外，要使用户满意，还有一些其他方面要做到位。比如，一个运维人员去用户现场快速解决了问题，但其穿着邋遢、行为怪异，肯定让其在用户心目中的印象大打折扣，因此行为举止要规范到位。另外，运维工作中有很多交付物，这些交付物的质量也直接影响用户的评价。

因此，还要建立统一的礼仪要求、文档编写要求等规范，让运维的每个环节都有据可依。只有每个环节都按有关要求做到位了，运维工作才能真正称得上是完整的。

运维服务完整性应包含几方面的内容。

（1）做事的完整性是指依据所做事的流程来判断完整与否。也就是说，任何一件事，都有其处理的流程，若某项工作或任务没有流程可循，那么就要考虑为其建立相应的流程，这是保证做事完整性的前提。

（2）既然每项工作或任务都有其流程，那么在做事的过程中就要遵循相应的流程予以处理，不能超越流程或凭个人喜好去做事。

（3）只要流程中的某个规定动作没有完成或前后顺序颠倒，都可能会视为做事不完整。只有严格按照流程去落实，确保每个环节都按要求完成，才算完整。

（4）IT 服务往往遵循首问负责制，也就是第一个受理的人，一直跟到底，直至事情处理完毕。在此过程中，若处理出现问题，第一个受理的人要负责。

（5）由于从始而终第一受理人都清楚事情进展情况，因此整个过程是闭环控制的，这是做事完整性的重要保障。

第6章　高效率和高质量

6.1 什么是高效率服务

作为一种用户体验，高效率的服务往往在用户心中占据很重要的位置，因此做到高效率的服务，对服务工作十分重要。

那么，什么是高效率的服务呢？我们从约瑟夫和威廉的故事开始进入我们的话题。

约瑟夫和威廉是一对好朋友，他们同时被一家公司录用。在开始的半年里，他们一样努力，每天工作到很晚。最后，他们都得到了总经理的表扬。可是半年后，约瑟夫得到了提升，从普通职位一直升到部门经理。而威廉却似乎始终被冷落，到现在还是一个普通职员。终于有一天，心中不平的威廉向总经理提出了辞呈，并痛斥公司的用人不公。总经理没有生气，他希望帮助威廉找到问题的关键。因为他知道威廉虽然努力工作但是效率不高，这也是他一直没有得到升职的原因。

总经理微笑地看着他，忽然想出了一个主意。

“威廉先生，请你马上到集市上去，看看今天有什么卖的。”

威廉很快从集市上回来说，刚才集市上有一个农民拉了一车子土豆在卖。

“一车大约多少袋？共多少千克？”总经理问。威廉又跑去，回来说有10袋，共50kg。

“价格是多少？”

威廉再次跑到集市上。

当威廉回来的时候，总经理对气喘吁吁的威廉说："休息一会儿吧，你可以看看约瑟夫是怎么做的。"

约瑟夫需要完成的是同样的事情，但是结果不大一样。

他很快从集市上回来，并且向总经理汇报说，到现在为止只有一个农民在卖土豆，有 10 袋，共 50kg，价格适中，质量很好，他带回几个让老总看看。另外，这个农民还有几筐才采摘的黄瓜，价格便宜，公司可以采购一些。他不仅带来了几根黄瓜，还把农民一起带来了。这个农民就在门口等着呢。

如果我们把总经理当客户，那么关于这两个人的服务，谁效率高、谁让客户更满意就显而易见了。所谓高效率的服务可分两个层面来讨论。

从客户的这个层面，高效率的服务是指按质完成客户规定的工作比与客户约定或客户预期的平均时间要早，当这种时间差大到可以触动客户的心的时候，就是高效了。这里要提醒读者，客户布置任务的时候往往只说的是树的主干，不一定说完树的枝条和树叶，可是你要给客户提供的是棵完整的树，而不仅仅是树干。当你听完树干的时候，要在心中画出整棵树。

从内部这个层面来讲，服务工作要有成熟的套路。其中包括收到服务后，要立刻把握服务的目标、服务的流程、服务的时间要求等，具体在服务实施中做到作业熟练流畅，动作要领到位，环环与主题相扣，没有拖泥带水现象，抓住服务事项的关键点。通常，这种高效的形式体现在两方面。一是在关键的时候用户能够方便地找到 IT 服务者，并且能够让他的服务需求得到快速的响应。什么是关键的时候？比如铁路售票系统在旅游旺季（尤其是春节期间）业务量将出现高峰，大量的人员集中在某段时间内访问，常常使系统超负荷运转，这就是关键时候。在这样的关键时候，IT 运维的主动服务和受理服务能力都将受到考验。主动服务受到的挑战主要有：我们是否可以提前准确地预测系统容量？是否在业务高峰到来之前做好了应急预案？是否在业务高峰到来时做好相应的备用方案部署？受理服务受到的挑战包括业务高峰期到来我们能否有足够多的运维人员和设备为业务提供保障。二是一旦系统发生故障，我们是否能够快速地定位故障原因？系统故障时我们恢复业务的时间是否能够缩短到用户能够承受的范围以内？

6.2 怎样实现高效率

面对不同的任务和千差万别的客户，怎样才能提供高效率的服务呢？这里有些小技巧可以和大家分享，就是要牢记这 5 个方面：有明确的目标，不断提升技能，按规范做事，善于使用知识库、及时与团队协作。

1. 有明确的目标

记得童话故事《爱丽丝梦游仙境》里讲到这么一个故事。

“请你告诉我，我该走哪条路？”爱丽丝说。

“那要看你想去哪里？”猫说。

“去哪儿无所谓。”爱丽丝说。

“那么走哪条路也就无所谓了。”猫说。

这个故事讲的是人要有明确的目标。当一个人没有明确目标的时候，自己不知道该怎么做，别人也无法帮助你。天助先要自助，当自己没有清晰的目标方向的时候，别人说得再好也是别人的观点，而不能转化为自己的有效行动。

要提供高效率的服务就要有明确的目标，要清楚客户要的是哪棵树。

再讲一个故事。

1952 年 7 月 4 日清晨，加利福尼亚漫天大雾。在海岸以西 21mile（1mile=1609.344m）的卡塔林纳岛上，一个 43 岁的女人准备从太平洋游向加利福尼亚。她叫费罗伦丝·查德威克。

那天早晨，雾很大，海水冻得她身体发麻。她几乎看不到护送她的船。时间一小时一小时地过去，千千万万的人在电视上看着。有几次，鲨鱼靠近她了，被人开枪吓跑了。15h 之后，她又累又冷。她知道自己不能再游了，就叫人拉她上船。她的母亲和教练在另一条船上。他们都告诉她海岸很近了，叫她不要放弃。但她朝加利福尼亚望去，除了浓雾什么也看不到……

人们拉她上船的地点，离加利福尼亚只有半英里！后来她说，令她半途而废的不是疲劳，也不是寒冷，而是因为她在浓雾中看不到目标。费罗伦丝·查德威克女士一生中就只有这一次没有坚持到底。

这个故事讲的是目标要看得见，够得着，才能成为一个有效的目标，才会形成动力，帮助人们获得自己想要的结果。管理者在给下属制订目标的时候，经常会犯一个错误，就是认为目标定得越高越好，即便员工只完成了 80%也能超出自己的预期。实际上，这种思想是有问题的。持有这种思想的管理者过分依赖目标，认为只要制订目标了，员工就会达成。实际上，制订目标是一回事，完成目标又是另外一回事。制订目标是为了明确做什么，完成目标则要明确如何做。与其用一个高目标给员工施加压力，不如制订一个合适的目标，同时帮助员工制订行动计划，共同探讨障碍并排除，帮助员工形成动力。

合适的目标是员工可以跳一跳就能够得着的目标。当员工经过努力之后可以达成目标，目标才会对员工有吸引力。否则，员工宁可不做，也不愿意费了很大力气而没有完成。

如果我们是管理者，应清楚目标是否符合团队实际；如果我们是个人，应明白上级或客户的目标是否适合自己，怎样求助团队。

2. 不断提升技能

下面讲一个故事。

北宋有个射箭能手叫陈尧咨。一天，他在家练箭，十有八九能射中，旁观者拍手称绝，陈尧咨自己也很得意，但观众中有个卖油的老头只略微点头，不以为然。陈尧咨很不高兴，问："你会射箭吗？你看我射得怎样？"老头很干脆地回答："我不会射箭。你射得可以，但并没有什么奥妙，只是手法熟练而已。"在陈尧咨追问老头有什么本领后，老头把一个铜钱盖在一个盛油的葫芦口，取勺油高高地倒向钱眼，全勺油倒光，未见铜钱眼外沾有一滴油。老头对陈尧咨说："我也没什么奥妙的地方，只不过手法熟练而已。"

人们由此故事中的两句话"无他，但手熟尔"和"我亦无他，唯手熟尔"引申出"熟能生巧"这个成语，说明不管做什么事情，只要勤学苦练、掌握规律，就能找出许多窍门，干起来得心应手。

要为客户提供高效率的 IT 服务，就要不断提升自己的技能，它是高效服务的基础。

3. 按规范做事

规范与效率并不是一对矛盾，如果因为要快而采取偷工减料的方式完成任务，最终得不偿失。老子的《道德经》指出："天下大事，必做于细；天下难事，必做于易"。我们不缺少雄韬伟略的战略家，缺少的是精益求精的执行者；也不缺少各类管理规章制度，缺少的是对规章条款不折不扣的执行。我们必须改变心浮气躁、浅尝辄止的毛病，注重细节，把小事做细。IT 服务就是要重视细节，做事一丝不苟。

目前在 IT 服务中流行的规范有 ITIL、ISO 20000 以及 ITSS，它们都是人类智慧的结晶。利用这些规范做事会让我们在服务的过程中少走弯路，最终达到提高效率的目的。再有就是公司内部制订的规范和流程，初入行的同事一定要牢记，并在工作中不折不扣地执行。它们是每个公司根据自己的具体业务总结的经验，按照它们行事才能高效地做好自己的服务工作。

4. 善于使用知识库

企业就像汽车发动机一样，设计精密，运转有序，而知识就是这部发动机的润滑油。只有润滑油充分发挥作用，才能保证发动机的正常运转。知识按类型大体可分为四大类：事实知识、技能知识、原理知识和人际知识。事实知识是指企业的文档以及资料等；技能知识是指工作方法、工作技巧等；原理知识是理论、论文等；人际知识是指内外部的人际资源等。这四类知识贯穿于企业的每个运营环节。只有当所有的知识都合理应用时，企业的各项工作才能高效顺利地开展。一般 IT 服务企业都有自己知识的积累，这些知识积累对我们快速掌握技能做好服务有十分重要的作用。合理地运用知识库的相关经验与知识，将达到事半功倍的效果。

5. 及时与团队协作

在这个世界上，任何一个人的力量都是渺小的，只有融入团队，只有与团队一起奋斗，你才能实现个人价值的最大化，你才能成就自己的卓越！团队，是为了实现一个共同的目标而集合起来的一个团体，需要的是心往一处想，劲往一处使；需要的是分工协作，优势互补；需要的是团结友爱、关怀帮助；需要的是风雨同舟，甘苦与共。一个追求卓越的人，仅凭自己的孤军奋战，单打独斗，是不可能成大气候的。你必须要融入团队，你必须要借助团队的力量。

没有完美的个人，只有完美的团队。团队是由一群有缺点的人构成的，因为没有哪一个个体是完美的，只有总体搭配起来，才能够发挥出团队当中的最大力量。各种不同人才的搭配，才会实现一个完美的团队。所以每一个人都应该明确，在团队当中应该扮演一个什么样的角色，你在这个团队能够起到多大的作用。

大雁南飞的时候，如果只有一只大雁，它想飞到另外一个地方，基本上是行不通的。中途它就可能会失去生命，它可能忍受不了飞行的孤独，它也可能忍受不了寒风的侵袭。只有形成一个完美的团队，才能保证每一个成员都可以完成南迁的飞行目标。当雁的团队降落的时候，有的寻找食物，有的负责站岗放哨，每只大雁有不同的分工，所以团队能够产生一种神奇的力量，分力之和大于合力。当一只大雁悄然离开这个团队的时候，所有的成员就要寻找它，这就会影响到团队的整体进度，所以要尽可能地使个体和整体保持很好的一致性。

如果每个个体要与团队良好地配合，就会起到一个上升的结果。否则，便会起到一个下降的结果。所以每个队员都要使自己的行为和动作要和团队的思想保持一致。有一种观念，叫作团队精神，组织无我。当你应该具备团队精神的时候，每个人应该把个体忘掉。

记住，你在 IT 服务的事业中不是一个人在战斗，当你没有足够把握解决一件事的时候，及时请求团队支援是非常重要的。选公司就是选人，一个好的团队能成就你一生，且行且珍惜吧！

6.3 什么是高质量的服务

我们做 IT 服务的工作，需要接受这样一个客观的现实，那就是：在竞争环境中，不是顾客更需要我们，而是我们更需要顾客。

原因在于我们所能提供的各项 IT 服务商品，并不一定比竞争对手更新颖；我们所销售的价格，也不可能比竞争对手低多少；更有甚者，顾客未必一定需要我们的服务才能生存。这种情况下，顾客既可以选择我们，也可以选择我们的竞争对手，更可以选择不买这种服务。也就是说，没有我们的存在，顾客仍会存在。而我们则不同，我们需要顾客来光顾和购买，否则，我们将没有生存的可能。

既然我们很难用服务内容和价格来区别于竞争对手，又想拥有顾客，可行的办法就是从服务质量上满足客户。

那么，什么是高质量的 IT 服务呢？我们认为，在不折不扣地满足与客户达成的合约内容的基础上，同时给客户非同一般的服务体验，就是高质量的 IT 服务。这种不一般的体验有多种形式，有的是服务迅速地满足了客户的时间性要求；有的是服务内容多，客户得到了意外的惊喜；有的是客户在享受服务的过程中得到了充分的尊重，获得了尊贵般的体验。总之，它们超出了客户的预期。按这种说法，高质量源于体验，可这种体验少不了自己的内功，就如同 iPhone 手机一样。没有苹果的设计和富士康优良的制造，很难有用户满意的体验，所以高质量源于合同，展示于体验，真正产出于服务者的工作。如果把质量分为过程质量和结果质量，运维服务的过程质量更强调的是服务者的动作，包括准备是否充分、作业是否规范利索，而结果质量强调的是运维的最终服务指标，如响应的时间、完成的效率、达到的效果等。

6.4 怎样提供高质量服务

怎样的服务才能让用户感受到是高品质的呢？这就要了解用户的心态。如果用户现在遇到的是火烧火燎的事，他对时间最看重，时间越短对他越有利，那高效率对他讲就是高质量。比如，在用户的业务高峰时段，用户的系统一旦发生故障，一般要在 2h 内恢复系统的正常运行，结果你在 20min 内恢复系统的正常运行，他就会觉得你的服务是高质量。还有一些事情不是很急，你不但规范地为他服务，还处处以他为尊，让他体验高质量的服务。所以，对于高质量的服务，人很重要。这里的人就是 IT 服务工作者。除了有好的技能外，IT 服务工作者还应具备察言观色的能力，有针对性地为客户服务。要做到这些，平时就得多加练习，在模拟环境中给自己定目标，不断提升自己的技能，多找一些客户心理学方面的书籍，平时加以学习，在实践中去应用。

第 7 章　亲和性和系统性

7.1 什么是亲和性

所谓服务的亲和性（Agreeableness）是一种在服务场所愉快和包容的倾向。在当代人格心理学中，亲和性是人格结构的 5 个主要因素之一，反映在合作与社会和谐方面的个体差异上。亲和性得分高的人善解人意、周到、友好、大方、乐于助人。他们对于人性具有乐观的看法。他们往往相信，大多数人是诚实、正直和值得信赖的。

而研究表明，亲和性得分低的人将自身兴趣置于与他人相处之上。他们通常对他人的提议相当谨慎，他们可能觉得别人在追求自身的利益。亲和性得分低的人一般较少关心他人的福祉，同情心较少，因此不太可能去帮助别人。他们对他人的动机持怀疑态度，导致他们多疑、不友好。亲和性非常低的人操控欲比较强。他们更有可能进行竞争，而不是合作。

亲和性在许多社会交往场合中是一种财富。亲和的人往往喜欢他人，以积极的眼光看待他人，而不亲和的人倾向于以消极的眼光看待他人。但是并没有证据证明，亲和性高的人比他们的同龄人，更容易在他人的影响下做出选择。

一项研究发现，亲和性高的人在社交场合的反应更情绪化。这种效应可以通过自陈量表和生理测量测出，并通过证据表明，外向性和情绪不稳定性并不是五大人格因素中仅有的影响情绪的两项。这种效应在妇女中尤其明显。

研究还表明，亲和性高的人更有可能在冲突情况下控制住愤怒等消极情绪。亲和性高的人在与他人发生冲突时，更有可能使用建设性的策略。他们也较愿意向他们的对手让步，“输”掉一场争论。但是从他们的角度来说，他们并没有真正输掉，他们只是为了与他人保持融洽的关系。

亲和性的核心特点是它与利他主义和帮助行为呈正相关性。在各种情形中，亲和性高的人更有可能有兴趣，并乐于帮助他人。实验表明，虽然大多数人都可能去帮助自己的亲属，或者在同情心被唤起时去帮助人，但是亲和的人甚至会在这些条件都不存在时就去帮助人。换言之，亲和的人帮助人并不需要其他任何动机。

IT 服务绝对是一个与人打交道的业务，特别是现场服务，往往并没有一个标准的流程。这需要从业人员见招拆招，步步深入。因此，就需要从业人员有亲和性。从业人员是否具有亲和性是客户体验好坏的一个重要因素。IT 服务很容易落入过度追求精致服务而不善应变的工作陷阱中。每个用户的服务和服务的每个环节都需要 IT 服务者对用户给予更多的人文关怀，否则就容易像在流水线上处理每一个零件一样让用户感到冷漠而缺乏人情味。做事的亲和性可以考验 IT 服务者能否站在用户的立场上想用户之所想，急用户之所急。优秀的 IT 服务人员能够时刻让用户感到放心、舒心和开心。首先，要做到让用户放心，也就是让用户信任我们的服务。其次，要做到让用户舒心，也就是让用户满意我们的服务。最高层次是开心，也就是让用户忠诚于我们的服务。

7.2 怎样具备亲和性

要具有亲和性，可能每个人有自己的小妙招，但总结起来还是有以下规律可循。

（1）整洁合体的服装，一个人看起来干净、整洁是拉近人与人之间距离的必要条件。服装不仅要干净，还要符合当时的环境，区分正式场合与休闲场合的着装。

（2）适当的幽默，也是拉近距离的关键。

（3）充分准备，找到多一点与客户感兴趣的话题。

（4）多一点聆听。

（5）多一点赞扬。

7.3 系统性

做事的系统性就是指做事要全盘考虑，要知道哪些是主干，哪些是分支，要找到各因素之间的联系，要有重点、有步骤地展开工作。比如，在 IT 服务管理方面，就可以遵照 IT 服务的整体架构去做事情。IT 服务管理是有一些国际和国内的标准的，这些标准为我们指明了 IT 服务工作的整体框架。IT 服务者要清楚自己在整个 IT 服务管理框架中的立足点，并清晰地知道自己所担任的角色职责，按照 IT 服务管理整体的要求去完成自己的本职工作。

这里举个例子来说明系统性开展工作的重要性。

一天，一个时间管理专家正在为一群商学院学生讲课。他现场做了演示，给学生们留下了一生难以磨灭的印象。站在那些高智商、高学历的学生前面，他说："我们来个小测验。"然后，拿出一个 4 升的广口瓶放在他面前的桌上。

随后，他取出一堆拳头大小的石块，一块块地放进玻璃瓶里。直到石块高出瓶口，再也放不下了，他问道："瓶子满了吗？"所有学生回答道："满了。"时间管理专家反问："真的吗？"他伸手从桌下拿出一桶砾石，倒了一些进去，并敲击玻璃瓶壁使砾石填满下面石块的间隙。"现在瓶子满了吗？"他第二次问道。

但这一次学生有些明白了，"可能还没有，"一位学生应道。"很好！"这个专家说。他伸手从桌下拿出一桶沙子，开始慢慢倒进玻璃瓶中。沙子填满了石块和砾石的所有间隙。他又一次问学生："瓶子满了吗？""没满！"学生们大声说。他再一次说："很好。"然后他拿过一壶水倒进玻璃瓶直到水面与瓶口平。

从这个故事中我们能够看出：只有先把大石头放进去，才可以在空隙里放进许多小石头、沙子和水。同样道理，我们在管理时间的时候也应该这样，在精力最旺盛的时候做最重要的事。什么是最重要的事？即当前的首要工作、关键任务，最能帮助你实现目标的事。只有系统性地辨别什么是"大石头""小石头""沙子"，你才能充分合理地安排自己的计划。

第 8 章　懂业务和善思考

8.1 懂业务

很多毕业了一段时间的 IT 从业者不理解为何自己不能像一些同学一样在事业上快速提升，他们常抱怨是环境和机会不好，真是这样吗？事实并非都像他们抱怨的那样。客观上讲，每个人的际遇确实会略有不同，但有些人确实掌握了一些他人不注意的诀窍。这个诀窍对于 IT 从业者而言就是要懂客户的业务。一个既掌握 IT 技术又掌握用户业务知识的人，比一个仅仅精通 IT 技术的人在职场更有竞争力。这是因为企业事业单位的信息系统从根本上说是为企业自身业务活动而服务的。IT 服务者不仅是为信息系统服务的，还要通过理解企业业务本身来更好地实施 IT 服务。所以，对于 IT 服务来说，服务不但要着眼于所服务的 IT 系统本身，更着眼于该系统所服务的主营业务。

怎样才能懂业务呢？这要看服务的对象了。一般来讲，了解客户的业务有 4 个渠道。一是通过网络了解该公司的基本情况。二是通过书籍了解此行业有关专业名词以及大致业务逻辑。了解了这两点，就是个半懂行的人了，与客户的交谈就有了更多的共同话题。三是了解客户管理人员的管理思路。四是了解客户作业人员的操作流程。有了这 4 点，再加上自己的总结，不断向客户请教，就成行家了。

8.2 善思考

善于思考的 IT 服务者通过对 IT 系统的服务，掌握企业业务活动的规律，并通过 IT 系统对业务信息进行采集；随后分析 IT 系统软硬件的特点，在此基础上适当地建模，并科学地分析、客观地评估、精确地预测、动态地调优，建立一套适用于主营业务的精准 IT 运维服务体系。这不但保障了信息系统高效稳定运行，而且使信息系统达到与业务精准匹配的状态。

善思考是人类区别于动物的根本特性。孔子曾说过，“学而不思则罔，思而不学则殆”。前半句话说的是一味地读书，而不去思考，只能被书本牵着鼻子走，并且会被书本所拖累，从而会被书本的表象迷惑而不得其解；而后半句话说的是只一味地埋头苦思而不进行一定的书本知识的积累，进而对知识进行研究推敲，也只能是流于空想，问题依然不会得到解决，也就会产生更多的疑惑。只有把学习和思考结合起来，才能学到有用的真知。

IT 服务的善于思考体现在工作中的方方面面。首先，要思考为什么达到这项目标。其次，要思考达到这个目标有哪些方法。最后，要思考我目前拥有了哪些资源，与什么人共同完成此项任务，用户的真实需求和隐含需求是什么，什么时间完成该任务，哪个步骤能够带来最佳的效果等。通过多问自己几个为什么，我们的大脑就像自动导航系统一样指引我们朝着正确的方向迈进。

第 9 章　其他服务

IT 服务涉猎太广，在 IT 服务的大家庭中，除上述的 IT 运维服务外，还包括移动互联的各种 APP、大数据、云计算服务、电子商务等热门服务。关于怎么做好这些服务，本书不进行讨论。IT 服务还有些非热门服务，如咨询服务、培训服务、数据统计与分析服务、高级技术服务等。下面就这些服务进行简单说明。

9.1 咨询服务

从狭义上来讲，咨询服务是一种以顾问形式对客户服务的活动，其内容是为客户提供咨询服务。这种服务的性质和范围通过与客户协商确定，客户（委托方）提出问题或疑难，服务主体（咨询方）给出建议或解决方案，双方通过协议对彼此的责任和义务进行约定。

1. 按专业性划分

按专业性，IT 咨询服务可分为 3 类：管理类咨询服务、技术类咨询服务和安全类咨询服务。

- 管理类咨询服务：由具有丰富 IT 服务管理知识和实践经验的专家，与企业有关人员密切配合，应用科学的方法对企业进行调研、诊断，找出 IT 服务管理方面存在的问题，分析产生问题的原因，并提出解决方案，指导方案的推行实施，以达到解决问题、达成企业的 IT 服务管理目标、推动企业稳健发展的目的。管理咨询的三个阶段分别是现状调研、方案设计和推行实施。管理咨询过程中会含有培训，但培训的作用在于导入理念、达成共识、讲解方案。像 ITIL 咨询、ISO 20000 咨询、ITSS 咨询等，均属于管理类咨询服务。
- 技术类咨询服务：咨询方根据委托方对某一技术课题的要求，利用自身的信息优势，为委托方在技术上提供选用的建议和解决方案。比如，对特定信息化项目提供可行性论证、技术预测、专题调查、分析评价等咨询报告，对系统的升级方案进行评估等，均属于技术类咨询服务。

- 安全类咨询服务：针对企业或者政府的 IT 安全中存在的问题，IT 安全专家从管理、技术、体制、机制等方面提出解决方案。像网络安全咨询、信息安全咨询、数据安全咨询等，均属于安全类咨询服务。

2. 按服务对象划分

按服务对象，IT 咨询服务可分为两类：甲方咨询和乙方咨询。

- 甲方咨询：委托方常常扮演甲方的角色（如政府部门、信息化项目建设方、IT 资产管理单位等），咨询主要是为其在信息化项目建设、IT 治理（含供应商管理）等方面提供管理、技术或安全方面的咨询与帮助服务。

- 乙方咨询：委托方常常扮演乙方的角色（如 IT 运维服务商、信息化建设项目实施方等），咨询主要是为其在 IT 服务管理方面提供帮助。

9.2 培训服务

1. 按专业性划分

按专业性，培训服务可分为 3 类：管理类培训、技术类培训和业务类培训。

- 管理类培训：管理类培训有很多，比如规范化管理培训、精细化管理培训、精益化管理培训、制度化管理培训、流程化管理培训、安全管理培训等。我们通常见到的 ISO 20000 培训、ITIL 培训、ITSS 培训等均属于管理培训。

- 技术类培训：技术类培训也是常见的一类培训，包括 IBM 服务器维护培训、HP 服务器培训、AIX 操作系统培训、DB2 数据库培训、SQL Server 数据库培训、网络应用与维护培训、终端设备应用与维护培训等。从软件到硬件，从操作到维护，各类 IT 服务技术均可以作为培训内容。

- 业务类培训：此类培训主要是针对某个 IT 系统而设计的，培训的目的是通过培训让参训者能够掌握该系统的应用，为系统的推广实施奠定基础。

2. 按培训对象划分

按培训对象，培训服务可分为 3 类：甲方培训、乙方培训和个人培训。一般来说，管理类培训适合甲方、乙方或个人，技术类培训适合乙方或个人，业务类培训适合甲方或个人。

9.3 数据整理与分析服务

数据整理与分析是指用适当的统计方法对收集来的大量第一手资料和第二手资料进行分析，以求最大化地挖掘数据资料的功能，发挥数据的作用。它是为了提取有用信息和形成结论而对数据加以详细研究和概括总结的过程。目前，各企业的生产经营活动几乎都由 IT 系统进行管控，如 MIS、MES、ERP 系统等。系统中每天会产生大量的经营数据，为了发挥这些数据的价值，需要对数据进行分析整理，形成一定的结论，从而指导未来的经营活动。这就自然而然地要求提供数据整理与分析服务。

数据整理与分析服务具有以下作用。

（1）为用户从海量数据中挖掘出关键数据和信息，实现数据的二次利用。

（2）通过在较长一段时期内对数据进行跟踪、对比与分析，能够较为准确地预测未来一段时间内经营活动的发展趋势，为企业的战略部署提供依据。

（3）对各类数据进行统计对比，寻找数据的差异性与一致性，为企业未来的经营管理提供借鉴。

数据整理与分析的方法很多，包括柏拉图、直方图、散点图、典型相关分析、线性回归分析、鱼骨图、柱状图、雷达图、方差分析、趋势分析等。在数据分析过程中，可以借助一定的分析工具来辅助完成，如 SPSS、SQL 等。

9.4 其他拓展服务

1. 高级技术服务

要为用户提供高级的 IT 技术服务，如数据异地灾备、云服务等。这些服务有别于传统的 IT 服务，属于当前 IT 发展前沿的新技术服务。这些服务有一个共同的特点，就是技术较为复杂、风险控制点多。

2. 精准运维服务

精准运维是一种 IT 运维服务方法，它通过一系列方法掌握服务对象的信息系统的特性以及该信息系统所服务企业的业务特性，找准目标，从而精准地规划服务，提供服务建议并且以较小的代价有效展开主动服务和快速响应。精准运维服务往往综合考虑人、机、环境、业务 4 个方面的因素，从而评价出 IT 系统是否能够满足业务需要。精准运维服务的有效实施，将对业务的发展产生积极的支撑和推动作用。

9.5 服务的实施

无论是咨询服务、培训服务、数据分析服务，还是其他拓展服务，虽然服务的内容和服务对象有所差异，但作为 IT 服务大家庭的一个分支，其服务实施的方法和做事的要求是一样的，与上述的 IT 运维方法基本一致。概括起来讲，要做好这些服务，需要关注以下几个方面。

（1）工作要有计划性，事先制订完备的计划，按计划开展各项工作。

（2）注重服务过程中的规范性和完整性，做到全程痕迹化管理、实现可追溯性。

（3）提升服务的质量和效率，以快捷高效的高品质服务赢得用户的信赖。

（4）在服务过程中，加强与用户的沟通交流，全面了解用户的需求并尊重用户的选择，让服务具有良好的亲和性。

（5）要熟练掌握业务，既是技术专家，更是业务专家。

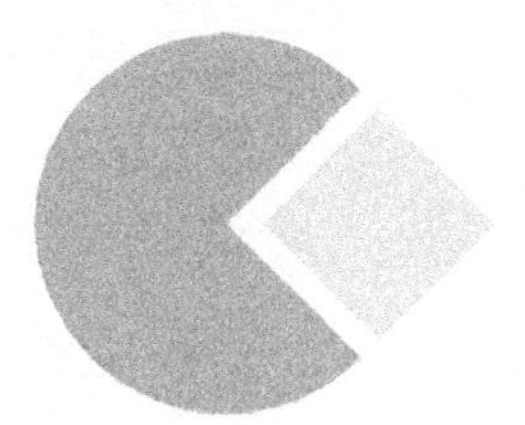

处事篇

第 10 章　赢得客户的心，练好外功

IT 服务所服务的对象是相关的用户与客户。当然，现实中用户与客户在某些情况下是一致的，在不少情况下不一定是一致的。多数情况下，客户不用信息系统，但负责选型和付款，用户使用信息系统，但不负责买单。销售人员主要见的是客户，而 IT 运维服务者见到的既有用户也有客户。不管他是否兼有客户的身份，对 IT 服务者来讲，此刻他就是用户。客户与用户是由社会的人组成，只有真正满足用户的需求，与用户处好关系，才能使企业赢得客户和用户的信赖。作为企业与用户之间的沟通桥梁，IT 服务者更需要与用户和谐相处，让我们与用户相互依赖，服务才能长期持续下去。用武功来形容 IT 服务的修炼，应是内外兼修。而与用户和谐相处，就是在练习外功，给人以完美的印象、周到的体验。

10.1 解读用户心经

常常有人讲，我们搞服务的就是要满足客户的胃。这种提法，笔者能理解，但不苟同。因为如果抓不到客户的心，甚至连客户的胃都抓不到，那服务质量就可想而知。所谓上谋伐心，要赢得用户的心，就要练好与用户相处的能力。因此，要了解用户。了解用户要从解读用户的心经开始。用户的需求，从低到高共分为 3 个层次，即放心的服务需求、舒心的服务需求、开心的服务需求。只有了解用户需要哪些，并予以针对性的满足，才能做到让用户真正满意。下面就用户的三类需求进行说明。

10.1.1　用户需要放心的服务

首先，用户需要所使用的信息系统安全、稳定、可靠地运行，这是最基础的需求。只有满足这些需求，用户才能放心；否则，用户心里会感觉不踏实。

李某大学毕业后就职于某物流中心，负责石家庄信息系统的维护工作。当地甲方负责人王某是个不苟言笑的人，王某对工作的要求很高，物流现场都是按照 5S 的管理要求严格执行的。虽然李某在学校掌握的知识是比较扎实的，但是一到现场学习了各种规范流程之后，他感觉自己的差距非常大，压力也很大，他不知怎么做才能让王某放心。

在 IT 运维服务工作中，李某缺乏安全感的情况是一种普遍的情况。刚刚到新的工作岗位，领导比较严谨，让李某在遇到问题时不敢求助。这让李某在心理上产生了不安全感。其实，甲方对新人也有不安全感。要解决双方的不安全感，与用户建立相互信任的关系就显得相当重要，这是因为运维服务工程师每次与用户交流时，都可能与用户处在两个不一致的世界里。一个是运维服务工程师结合自身的经验与判断所处在的主观世界中；一个是用户根据对于事实的理解而产生的认识世界中。用户与运维服务工程师对事实存在不同的观念，就会对问题有不同的看法。为了与用户建立相互信任的关系，运维服务工程师必须了解用户的世界，甚至要融入用户的世界里，才可能与用户建立相互信任的关系。

为了能够很好地与用户建立相互信任的关系，作为运维服务工程师，要做的就是摆脱自己的世界，融入用户的世界，达到和谐的境界。有了这种和谐的氛围，我们与用户就可以站在同一个立场进行交流了，这使用户感到安心，感到被理解和尊重，因此也就建立了彼此的信任。当用户信任我们的时候，我们就已经和他建立了彼此信任的关系，这时就可以引导用户，也就是引导双方的交流向好的方向发展。

在建立这种相互信任的关系时，首先要注意问候。在问候的过程中，要向用户介绍公司及部门名称、服务者的名字，最主要的是在第一时间向用户表示提供帮助的意愿。这是创造和谐氛围的关键环节，也是从自己的世界走出来、进入用户世界的方法。当我们和用户进行通话时，我们通过用户从哪儿打来电话，他正在做什么，他的心情和状态怎样，想象用户的样子，为用户画一幅图画。画一幅画可以帮我们把精力集中在来话人身上，在画的过程中可以“看”到他的世界，并轻松地走进去。在画这幅画时，要核对用户的信息，这样做可以使老用户感受到运维服务工程师的专业服务。在沟通过程中，适当地用语言的匹配、声音的匹配、感受和问题的匹配等，让用户感到他的观点或感受切实被我们所认同，同时我们理性地分析用户的世界是怎样的，并在用户的世界里与用户共同寻找解决问题的办法。能让用户放心的服务包括电话支持、远程监控、现场巡检、驻场服务、培训服务、综合服务等。

- 电话支持：开通 7×24 小时的热线电话，提供一般性咨询服务和受理各类故障的报修服务。咨询服务主要包括系统功能、配置、安装、调试、保养以及使用中遇到的技术问题等。

- 远程监控：定期（如每工作日）对服务范围内的服务器进行（远程）例行检查，记录检查情况，如果发现问题或系统隐患，及时报告用户并协调解决、排除，实现预防性维护。

• 现场巡检：定期到现场进行全面检查，及时发现并排除软、硬件运行中存在的隐患；收集系统最新运行信息并汇总分析，必要时向用户提出改进建议。

• 驻场服务：运维人员长期驻守在用户指定的地点，提供更加快捷的维护服务。

• 培训服务：及时了解用户在使用系统过程中存在的问题，制订培训计划，组织培训，提高行业用户相关技术人员的使用水平。培训分为网上培训、集中培训和现场培训 3 种形式。

• 综合服务：通过突发事件处理、远程技术支持、现场应急服务等方式，及时响应用户的服务请求并予以迅速处理，从而减少系统故障对企业业务的影响。

10.1.2　用户需要舒心的服务

在让用户放心的基础上，用户会有更高的服务需求，即希望服务更加舒心。那怎么才算让用户舒心呢？一般来说，用户有两种需求：情感上的需求和业务上的需求。在我们回应用户的这两种需求时，要做到让用户知道我们理解和关心他们的情感需求，会认真负责地满足他们的业务需求。运维服务工程师要满足用户的业务需求，主要会向用户提供技术解决方案并按照服务范围提供必要的运维保障。

用户的情感需求是通过语言、语气和肢体等表达出来的个人内在的需求。用户往往不会通过明确的言语来要求，但我们通过匹配对方的语气并关心用户的语言可以满足用户的这种需求。业务需求是用户对公司业务本身的需求，这需要我们切实排查信息系统，认真排除系统故障，从而切实满足用户的业务需求。优秀的运维服务工程师往往会先满足用户的情感要求，再满足业务需求。用户的情感需求包含 3 个方面：被理解、被尊重和安全感。用户需要我们完全地理解他的处境和感受。匹配是一种使用户感到被理解的方法。用户需要一种被运维服务工程师尊重的感觉。被尊重和得到安全感可以满足他的需求，让他放心，用户希望我们能够控制局势并以团队精神进行工作。

满足用户的情感需求的同时更应该关注用户的业务需求，也就是要知道用户为什么打电话。多数用户会马上告诉我们他业务上的需求。而有些用户认为利用引导性的提问，了解他们的特殊需求也是我们的职责。要准确了解用户需求，最有效的方法就是问引导性问题。引导性问题是运维服务的重要沟通工具，它会帮我们确认用户的业务要求，同时帮我们引导谈话的方向，直到达到用户满意的结果。另一种确定用户业务需求的方法是总结与重复。这种方法就是用我们自己的话总结用户提供的信息并重复给他们听。通过总结重复的方法，我们可以确认从用户那里得到的信息是否准确。这种方法可以使我们弄清信息、节省时间。长时间地听而不去总结和重复信息会导致错误，也是在浪费时间。总结和重复可使用户将话题集中在关键业务要求上，使我们能一直把握沟通交流的方向，加快事件的解决进程，加深和谐的程度。人们喜欢别人重复自己的话，这会让他觉得舒服。

满足用户的情感需求和业务需求能够让用户感觉到舒心。如果用户享受到舒心的服务，就可以加深企业和用户之间的黏度，让运维服务在良性的流程中持续提升用户价值。

用户往往希望得到重视和尊重，这样心理体验就会比较好。从这个角度出发，我们认为要做到让用户舒心，需要提供的服务包括：用户回访（电话）、现场座谈交流、服务报告（书面与口头）、客户满意度调查（书面）等。

- 用户回访：在某次专项服务完成后，及时（一般 3 个工作日内）对用户的服务体验进行回访，聆听用户的反馈与建议，并对用户的诉求即时回复，让用户感觉得到了充分的尊重。

- 现场座谈交流：根据实际工作需要，就某些重大事项或阶段工作情况赴用户现场进行座谈交流，听取用户对服务的意见与建议，并做出积极的、有针对性的响应，让用户体验到良好的服务。

- 服务报告：定期向用户提交周期性的服务报告，将 IT 服务工作情况、系统运行情况及用户所关切的事项予以及时报告，必要时口头进行汇报，让用户的知情权得到充分体现，用户感觉到舒心是必然的。

- 客户满意度调查：一段时间后（一般为一年），就当期的服务情况对用户全面地调查，让用户根据自己的切身体会对服务进行评价，提出意见或建议，并且告知用户这些评价结果将直接影响 IT 服务者的年终绩效，这会让用户体会到作为“主宰者”的感觉。

10.1.3　用户需要开心的服务

让用户放心、舒心，应该说服务已经做得相当不错了。但对于用户本身来说，如果能够再提供一些超值的个性化服务，那么感觉就更好了，这无疑会让用户感到开心。当服务承诺刚好能兑现时，客户的心态就是平衡，也就基本实现了说到做到。当服务承诺低于客户原有的期待值时，客户的心态就是失望，这也是言而无信的最好证明。这样的情况一旦发生，就很难与客户进行进一步的沟通和交流，为以后的业务埋下了绊脚石。当服务承诺能够超出客户的期待值时，客户的心态就不仅仅是平衡，而是一种满足，甚至是愉悦了。服务假如能做到这般地步，客户所感觉到的那简直是一种享受了。

中央电视台曾经报道过北京一个五星级出租车司机的事迹。他是怎样被大家公认为五星级出租车司机的呢？原因就是在于他给乘客提供了“超值”服务。之所以说超值，具体表现在以下几个方面。

（1）他的车子是每天一大洗，每换一名乘客就擦洗一遍坐垫，所以车里车外干干净净，没有一点异味。

（2）他在车里每天至少准备5份不同的报纸，日报都是当天的，还特地备有英文版的报纸。

（3）音乐准备也是非常充分，客户可以根据自己的喜好选择流行音乐或古典音乐。

（4）在车里还特地为有烟瘾的客户安装了一个可以弹出来的烟灰缸。

（5）态度非常友好，只要你招手示意他停车，他会立即停在你身边，然后下车，和你愉快地打招呼，并把车门打开，等你坐好后，才会稳稳当当地启动车子。

（6）诚信经营，他绝不会为了多挣一点钱，带着乘客绕远道、兜圈子。

（7）下车后，他会给你一张名片，告诉你下次有需要时，直接给他打电话，他会准时在约定的地方等你。

通过上面这个实例我们可以发现：提供超值服务是提升客户体验和满意度的必要方式和手段。关于超值服务的类型和内容，每个行业、每项服务都不尽相同。但有一点是相同的，那就是超过职责范围以外的服务，哪怕是扫地、打水也都在该范围之内。你可以做客户的生活顾问、做客户的心理顾问或者做客户的家庭顾问。针对客户遇到的这些问题，你如果能帮上忙，也就自然会得到客户的尊敬了。

对于IT用户来说，他们所需要的超值服务需求可能包括系统评估报告、专家重点巡检与讲座、IT服务管理培训等。在这些方面都能够做到让用户满意，用户没有理由不开心。

10.2 匹配用户需求

10.2.1 平等的心态

服务者要端正心态，既要尊重用户，又要不卑不亢。IT服务者往往在技术上不能尊重用户，这是服务的大忌。所谓平等就是指以礼待人，礼尚往来，既不盛气凌人，也不卑躬屈膝。从心理学的角度来看，人们都有友爱和受人尊重的心理要求。任何抬高和贬低自己的语言和行为，都不利于建立和谐的人际关系。

一个人的地位即使再高，也只是一种荣耀，却未必会永久保鲜，未必所有的人都非常在乎他人的地位。平等待人，公平交易，做到不坑人，不因人做事，平等地向每一位服务对象提供其所需的服务，才能赢得客户与合作者的信赖。

有人格魅力的人，都不会出于种族、肤色、信仰、性别、国籍、年龄或残障等原因歧视他人。有人格魅力的企业老板，在招聘人才时，都会将面试看成一次商业会谈，以一种平等的方式合作。因为他们知道，在得到所需信息的同时，还显示出了对应聘者的尊重，体现公司的文化素养，其实这也是一个宣传自己的机会。

平等、公正待人，是对别人的尊重，尊重别人也是尊重自己。人与人的交往，本着平等的原则，大家才能彼此和平相处。

当你不再自卑或自傲的时候，你的心态才能平衡，就好像天平一样平稳。一个人不懂得平等地看待他人以及自己，如何能在社会上立足？对你来说，一切的人际关系学只是一个摆设。要懂得陶冶性情。仔细想一想，和世人一样，百年之后，你我将会化为一堆白骨，还有什么值得骄傲和自豪的？人生短暂，没有一个平等的心态，如何体会工作、生活？想要有一个好的心态，必须先拥有一个平等的心态，这是一个基础，也是不可缺少的。

对于 IT 运维服务而言，甲乙双方平等地沟通交流很重要。尤其乙方在面对复杂问题时必须秉持平等的态度与用户沟通，让用户能够理解我们坚持按照正确的 IT 运维服务规范操作的重要性。如果不能够按照平等的态度与用户进行沟通与交流，很容易让我们按照用户的意图执行一些不恰当的操作。这些操作往往是不科学的，同时也是对解决问题没有帮助的，甚至会导致事倍功半的效果。

10.2.2　勤奋的习惯

勤劳致富，以勤补拙，天道酬勤，都离不开一个“勤”字。勤奋既是一种态度，也是一种品质，更是一种习惯。勤奋是情商的重要表现；勤奋是取胜的重要前提；勤奋是获得成功的重要保证。聪明是智商的重要表现，勤奋则是情商的重要特征。很多时候，我们发现勤奋的人更容易成功。那是因为聪明的人往往自以为是，所以他们付出的努力通常都是短暂的。而勤奋的人则往往有自知之明，所以他们付出的努力总是稳定和持久的。随着时间的推移，量变必然产生质变，所以成功便是水到渠成的事了。诚然，勤奋是需要坚持的，而且要变成一种习惯才能坚持下去。当勤奋成为一种习惯时，每天的付出便成为一种自觉行动。如果把这种自觉的行动坚持下去，那么获取的就一定是成功了。

对于一个 IT 服务者来说，“勤”表现在两方面：一是做事勤快，眼里有活；二是勤于学习新知识，不断提升业务与技能水平。对于做事，要克服懒惰的心理束缚，主动地、积极地做好各项工作，不要总是被动地满足用户的需求。同时，IT 的发展日新月异，IT 服务者需要始终保持勤奋的习惯，从而跟上时代的节奏。要想成功，那就从勤奋开始，并让勤奋成为一种习惯。

10.2.3 体验的价值

有关体验的价值起源一直是个谜。以采摘为例，购买草莓可能每公斤只需要 2 元钱，但是如果是亲自去采摘，则需要每公斤 3 元钱。有人解释为采摘会让你流汗，有人解释为采摘中会怕你因不专业而浪费，有人解释为里面隐藏了一个以前的回忆，还有解释为采摘是一种感受。人是复杂的，情感的复杂性决定了体验来源的复杂性，原因应该不是一元的，而是多元的。但是，不管怎么样，总会有一个主要的来源，主要来源是什么，因人而异。因此，对于同一种服务，不同人的体验与感受可能不同。只有满足多元化的体验与感受，这样的服务才可以使更多的客户接受。

服务的生产和消费的不可分离性使得我们在为用户提供服务的过程中透过专业、规范的服务流程让用户体验服务带来的真正价值。这份价值既包括用户所遇到的问题得到解决，也包括用户接受良好服务的愉悦感受。这种无形之中的体验，会让用户信任我们、信任我们的服务、信任我们的服务理念直至我们的全部，这是无价的。

如何匹配用户的需求，从而使他们产生良好的价值体验，这是考验 IT 服务者智慧的命题。信息系统的使用者通过看得见的服务体会我们的服务价值，也通过看不见的服务体验我们的服务价值。看得见的服务有：在用户的生产现场提供信息系统的维修保养服务，为用户提供信息系统培训服务，解决用户在使用信息系统时遇到的问题。看不见的服务有：通过系统后台监控避免信息系统通道的堵塞，通过主动进行数据备份，保障用户的信息安全等。

10.2.4 尊重的感受

在礼仪行为实施的过程中，要体现出对他人真诚的尊重，而不能藐视别人。礼仪本身从内容到形式都是尊重他人的具体体现。在交往中，任何不尊重他人的言行，都会引来别人的反感，更不会赢得别人对自己的尊重。心理学认为，人们对尊重的需要分两类，即自尊和来自他人的尊重。自尊包括对获得信心、能力、本领、成就、独立和自由的愿望。来自他人的尊重包括威望、承认、接受、关心、赏识等。自尊往往人们容易做到，要获得来自他人的尊重，首先要学会尊重他人。尊重他人是礼仪的重要原则。与人交往，不论对方的地位高低、身份如何、相貌怎样，都要尊重他人的人格，使人感到他在你的心目中是受欢迎的，从而得到一种心理上的满足，进而产生愉悦。

作为 IT 服务者，在工作交往中，首先要热情、真诚。热情的态度会使用户产生受重视、受尊重的感觉。如果过分热情，会使人感到虚伪、缺乏诚意。其次，还要善于运用一些尊重的技巧，比如在必要的时候我们需要请公司的领导对用户进行拜访，比如某类业务的专题拜访或者服务调研类的沟通交流，这些具体的行为无形中会使用户拥有被尊重的感受。

10.3 沟通从心开始

10.3.1 了解用户的性格特点

作为客户关系的维系者，你必须考虑所面对用户的各方面信息，所谓知己知彼才能百战不殆。具体需要了解和掌握的信息如下。

- 用户属于哪种类型的群体？
- 用户具备什么共性的行为习惯（即行业特质）？
- 用户与你的工作交集在哪里？
- 用户对你工作的需求在哪里？
- 用户的性格特点如何？
- 他的家庭情况、教育背景、过往经历。
- 他的兴趣爱好、个人习惯等。

只有充分了解客户（或用户），才能让自己把握主动，才能在维系客户关系的过程中有的放矢，从而为维系良好的客户关系奠定坚实基础。

在上述需要了解的信息当中，尤其以用户的性格特点最为关键。每个用户都有自己的性格特点，用适合用户个人性格特点的方式与其沟通显得很重要。这里把用户的性格特点分为 4 类，即老鹰型、孔雀型、鸽子型和猫头鹰型。这 4 类用户是按照语言节奏以及社交能力来划分的。快节奏是指音量大、声音高、语速快；慢节奏是指音量小、声音低、语速慢。社交能力强势是指见面后对你非常热情；社交能力弱势是指对你不理不睬，半天不说一句话。

要想了解用户的性格特点，一定要经过 3 个步骤。第一步是识别用户的性格特点，明确用户究竟属于哪种类型。只有这样，你才能制订适合其性格特点的接触策略。识别方法很简单，在你和用户沟通时，哪怕是电话交谈的一瞬间就可以分辨出用户的语言节奏。如果用户说话声音大、音量高、语速快，初步可以判断这个人不是老鹰型的就是孔雀型的。我们和用户接触后就可以感受到他们社交能力的强弱。如果这个人对你不理不睬，半天不说一句话，基本可以判定这个人是老鹰型的用户。

猫头鹰型的用户比较注重计划性。你要对用户说明我们的服务具有很多优势，公司信誉好、服务质量可靠、服务响应时间快等。用户听到这些话就觉得你做事说话没有条理。如果换一种说法，就会不一样。我们的服务具有很多优势：第一，公司信誉好；第二，服务质量可靠；第三，服务响应时间快。你这样讲用户就会觉得你说话和办事井井有条、思路清晰。猫头鹰型的用户非常注重实证。我们不止一次见到这样的用户，你告诉他你的服务品质是最好的，他立刻就会回应你：既然你说你的服务质量好，都有哪些企业用过你们的服务？有哪些事实和数据能证明呢？他会向你要实证和数据，你准备不充分的话就要出问题。还有切忌不要用主观意愿过强的词汇和他们交谈，比如：我想、我认为、我觉得等，他们会觉得你不客观。

针对不同性格特点的用户，采用不同的交流方式与之沟通，则能达到良好的效果。

10.3.2 读懂用户的心理预期

任何时候，我们都要清醒地认识到：我们服务的用户到底有什么需求。这直接决定了我们将能提供什么服务给用户、用户的满意度会有多高。下面以海底捞为例来说明抓住用户的心是多么重要。

早在 2012 年夏天，微博上疯传关于海底捞的段子，一句“人类已经无法阻止海底捞了”让这家以“服务”见长的川味火锅彻底火了。2013 年，海底捞在长达一年半的准备之后，即将于当年秋天在美国开设它的第一家分店。海底捞创始人张勇称，2012 年公司全年营业额高达 31 亿人民币，较上年同期增长 54%，利润率达 10%。从一家名不见经传的小店，到大型跨省直营火锅连锁店，海底捞从 1994 年开设第一家店到现在长达 19 年的过程中，步步为营，如今已在北京、上海、西安等 20 个城市拥有 80 家直营店。

去北京海底捞吃火锅的人，通常得等两小时，但等候的人的脸上看不到烦躁的表情。等待中的人都没闲着，上网、玩牌、擦皮鞋、美甲……这些看似与火锅相去甚远的休闲项目，在其他饮食店是没有的。

什么样的服务是最好的服务？那就是不仅让顾客满意，还能给顾客带来惊喜和感动的服务。要做到这一点靠什么？靠的是不仅把顾客上帝，更要把顾客当作自己的家人的服务理念；靠的是不仅让顾客满意，还要让顾客感动的不折不扣的实际行动；更靠的是时时处处从顾客角度去着想的用心体验与感受。

对于很多企业来说，能做到让顾客满意已经算是不错的了。但是在海底捞，他们并没有停留在这个阶段。对于他们来说，让顾客放心是三级服务，让顾客满意是二级服务，让顾客感动才是一级服务。

让顾客感动了，才能让顾客心甘情愿、义无反顾地忠诚于企业；让顾客感动了，才能让他们成为企业的粉丝，永远支持企业。可以说，“让顾客感动”已经成为海底捞具有个性化的服务特色之一。

从海底捞的例子中我们可以发现，其最大的成功在于它读懂了顾客的心理预期，并提供了超出用户心理预期的服务。用户本来只是想着品尝一下美味的火锅大餐，没想到还能享受额外的超值服务，诸如迎送、小礼物等。

作为 IT 服务者来说，该经验同样适用。我们要站在用户的角度思考，如果你是用户，你到底需要什么样的服务？这样在心中就有了一个基本轮廓。然后，通过与用户进行沟通交流，能够了解到不同用户个体的差异化服务需求，即心理预期。在此基础上，有针对性地提供差异化的、满足并超过用户心理预期的服务，自然能够比别人更胜一筹。

10.3.3　读懂用户的身体语言

人类学家雷·博威斯特（Ray Birdwhistell）针对人与人之间发生的非语言交流，曾经指出：一个普通人每天说话的总时间为 10～11min，平均每说一句话所需的时间则大约只有 25s。同时，他还推断出，我们能够做出并辨认的面部表情大概有 25 万种。博威斯特还发现，在一次面对面的交流中，语言所传递的信息量在总信息量中所占的份额还不到 35%，剩下的超过 65% 的信息都是通过非语言交流方式（即身体语言）完成的。

有时候用户不说话并不意味着用户就认可你，有时候用户直直地看着你并不意味着用户就对你的话题感兴趣。这其中的奥妙是层出不穷的。所以，在与用户进行沟通交流的过程中，要读懂口头语言之外的身体语言，这样你才能读懂用户。在讲话过程中观察对方的手和面部的动作是非常有效的一招，除了前面提到的之外，还包括眼睛的闪避、手的隐藏等。

IT 服务者在和用户谈话的时候，要时时观察用户的眼睛。至于用户对你的话语感不感兴趣，对你的服务感不感兴趣，也许用户的嘴巴会骗人，但他的眼睛是不能骗人的，因为他们的眼睛就是他们的内心。俗话说，眼睛是心灵的窗户，如果窗户没有关起来，那么外面的人就能很清楚地看清里面的人在干什么。一个出色的 IT 服务者，应该善于观察，能够捕捉到用户眼睛里哪怕一丝丝的异样，从而调整自己的服务策略。

有时候也会遇到不善于交谈的用户，此刻观察他们的肢体语言，多半会发现他们双臂交抱于胸前，这是一个很典型的封闭、拒绝的姿势。可以设想一下这样的场景，如果你要跟陌生人问路，面前一位双臂交抱而站，另一位则是双臂自然下垂放在身体两侧，你会向谁询问呢？如果用户已经做出这样的姿势，后面的交流可能已经意义不大了。这个时候我们应该请用户动起来，或者让他在纸上写写画画，或者让他拿着一个什么东西，总之要打破他这种封闭的身体姿态，因为行为的改变也会带来心理上的变化。当以一个更加开放的姿势与人交流的时候，往往人们的态度也会更加开放和积极。

10.3.4　听懂用户的诉求

服务的好坏需要一套标准来进行衡量，而最直接的反映来源于用户。实际上，用户的体验也是基于一定的标准，从而产生一定的期望。当服务的过程和结果与期望相符时，用户是满意的；否则，用户的体验就会相对较差。只有了解了用户的真正诉求，我们才能更好地为用户服务。因此，充分读懂用户的诉求与体验是至关重要的。对用户的感知主要包括 3 个方面，即感知用户信息、感知用户体验和感知用户需求。

1. 感知用户信息

用户信息包括用户所在企业的日常动态信息、用户的家庭情况、用户的工作情况等各方面信息，对这些信息的全面掌握有利于更准确地把握用户。

2. 感知用户体验

感知包括对用户体验的感知，以及用户对服务过程与结果的感知。对于前者来说，感知的手段很多，包括电话回访、抽样对比、问卷调查、反馈记录、与标准对比等。针对不同的服务，服务提供商可以灵活采用一种或多种感知手段。对于后者来说，主要依据所获得服务的结果与其期望（所认可的服务标准）的对比而产生的体验，只要服务标准确定，其体验只取决于服务的过程与结果。

3. 感知用户需求

用户个人信息与需求的感知主要通过电话沟通、现场交流、公共传媒信息采集等方式获取。充分利用沟通交流的机会（尤其是面对面交流）可获得大量个人信息及需求信息。对于短期内无法获得交流机会的情况，可间接通过公共传媒（如用户单位网站、搜索引擎、公开文件等）采集相关信息，这是感知的重要辅助手段。

对感知信息的分析，包括所采集指标的 3 个方面，分别是对用户个人信息的分析、对用户满意度的分析和对用户需求的分析。

- 对用户个人信息的分析：对感知的用户个人信息，需要从用户的岗位、职责、个性、能力、偏好等方面进行综合分析。这些信息将有助于使服务更具有针对性。

- 对用户满意度的分析：通过感知手段感知用户的体验，得到局部服务和整体服务的感知结果。局部服务的感知结果又分为受理服务和主动服务的感知结果，以及整体服务的感知结果。对感知结果的评价就是对这些感知结果的服务效果进行评价。将整体服务和局部服务的用户感知进行对比分析是评价感知结果的一个重要工作。感知结果分析的结论将被应用于服务改进的工作中。即感知结果分析的输入是感知信息采集员所采集的统计周期内的整体服务和单体服务感知结果的全集，感知分析的输出结果将为服务改进提供方向性的指引。

- 对用户需求的分析：用户需求是感知信息的重要组成部分，也是服务发展方向的关键要素。对用户需求的分析，需要结合整体服务策略。若需求不符合服务策略，则需要分析不符合的原因及解释；若符合整体服务策略，则可依据用户需求策划相应的服务内容并制订服务标准（与用户最终达成一致），直至交付实施团队予以实施。

10.4 满意从体验中来

10.4.1　用户的类型

在 IT 服务行业，面对的用户类型有很多。针对不同类型的用户，需要运用不同的服务技巧，才能达到预期的效果。一般来说，根据用户的风格特点，可以将用户划分为技术派、实干派、仕途派等。

- 技术派用户：其典型特征是技术能力很强，是从基层技术岗位逐步升上来的用户，他们往往对技术细节很关注，做事很严谨。一旦被他们发现存在技术欺骗行为，就会被其列入不受欢迎的服务者之列。对于这类用户，绝不能在技术细节上有什么马虎，不能抱有含混过去的侥幸心理，一定要关注每个技术细节，让用户挑不出毛病。

- 实干派用户：其典型特征就是非常勤勉，事必躬亲，做事认真负责。这类用户是最容易相处的，只要你真诚、热情、周到地为其提供满意的服务，就很容易建立起彼此间的信任关系。对于这类用户，我们一定要想用户之所想，将事情做得完整、干得漂亮，而且质量和效率都非常高。

- 仕途派用户：其典型特征就是没有深厚的技术基础、没有亲力亲为的作风，擅长指手画脚、呼来喝去，他们的主要目标是将交办的任务完成，有机会得到升迁。对于这类用户，一定不要对用户讲高深的技术问题，要按用户的要求做好服务，谨慎应对。

10.4.2　满足隐含需求

用户的需求有很多，上面介绍过，这些需求分为放心的需求、舒心的需求和开心的需求。放心的需求，实际上是刚性需求，也就是必须要满足的。舒心的需求实际上是情感上被尊重的体验，这通过一些服务技巧可以满足。而开心的需求，就需要去挖掘，这些需求往往是隐含的，只有在与用户深入沟通交流的过程中才能了解用户的隐含需求，比如之前提到的 IT 服务管理咨询与培训等。

我们先看一个老太太买李子的例子。

一条街上有三家水果店。一天，有位老太太来到第一家店里，问："有李子卖吗？"店主见有生意，马上迎上前说："老太太，买李子啊？您看我这李子又大又甜，还是刚进的，新鲜得很呢！"没想到老太太一听，竟扭头走了。店主很纳闷：奇怪啊，我哪里得罪老太太了？

老太太接着来到第二家水果店，同样问："有李子卖吗？"第二位店主马上迎上前说："老太太，您要买李子啊？""是啊。"老太太应道。"我这里李子有酸的也有甜的，您是想买酸的还是想买甜的？"店主回答。"我想买一斤酸李子。"老太太说。于是，老太太买了一斤酸李子就回去了。

第二天，老太太来到第三家水果店，同样问："有李子卖吗？"第三位店主马上迎上前说："我这里的李子有酸的也有甜的，您是想买酸的还是想买甜的？""我想买一斤酸李子。"老太太说。第三位店主一边给老太太称酸李子一边问道："在我这儿买李子的人一般都喜欢甜的，可您为什么要买酸的呢？""哦，最近我儿媳妇怀上孩子了，特别喜欢吃酸李子。""哎呀！那要特别恭喜您老人家快要抱孙子了！有您这样会照顾的婆婆，可真是您儿媳妇的福气啊！""哪里哪里，怀孕期间当然最要紧的是吃好、胃口好、营养好啊！""是啊，怀孕期间的营养是非常关键的，不仅要多补充些高蛋白质的食物，听说多吃些维生素丰富的水果，生下的宝宝会更聪明些！""是吗？哪种水果含的维生素更丰富些呢？""很多书上说猕猴桃含的维生素最丰富！""那你这儿有猕猴桃卖吗？""当然有，您看我这里进口的猕猴桃个大汁多，含维生素多，您要不先买一斤回去给您儿媳妇尝尝？"这样，老太太不仅买了一斤酸李子，还买了一斤进口的猕猴桃，而且以后几乎每隔一两天就要来这家店里买各种水果。

针对上面的案例我们来分析一下，详见表 10.1。

表 10.1 各类店主的焦点和需求

类型	店主等级	考虑焦点	需求引导
第一位店主	"菜鸟"级	自己的产品——李子	没有挖掘需求，只是推荐产品
第二位店主	"中鸟"级	客户的明确需求——表面需求	有对表面需求的了解，满足需求而已
第三位店主	"老鸟"级	客户背后的隐含需求——真正需求	有对真正需求的引导，提供关于解决方案的案例分析

由此可见，隐含需求比明确需求更重要。对于用户的隐含需求，一定要认真加以分析和引导，并予以合理的满足。如果超出自身的能力范围，则可以向上一级领导报告，确定具体应对方案。

第 11 章　赢得自己人的心，修炼内功

11.1 怎样与上级保持一致

《杜拉拉升职记》一书里面有一句话：要和领导保持高度的一致性。书里说，要懂得如何与上司建立一致性。他觉得重要的事情，你就得觉得重要；他认为紧急的事情，你也得认为紧急。只有这样你才能和他保持一致，劲儿往一处使。从工作层面上讲，与上司保持一致性，不但会给上司留下一个积极主动的好印象，更关键的是也能让自己的工作开展得更加顺利，个人能力得到进一步的提高。

日本著名企业家松下幸之助习惯在空余时间巡视一下自己的公司。

一天深夜，他发现一间办公室的灯还亮着。

“我绝不饶恕这种浪费的行为！”一贯严厉的松下幸之助误以为哪位员工下班的时候忘记了随手关灯。

当他打开办公室门的时候，一位女士正在打字机前忙碌。

“我们并不鼓励疲劳作业。”松下幸之助轻咳了一声。

“对不起，董事长，因为临时多了一些材料，所以我留下来打算做完。”

“您为什么不等明天上班继续做？”松下幸之助的口气缓和了下来。

“小泉主管习惯于一上班就看当日的材料，所以，我觉得应该今天把它做完，这样小泉主管明天一早就可以看到这些材料了！”

松下幸之助深深地被这位女员工感动了，感动他的不仅是这位女员工对工作的负责，更是她能配合自己上司的工作习惯来安排自己工作的态度！

“能如此与上司保持步调一致的员工，不仅会是一名忠诚的员工，更会是一名能出色完成任务的员工！”松下幸之助由衷地赞赏道。

第二天，这位女员工就成了松下幸之助的助理。

从此，“与上司保持步调一致，并绝对地忠诚”也作为一种企业文化，被松下公司传承了下来。

上面这个故事中的员工无疑是位优秀的员工，可以说也是一个有智慧、有灵性的员工。她最大的特点是以自己的工作来配合上司的工作，并努力把它做到最好。她愿意放弃自己的休息时间来配合上司的工作，愿意打乱自己的时间安排来配合上司的时间安排。上级需要配合，他需要你能与他保持步调一致，并绝对地忠诚。

要做到与上级保持一致，要做到以下 3 个方面。

（1）思想上保持一致。要充分了解上级的想法和目的，并且积极支持上级的想法；对于认识上有分歧的，可以事先与上级进行沟通交流，直至消除分歧，达到思想上高度统一。

（2）行动上保持一致。对于上级安排的各项工作，一旦已经确定，就要高效、快速、高质量地执行，绝不能拖泥带水、大打折扣，从行动上与上级保持一致。

（3）风格上保持一致。如果上级是雷厉风行的风格，那么你做事也要高效，不能拖拉；如果上级是谨小慎行的风格，那么你考虑事情就要全面，不要冒冒失失，事先多请示多汇报，待上级确认后再予以实施。

11.2 怎样与同事有效合作

团队成员间应加强合作，协作完成团队的各项工作。在合作过程中，应做到以下几个方面。

- 每个人充分了解自己的分工、在团队中的角色及优势。
- 按照团队分工认真履行自己的职责。
- 在工作开展的过程中，与相配合的同事保持密切沟通与互动，如果对方存在困难，尽量协助。

- 如果工作开展过程中自身遇到困难，及时向团队内其他同事求助，协同度过困难。
- 对于超出自身能力范围的工作，妥善交由其他同事处理。
- 对于转派其他同事处理的事项，应跟进其处理进度，提醒相关同事按期落实。
- 在与同事相互合作的过程中，沟通非常关键。在沟通的过程中，应尽量避免产生冲突。若出现冲突或矛盾，则应积极应对，不应消极逃避。若自身无法解决，则交由上级进行协调处理。在此过程中，应注意以下几个问题。
- 无论发生什么事情，都要首先想到自己是不是做错了。如果自己没有错，那么就站在对方的角度，体验一下对方的感觉。
- 让自己去适应环境，因为环境永远不会来适应你，即使这是一个非常痛苦的过程。
- 要学会夸赞与鼓励对方，平常不要吝惜你的喝彩声（好的夸奖，会让人产生愉悦感，但过度夸奖会令人反感）。
- 少说多做。言多必失，人多的场合少说话。
- 不要把对方的全力配合视为理所当然，要懂得感恩。

技能篇

第 12 章　运维硬功夫——运维硬件技术介绍

12.1 服务器

服务器在信息系统中担任重要角色，是信息系统的核心设备之一。服务器的运维质量直接关系到一个运维项目的品质。服务器（Server）是在网络环境中为客户机（Client）提供各种服务的、特殊的高性能计算机，承担着数据的处理、存储、转发、发布等关键任务，是各类基于 C/S 模式或 B/S 模式中不可或缺的重要组成部分。它在处理能力、稳定性、可靠性、安全性、可扩展性、可管理性方面都比一般 PC 有较高的要求。

按照体系架构，服务器主要分为两类：x86 服务器和非 x86 服务器。x86 服务器是基于 PC 体系结构并且使用 Intel 或其他兼容 x86 指令集的处理器芯片和 Windows 操作系统的服务器，又称 CISC（复杂指令集计算机）架构服务器，即通常所讲的 PC 服务器。PC 服务器价格便宜、兼容性好、稳定性较差、安全性不高，主要用在中小企业和非关键业务中。随着硬件的发展，PC 服务器已经改变过去的形象，有些大的互联网企业和关键业务也开始采用大量 PC 服务器为我们提供应用。非 x86 服务器包括大型机、小型机和 UNIX 服务器。这类服务器使用的是 RISC（精简指令集计算机）处理器并且采用 UNIX 和其他专用操作系统。RISC 处理器主要有 IBM 公司的 Power 和 PowerPC 处理器、HP 公司研发的 PA-RISC 处理器、SUN 与富士通公司合作研发的 SPARC 处理器等。这种服务器虽价格昂贵，但是稳定性好、性能高，主要用在大型企业的核心系统中。

下面从运维的角度针对目前非 x86 服务器和 x86 服务器中主流服务器的产品、类型、所需维护技能等情况做简单介绍。

12.1.1　小型机

小型机（Minicomputer 或 Midrangecomputer）是一个已过时的术语，指界于大型主机（Mainframe）和微型计算机（Microcomputer）之间的计算机产品，它是 20 世纪 60 年代由 DEC 公司首先开发的一类高性能计算机产品。

中国业内习惯上把小型机称为 UNIX 服务器，它在服务器市场中处于中高端位置。UNIX 服务器具有区别于 x86 服务器和大型主机的特有体系结构。各厂家 UNIX 服务器都普遍使用自己研发的 UNIX 操作系统和处理器，如 IBM 公司采用 Power 处理器和 AIX 操作系统，Sun 公司、Fujitsu 公司采用 SPARC 处理器架构和 Solaris 操作系统，HP 采用 PA-RISC 架构（现在已转向安腾处理器）和 HP-UX 操作系统。I/O 总线也不相同，Fujitsu 公司采用的是 PCI，Sun 公司采用的是 SBUS，等等。这就意味着各公司小型机机器上的插卡（如网卡、显示卡、SCSI 卡等）也是专用的，所以小型机是封闭专用的计算机系统。使用小型机的用户一般会认可 UNIX 操作系统的安全性、可靠性和专用服务器的高速运算能力，在国内主要集中在电信与金融两大传统行业。使用的用户少也意味着运维人员掌握此项技术的难度加大，以致运维人员的数量相对较少。一旦掌握此项技术，你将在运维行业占有一席之地。小型机具有高性能、高可靠性、高服务性、高可用性四大特点。

1）高性能（High Performance）

- 多采用 2～32 个并行处理器，实现多 CPU 协同处理能力。
- 系统配备了专用高速 I/O 通道。

2）高可靠性（High Reliability）

延续了大型机、中型机中高标准的系统与部件设计技术，并采用高稳定性的 UNIX 类操作系统。

3）高服务性（High Serviceability）

能够实时在线诊断，精确定位出根本问题，做到准确无误地快速修复。

4）高可用性（High Availability）

多冗余体系结构设计是小型机的主要特征，如冗余电源系统、冗余 I/O 系统、散热系统等。

1. IBM 小型机

IBM 公司在 1980 发布了第一台基于 RISC 架构的小型机服务器，在 2003 年整合了所有的服务器产品，统称为 eServer。该家族拥有 4 条产品线：i 系列（iSeries，属于大型机范畴）、p 系列（pSeries，属于小型机范畴）、x 系列（xSeries，属于 PC Server 范畴）和 z 系列（zSeries，属于大型机范畴）。p 系列是 IBM 服务器产品线的根基，p 系列服务器是基于 IBM 的 Power 处理器，拥有最宽的 UNIX 产品线，从极小的 1 路或 2 路的入门级服务器系统一直到多达 64 路的大型机系统都一应俱有，该系列的产品是这里的重点。

p 系列服务器均采用的是 Power 系列 CPU。该 CPU 从 1990 年开始生产、装备到 RS/6000（即 RISC System/6000）UNIX 工作站和服务器上。该系列的产品使用的 CPU 型号从 Power 1、Power 2、Power 3、Power 4、Power 4+、Power 5、Power 5+、Power 6 发展到现在使用的 Power 7/7+，即将要推出 Power 8 处理器。表 12.1 展现了 IBM Power 处理器架构发展的历程和特点。

表 12.1 IBM Power 处理器架构发展的历程和特点

年 份	CPU 型号	CPU 主频	核 数
2001～2003	Power 4/4+	≥1.5GHz	1 或 2
2004～2006	Power 5/5+	≥1.65GHz 或 1.9GHz	2 或 4
2007～2009	Power 6/6+	4.2GHz 或 5.0GHz	2 或 4
2010～2011	Power 7/7+	4.2GHz 或 5.0GHz	4 或 6 或 8

从 Power 4 到当前的 Power 7 系列，经历了 10 年的历程。每一代产品的诞生都伴随着多项新技术的创新，诸如：同步多线程（Simultaneous Multithreading，SMT）技术、PowerVM 虚拟化技术、内存镜像（Memory Mirroring）技术、内存去重（Memory Deduplication）技术、动态电源管理技术、内存压缩（Memory Expansion）技术等。

从每个芯片封装一个处理器到目前的一个芯片封装 8 个处理器，服务器的处理性能以几何数量级的速度增长。IBM 通过整合硬件和软件，大幅提高了 Power 系统的并行处理能力，可以满足用户管理上百万并发交易处理的关键需求。

IBM Power 系列的产品线产品相当全面，每一代 Power 系列从低端到高端都有对应的产品。表 12.2 列举了从 Power 4 至 Power 7 系列中各个产品类型中所对应的产品。

表 12.2 从 Power 4 至 Power 7 系列中各个产品类型中对应的产品

产品类型	Power 4	Power 5	Power 6	Power 7
低端产品	P615	p5 520	Power 520	Power 720
中端产品	P630	p5 550	Power 550	Power 740
中高端产品	P650	p5 570	Power 570	Power 750
高端产品	P670/P690	p5 575 p5 595	Power 575 Power 595	Power 770 Power 780

2. HP 小型机

HP 公司成立于 1939 年，第一款产品是阻容音频振荡器，后来才开始生产计算机。1972 年，推出了 HP 3000 系列小型机，采用的是专有的操作系统。1982 年，推出了 HP9000 小型机，采用的是开放的 UNIX 操作系统。2004 年，HP 公司大力推动 HP Integrity 动能服务器的发展。HP 9000 服务器和 HP Integrity 服务器成为 HP 小型机中的两大主流服务器。HP 9000 服务器和 HP Integrity 服务器采用相同的体系架构，但使用的 CPU 不同，HP 9000 服务器使用的 PA-RISC 系列的 CPU，HP Integrity 服务器使用的是由 Intel 公司生产的安腾 CPU。HP 9000 服务器和 HP Integrity 服务器分别有各自的产品线。表 12.3 展示了它们各自产品线上主要产品的具体型号及相应的配置情况。

表 12.3　HP 9000 服务器和 HP Integrity 服务器产品线上主要产品的型号与配置

产品类型	主要产品	
	HP 9000 服务器	HP Integrity 服务器
高端	rp8420（32 路 CPU）或 SuperDome（128 路 CPU）	rx8620（32 路 CPU）或 SuperDome（128 路 CPU）
中端	rp4440（8 路 CPU）或 rp7420（16 路 CPU）	rx4640（8 路 CPU）或 rx7620（16 路 CPU）
低端	rp3410 或 rp3440（4 路 CPU）	rx1600（2 路）或 rx2600（4 路 CPU）

3. ORACLE 小型机

ORACLE UNIX 服务器产品包括基于 Sun SPARC 处理器的企业级 UNIX 服务器和基于 Sun SPARC T1/T2/T2+处理器的酷线程服务器两大系列。Sun 公司在 2009 年被甲骨文（Oracle）公司并购，并购后给 SPARC 架构的小型机带来了生机，使其得到进一步发展。

Sun SPARC 处理器的企业级 UNIX 服务器主要型号有 M4000、M5000、M8000 和 M9000；Sun SPARC T1/T2/T2+处理器的酷线程服务器主要型号有 T5440、T5240、T5140、T5220 和 T5120。两大系列的服务器都提供了一个高扩展的、企业级的虚拟化整合平台，可使各类商务应用在其平台上尽情发挥，使用户的信息系统得到有效利用，从而为企业创造更多的利润。

Sun SPARC 处理器的企业级 UNIX 服务器产品线基于 2 核或 4 核 SPARC64 VI/VII/VII+处理器，而 T 系列的服务器采用的是 UltraSPARC T 处理器。两个系列都运行在 Solaris 操作系统上，是执行关键任务企业应用的理想平台。Sun 在 2006 年改进了酷线程技术，该技术可以在单一处理器中支持 32 个线程，并产生了一系列的服务器产品。其中 T3 处理器集成了 16 个 CPU 核，128 个并发线程，主频为 1.65GHz，在一个服务器内可容纳 4 个 CPU、64 个 CPU 核、512 个并发线程。T4 处理器集成了 8 个 CPU 核，64 个并发线程，主频为 2.85GHz 或 3.0GHz，还集成了 4MB 片内 L3 缓存，在一个服务器内可容纳 4 个 CPU、32 个 CPU 核、256 个并发线程，更加节省空间和能耗。Oracle 服务器产品两个系列的具体型号如表 12.4 所示。

表 12.4 ORACLE 服务器产品两个系列的型号

产品类型	M 系列服务器	T 系列服务器
高端	SPARC Enterprise M9000-64	SPARC T4-4
	SPARC Enterprise M9000-32	SPARC T4-2
中端	SPARC Enterprise M8000	SPARC T4-1
	SPARC Enterprise M5000	SPARC T3-4
低端	SPARC Enterprise M4000	SPARC T3-2
	SPARC Enterprise M3000	SPARC T3-1

12.1.2 PC 服务器

PC 服务器从 PC 发展而来，在继承了 x86 架构的同时，加入了服务器的技术，是一个通用开发的系统，使用 Intel、AMD 或其他兼容 x86 指令集的处理芯片和 Windows、Linux 操作系统的服务器，如 IBM 的 X 系列服务器、HP 的 DL 系列服务器等都属于 PC 服务器。表 12.5 列举了联想、HP、DELL 三个主流厂商的产品。

表 12.5 联想、HP、DELL 三个主流厂商的产品

厂　商	产　品
联想集团	IBM X345 或 IBM X3650 或 IBM X3850
HP 公司	HP DL360 或 HP DL380 或 HP DL580
DELL 公司	DELL 2950 或 DELL 1950 或 DELL R710

PC 服务器主要用在低端应用市场，大多数 PC 服务器安装的是 Windows 2000 的操作系统。PC 服务器的优点有操作系统界面友好、系统易于安装、网络配置灵活、客户机设置简易、系统管理方便、系统扩展灵活等。PC 服务器的缺点是：系统稳定性相对于小型机服务器还有差距，安全性方面也差强人意，一些重要的通用性能指标（如 SPEC、TPC 等）无法达到小型机服务器的指标值，而且 Windows 系统的向上扩展性有限，比如，PC 服务器现在单节点最多支持 16 路处理器，而小型机已经支持 128 路以上的处理器。

近几年，随着 Intel 系列 CPU 技术的发展，PC 服务器的 CPU 也采用了 SMP（Symmetrical Multi-Processing，对称多处理）架构，内存和芯片组也使用了特殊设计。SMP 架构的 CPU 内部集成了内存控制器，每个 CPU 拥有了独立的内存通道，例如 Intel Xeon CPU 就采用了 SMP 架构。PC 服务器一般集成了 RAID 卡使其多个硬盘形成一个 RAID，保证了操作系统数据和应用数据的高可用性。硬盘接口与普通 PC 也有不同，服务器的硬盘接口采用 SCSI（Small Computer System Interface，小型计算机系统接口）技术。SCSI 具有速度快、CPU 占用率少的特点，当前使用的硬盘接口多采用 SAS（Serial Attached SCSI，串行连接 SCSI），它是新一代的 SCSI 技术。

12.1.3　大型机

普通电脑使用者对于大型机，了解得都不多，很多人可能还没听说过。毕竟我们在日常生活中使用的电脑，绝大部分都是微型计算机。那什么是大型机呢？下面将展开讨论。

大型机（Mainframe）是一种用于大规模计算的计算机系统，由于早期产品体积庞大因而被称为大型机。大型机通常采用集中式体系架构，这种架构的优势之一是其出色的 I/O 处理能力，因而最适合处理大规模事务数据。大型机不仅仅是一个硬件上的概念，它更是一个硬件和专属软件的有机整体，是一套密不可分的封闭系统。大型机使用专门为其量身定做的专用软件，包括操作系统、编译系统、其他系统软件以及上层应用软件。这种封闭系统在为大型机系统带来高可靠性和安全性的同时也使得一般的计算机从业人员难以进入这一领域。一旦进入此维护和开发领域，你就可以得到较好的发展机会和不菲的报酬。

目前生产大型机的企业有两家：IBM 和 UNISYS。2000 年 10 月，IBM 推出了全新设计的大型机 z900。z 系列的意思是永不宕机，这是 IBM 第一款以电子商务为目的打造的企业级大型机。IBM z 系列机器有 5 种型号：Z800、Z890、Z900、Z990 和 z9。

大型机在技术上还有很多领先的地方，但是在价格上不敢恭维，一台大型机要近千万元。不过它积累了很多行业应用和大量非关系数据库/Cobol 程序。这些东西没法移植，并成为大型机吃老本的资本。

在 IBM 大型机的客户中，包括世界上最大的 25 家银行和最顶级的 25 家批发商，它们应用大型机处理大规模的数据。以中国银行为例，每天需要处理 3.5 亿个账户的 30 亿条交易记录，而 IBM 的大型机能在 60s 之内完成 300 亿个交易事项的处理工作。

12.1.4　服务器维护技能

作为应用软件部署的基础平台，服务器硬件是基础架构中最为核心的设备。一旦服务器出现故障，就会影响业务的正常开展。因此，服务器的运维管理对于企业整个 IT 运维管理来说尤为关键。

如何做好服务器的硬件维护、要掌握哪些服务器硬件运维知识或技能，是每个服务器硬件运维人员要深思的事情。服务器运维人员的工作“包含但不限于”以下列表中的内容，不过这些也是服务器硬件运维工程师的典型职责。

- 参与制订服务器应用规划和实施方案。
- 评估各类服务器产品和技术，为 IT 管理、规划者提供有效的数据。

- 检查硬件运行情况，保障硬件的正常运行，及时对发现的硬件警告给予处理。对灰尘较多的服务器设备，定期对设备进行除尘工作。

- 升级硬件微码，必要时升级或者迁移系统、数据（硬件物理层面的迁移）。

- 对硬件的运行情况进行评估，逐步提高整体硬件的可用性。

- 诊断、定位故障，解决任何硬件相关问题。

作为一个合格的服务器硬件运维工程师，应该具备和掌握以下维护技能或知识。

- 对各厂商服务器系列产品有一定的了解。尤其是对于当前运维的服务器设备厂商的系列产品，要格外关注。这有助于为将来服务器的升级或更新换代提供信息。

- 具备服务器整体应用规划、部署、上架的能力。这是作为一个服务器硬件运维人员所必须掌握的技能。从机器后端各种连线（网线、电源线、光纤线等）的整洁情况，初步可以判断这名运维人员的整体能力。

- 对需要维护的服务器，从硬件上整体把握服务器的构造，深入了解服务器中各个配件的物理位置，这对定位硬件故障非常重要。例如，IBM 会提供各类小型机的《服务指南》手册，里面就会对服务器各部件的位置有详细的说明。

- 掌握服务器指示灯的含义及处理方法。

- 具有诊断硬件故障、更换配件的技能。首先，要有效地定位故障问题，这样才能谈得上如何去更换。

12.2 存储设备

存储设备是用于存储信息的设备，通常用于将信息数字化并以电能、磁能或光学方式存储到媒体中。

当今生产生活中计算机的主存储设备已不能满足各种业务需求，不能同时满足存取速度快、存储容量大、可靠性高、成本低的要求。为了解决这些问题，IT 界研发了 RAID、SAN、NAS、磁带库等技术，解决了各行各业的数据存储问题。

12.2.1 磁盘阵列

RAID（Redundant Arrays of Inexpensive Disks，独立冗余磁盘阵列）是由多个价格较便宜

的磁盘组合成的一个容量巨大的磁盘组，其原理是利用组合方式来构成磁盘组，配合数据分散排列的设计，提升数据的安全性。它把数据存放在多个硬盘上，输入/输出操作能以平衡的方式交叠，提升了性能。因为有多个硬盘增加了平均故障间隔时间（MTBF），所以存储了冗余数据，也增加了容错机制。

1. RAID 技术

RAID 技术主要包含 RAID 0～RAID 5 规范，它们的侧重点各不相同。常见的规范有下几种。

- RAID 0：RAID 0 连续以位或字节为单位分割数据，并行读/写到多个磁盘上，因此具有很高的数据传输速率，但它没有冗余数据，因此并不能算是真正的 RAID 结构。RAID 0 只是单纯地提高性能，并没有为数据的可靠性提供保证，而且其中的一个磁盘失效将影响到所有数据。因此，RAID 0 不能应用于数据安全性要求高的场合。组成 RAID 0 最少需要一张磁盘。图 12.1 中 RAID 0 的 *A*1～*A*8 是一组数据，按照顺序存储在两张磁盘中，从图中可以看到存储的数据并没有冗余，如果其中一张磁盘出现故障将会丢失部分数据。

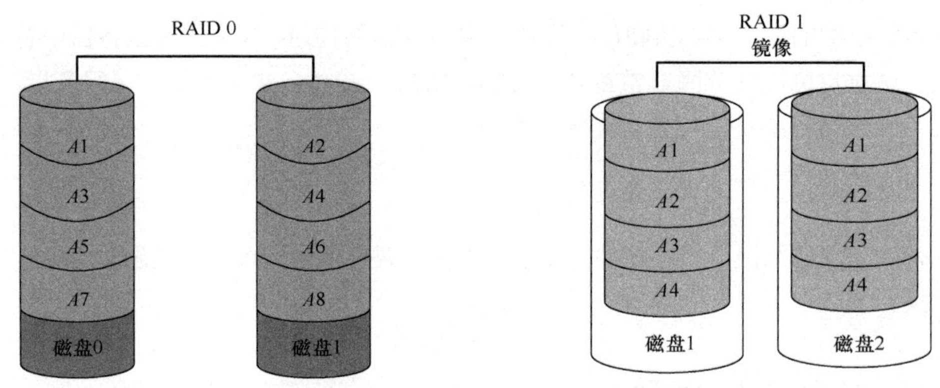

▲图 12.1　RAID 0 与 RAID 1 数据存储示意图

- RAID 1：它通过磁盘数据镜像实现数据冗余，在成对的独立磁盘上产生互为备份的数据。当原始数据繁忙时，可直接从镜像副本中读取数据，因此 RAID 1 可以提高读取性能。RAID 1 是磁盘阵列中单位成本最高的，但它具有很高的数据安全性和可用性。当一张磁盘失效时，系统可以自动切换到镜像磁盘上读写，而不需要重组失效的数据，组成 RAID 1 最少需要两张磁盘。图 12.1 中磁盘 1 和磁盘 2 中存储了相同的两份数据，如其中一张磁盘出现故障，数据将不会丢失，更换新盘后将自动复制一份到新盘中。

- RAID 01/10：根据组合分为 RAID 10 和 RAID 01，实际是将 RAID 0 和 RAID 1 标准结合的产物，在连续地以位或字节为单位分割数据并且在并行读/写多张磁盘的同时，为每一张磁盘作磁盘镜像进行冗余。它的优点是同时拥有 RAID 0 的超凡速度和 RAID 1 的数据高可靠性，但是 CPU 占用率同样也更高，而且磁盘的利用率比较低。RAID 1+0 是先镜像再分区数据。然后，它将所有硬盘分为两组，被视为 RAID 0 的最低组合。最后，将这两组各自视为 RAID 1 运作。RAID 0+1 则与 RAID 1+0 的程序相反，是先分区再将数据镜像到两组硬盘。它将所有的硬盘分为两组，变成 RAID 1 的最低组合，而将两组硬盘各自视为 RAID 0 运作。在性能上，RAID 0+1 比 RAID 1+0 有更快的读写速度。在可靠性上，当 RAID 1+0 有一张硬盘受损时，其余 3 张硬盘会继续运作。RAID 0+1 只要有一张硬盘受损，同组 RAID 0 的另一张硬盘亦会停止运作，只剩下两张硬盘运作，可靠性较低。组成 RAID 01/10 最少需要 4 张磁盘。图 12.2 所示 RAID10 数据存储示意图中，第一组数据以镜像方式存储在磁盘 0 和磁盘 1 两张磁盘上，第二组数据也以镜像方式分别存储在磁盘 2 和磁盘 3 上，如果一张磁盘出现故障，并不会导致数据丢失。

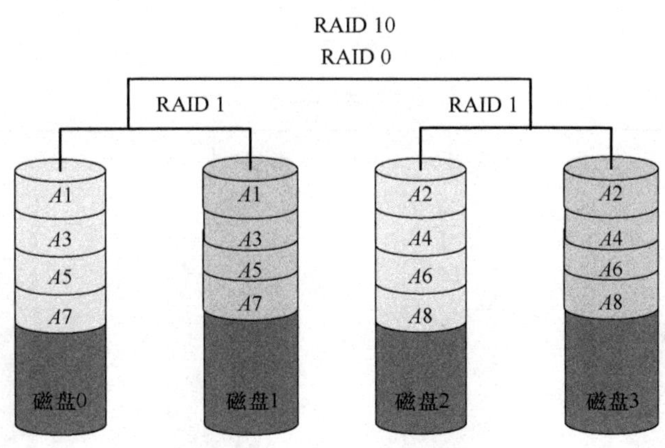

▲图 12.2　RAID 10 数据存储示意图

- RAID 2：将数据条块化地分布于不同的硬盘上，条块单位为位或字节，并使用称为“加重平均纠错码（汉明码）”的编码技术来进行错误检查及恢复。组成 RAID 2 最少需要两张磁盘。

- RAID 3：它同 RAID 2 非常类似，都是将数据条块化地分布于不同的硬盘上。区别在于 RAID 3 使用简单的奇偶校验，并用单块磁盘存放奇偶校验信息。如果一张磁盘失效，奇偶盘及其他数据盘可以重新产生数据；如果奇偶盘失效，则不影响数据使用。RAID 3 对于大量的连续数据可提供很好的传输率，但对于随机数据来说，奇偶盘会成为写操作的瓶颈。组成 RAID 3 最少需要 3 张磁盘。

- RAID 4：RAID 4 同样也将数据条块化地分布于不同的磁盘上，但条块单位为块或记录。

RAID 4 使用一张磁盘作为奇偶校验盘，每次写操作都需要访问奇偶盘，这时奇偶校验盘会成为写操作的瓶颈。因此，RAID 4 在商业环境中也很少使用。组成 RAID 4 最少需要 3 张磁盘。

- RAID 5：RAID 5 不单独指定奇偶盘，而是在所有磁盘上交叉地存取数据及奇偶校验信息。在 RAID 5 上，读/写指针可同时对阵列设备进行操作，提供了更高的数据流量。RAID 5 更适合于小数据块和随机读写的数据。与 RAID 5 相比，RAID 3 最主要的区别在于每进行一次数据传输就须涉及所有的阵列盘。而对于 RAID 5 来说，大部分数据传输只对一张磁盘操作，并可并行操作。在 RAID 5 中有“写损失”，即每一次写操作将产生 4 张实际的读/写操作，其中两次读旧的数据及奇偶信息，两次写新的数据及奇偶信息。组成 RAID 5 最少需要 3 张磁盘。图 12.3 所示 RAID 5 数据存储示意图中，*A*1、*A*2、*A*3 表示一组数据，*A*p 是这组的校验数据，如果 *A*2 数据所在的磁盘 2 出现故障，它可以通过 *A*1、*A*2 及 *A*p 数据推算 *A*2 数据的结构并进行重构。如果一张磁盘出现故障并不会导致数据丢失，连续两张磁盘出现故障将导致数据丢失。

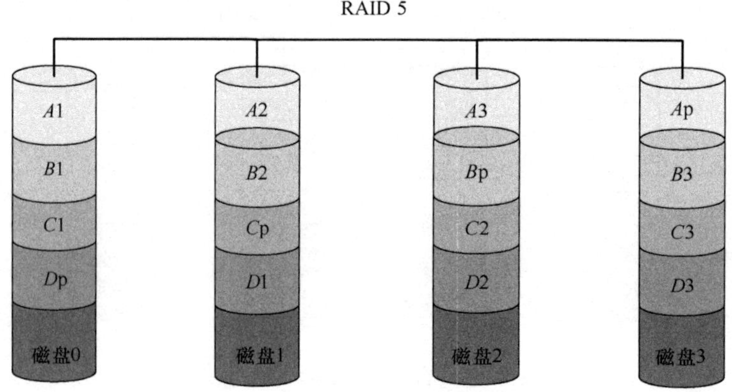

▲图 12.3　RAID 5 数据存储示意图

2. 磁盘阵列产品

磁盘阵列有 3 种样式：一是外接式磁盘阵列柜，二是内接式磁盘阵列卡，三是利用软件仿真的磁盘阵列。

- 外接式磁盘阵列柜常使用在大型服务器上，具可热交换（Hot Swap）的特性，不过这类产品的价格都很贵。

- 内接式磁盘阵列卡价格便宜，但需要较高的安装技术，适合技术人员使用。

- 利用软件仿真的磁盘阵列需要利用计算机本身的硬件资源，会拖累机器的速度，不适合数据流量大的服务器。

一般 PC 服务器或小型机通过配置磁盘阵列卡来提高操作系统和应用数据的可靠性，中大型企业或重要应用采用外接式磁盘阵列。外接式磁盘阵列具有以下两大优点。

（1）可以提高传输速率。RAID 通过在多张磁盘上同时存储和读取数据来大幅提高存储系统的数据吞吐量（Throughput）。在 RAID 中，可以让很多磁盘驱动器同时传输数据，而这些磁盘驱动器在逻辑上又是一个磁盘驱动器，所以使用 RAID 可以达到单个磁盘驱动器几倍、几十倍甚至上百倍的速率。这也是 RAID 最初想要解决的问题。因为当时 CPU 的速度增长很快，而磁盘驱动器的数据传输速率无法大幅提高，所以需要解决两者之间的矛盾。RAID 最后成功了。

（2）可以通过数据校验提供容错功能。如果不包括写在磁盘上的 CRC（循环冗余校验）码，普通磁盘驱动器无法提供容错功能。RAID 容错是建立在每个磁盘驱动器的硬件容错功能之上的，所以它提供更高的安全性。在很多 RAID 模式中都有较为完备的相互校验/恢复的措施，甚至是直接相互进行镜像备份，从而大大提高了 RAID 系统的容错度，提高了系统的稳定冗余性。

现国内外各大计算机厂商都提供了 RAID 技术的磁盘阵列柜，主流产品如下。

- 入门级。该级别的磁盘阵列适用于中小型企业，是一款能够帮助客户实现灵活存储的、高效的中级存储系统，具备自我优化、轻松管理以及云敏捷性等多个功能。一般具有双控制器，单个控制器的缓存最大容量为 4GB，具有几百吉字节到几十拍字节的物理存储容量。各个公司的具体产品型号有：IBM 公司的 DS3500、V3700、V3500；HP 公司的 HP StorageWorks MSA20/30、HP StorageWorks MSA1000、HP StorageWorks MSA1500；Sun 公司的 Sun StorageTek 3511 SATA、Sun StorageTek 3510 FC、Sun StorageTek 3320 SCSI 磁盘阵列。

- 中档级。该级别的磁盘阵列适用于中大型企业，具有比较高的数据处理和数据传输能力，并具有很高的扩展性。一般具有双控制器，控制器的缓存高达 64GB，主机接口有 8～10 个，最高存储容量可达 1.5PB。各个公司的具体产品型号有：IBM 公司的 DS4400、DS4700、DS5000 系列，HP 公司的 HP StorageWorksVA7110/VA7410、HP StorageWorks EVA 3000、HP StorageWorks EVA 4000，Sun 公司的 Sun StorageTek 6130、Sun StorageTek 6140、Sun StorageTek 6540。

- 企业级。该级别的磁盘阵列面向要求高的事务和实时分析应用的大型企业。该级别的磁盘阵列具有非凡的弹性、可扩展性和性能，能满足企业数据中心对内部关键数据的大量需求。控制器的处理器具有高性能的特点，如 IBM 公司的 DS8000 系列采用的是 Power 7+ 双核、4 核、8 核或 16 核的 SMP 处理器，控制器的缓存可高达 1024GB，主机端口可高达 128 个，最大物理存储容量高达 3000TB。各个公司的具体产品型号有：IBM 公司的 DS8000 系列，HP 公司的 StorageWorks XP128、StorageWorks EVA 8000，Sun 公司的 StorageTek 9990。

12.2.2　磁带库

磁带备份是最早的存储应用之一。磁带价格低廉，介质稳定，可以异地脱机保存，运输方便。一开始，它就是存储、备份和恢复的主要介质。这些优势使磁带备份在 2000 年之前是企业备份的首选。但近年来随着磁盘存储技术的发展，磁盘访问速度与可靠性均不断提升，单位容量成本则不断降低，而 CDP（Continuous Data Protection，持续数据保护）技术的兴起使其二者相结合，在备份、恢复应用领域对磁带技术形成巨大的冲击。而在硬盘存储的全面侵蚀下，在前几年全球磁带市场都呈现了不景气的趋势，业内认为磁带最终会退出存储市场。事实上，今天的磁带与几年前有很大不同。几年前，磁带主要用于被动的备份。数据量小时放在机器内部，数据量大时放在机器外部。磁带的主要工作是把机器内的数据从硬盘备份到磁带上。今天，磁带的应用范围大幅度提高，已经成为信息生命周期管理中很关键的环节。这叫归档环节，把一些并不频繁使用的数据放在磁带上，客户在需要的时候可以访问。所以，随着数据容量的提高，根据数据使用的频繁程度，把一些不频繁使用的数据存放在磁带上，从而满足很多客户的存储需要。

磁带库是一种将多台磁带机整合到一个封闭系统中的机柜式的数据备份设备，是离线存储系统中的关键设备之一。它主要由磁带驱动器、机械臂和磁带构成，可实现磁带自动加载和卸载，可以在存储管理软件的控制下实现智能备份与恢复和监控统计等功能，能够满足高速度、高效率、高存储容量的要求，并具有强大的系统扩展能力。

1. 磁带库技术

磁带库的技术指标包括存储容量、驱动器数量、单盘磁带容量、驱动器存取速度、连接方式和支持的管理软件等。当前的磁带机（库）支持的磁带读写技术主要有 DAT（4mm 磁带机）、8mm 磁带机、DLT、LTO、AIT 及 VXA 等。

- DAT 技术：DAT（Digital Audio Tape）技术又称为数码音频磁带技术，也叫 4mm 磁带机技术，最初是由 HP 公司与索尼公司共同开发出来。这种技术以螺旋扫描记录（Helical Scan Recording）为基础，将数据转化为数字后再存储下来。早期的 DAT 技术主要应用于声音的记录，后来随着这种技术的不断完善，又被应用在数据存储领域。4mm 的 DAT 经历了 DDS-1、DDS-2、DDS-3、DDS-4 这几个技术阶段，容量跨度在 1～12GB。

- 8mm 磁带机技术：8mm 磁带机技术由 Exabyte（安百特）公司在 1987 年开发，采用螺旋扫描技术。其特点是磁带容量大，传输速率高，在较高的价位上提供了相对较高容量的存储解决方案。8mm 磁带机的发展经历了 8200、8500、8500c 和 8900（Mammoth）的数据格式，容量从最初的 2GB 发展到现在的 40GB，传输速率最快可达 6Mbit/s。新一代的 Mammoth-2 技术又进一步提升了性能，存储容量达到 170GB，传输速率为 30Mbit/s，在技术上有广阔的应用空间。其主要制造商是 Exabyte 公司。

- DLT 技术：DLT（Digital Linear Tape，数字线性磁带）技术源于 1/2 英寸磁带机。1/2 英寸磁带机技术出现得很早，主要用于数据的实时采集，如程控交换机上话务信息的记录，地震设备的震动信号记录等。DLT 由 DEC 和 Quantum 公司联合开发。由于磁带体积庞大，DLT 全部是 5.25 英寸全高格式。DLT 产品由于高容量，主要定位于中、高级的服务器市场与磁带库系统。目前 DLT 驱动器的容量从 10GB 到 320GB 不等，数据传送速度相应由 1.25Mbit/s 至 16Mbit/s。另外，一种基于 DLT 的 Super DLT（SDLT）是 Quantum 公司 2001 年推出的格式。它在 DLT 技术的基础上结合新型磁带记录技术，使用激光导引磁记录（LGMR）技术，通过增加磁带表面的记录磁道数使记录容量增加。目前 SDLT 的容量为 600GB，传输速率为 72Mbit/s。

- LTO 技术：LTO（Linear Tape Open）技术，即线性磁带开放协议，是由 HP、IBM、Seagate 这 3 家厂商在 1997 年 11 月联合制订的。它结合了线性多通道、双向磁带格式的优点，基于服务系统、硬件数据压缩、优化的磁道面和高效率纠错技术，来提高磁带的能力和性能。

LTO 技术有两种存储格式，即高速开放磁带格式 Ultrium 和快速访问开放磁带格式 Accelis，它们可分别满足不同用户对 LTO 存储系统的要求。Ultrium 采用单轴 1/2 英寸磁带，非压缩存储容量为 100GB，传输速率最大为 20Mbit/s，压缩后容量可达 200GB，而且具有增长的空间，非常适合备份、存储和归档应用。Accelis 磁带格式则侧重于快速数据存储，Accelis 磁带格式能够很好地适用于自动操作环境，可用于处理在线数据和恢复应用。

- AIT 技术：AIT 是指先进智能磁带（Advanced Intelligent Tape）。它使用螺旋扫描、金属蒸发带等先进技术，AIT 的数据保护性能比较突出，AIT 已经发展到目前的 AIT-3。目前开发 AIT 技术的索尼公司和专注于通过 AIT 技术开发产品的 Spectra Logic 公司都在大力推广采用 AIT 的产品。

AIT 采用螺旋扫描方式进行记录。与家用录像机的工作原理一样，这样一来，整个磁带机中，只有磁鼓在高速旋转，其他部件（如磁带、伺服机构）都是低速运动的。这样的结构紧凑合理，易于设计和维护。而 LTO、DLT、SDLT 都采用线性记录方式，像录音机一样，磁头是固定不动的，磁带做直线运动。与录音机不同的是，磁带机要保证记录速度，就要通过磁头让磁带高速，为此，就需要通过复杂的机构控制磁带的抖动，冷却高速运动的各种部件和轴承。在相同材料下，采用螺旋扫描的方式能使材料寿命延长。

在应用方面，对于企业级用户来说，AIT 库可用于数据备份。与其他同容量、同传输速率的产品相比，AIT 机架式的磁带库具有体积小、能耗低、容量大、价格便宜的优点。对于中端用户，AIT 自动加载机是较好的选择。考虑到数据容量和自动备份等问题，可选用能容纳 4 盘磁带的自动加载机。

- VXA 技术：VXA 技术是由 Exabyte 公司开发的磁带备份技术。VXA 技术不依赖于精确的磁头和磁道位置来保证读写的可靠性，它不像流式磁带设备那样为定位磁道而需要昂贵的高精度部件和精确的机械零件。不同于传统的磁带驱动器，VXA 通过自动调节磁带移动与主机的传输速率相匹配，完全消除了磁带“回扯”问题，能够显著提高介质和驱动器的可靠性，进而优化了备份和存储。

VXA 以包的格式读写数据，对磁带上的数据记录区进行无空隙扫描。目前已经从 VXA-1 发展到 VXA-2，在保持高可靠性的基础上，提高了速度和容量，单盒磁带容量为 160GB，读写速度为 12MB/s。

2. 磁带库产品

磁带库按照容量大小分成 3 个级别：入门级、部门级和企业级。入门级磁带库的容量在几百吉字节至几太字节，部门级磁带库的容量在几太字节至几十太字节，而企业级磁带库的容量在几十太字节至几百太字节，甚至达到拍字节级别。主要的磁带库厂商都推出了新一代的磁带库产品，如 IBM 3592、Quantum MAKO、ADIC Scalari2000、StorageTek Stream Line8500、Spectra LogicT950 等。上述新品并不是简单地对现有产品的升级，而是采用了全新的架构或突破性的技术。

- 入门级的产品主要适合用于中小企业的数据备份、文档归档。产品特性为：驱动器有 1～2 个，提供 4GB 的光纤通道数据传输能力，磁带盒数量在 50 个以下。各个公司的具体产品型号有 IBM 公司的 3581、TS3100 EXPRESS，HP 公司的 MSL2024，Oracle 公司的 StorageTek SL150。

- 中档级的产品主要适合用于中大型企业的数据备份和文档归档。产品特性为具有高的数据处理和扩展能力，如 IBM 公司的 TS3200 磁带库具有 4 个驱动器，磁带盒容量为 48 个，当使用 LTO Ultrium 6 时，容量为 6.25TB 的未压缩数据传输速率高达 160Mbit/s。各个公司的具体产品型号有 IBM 公司的 3583、TS3500，HP 公司的 MSL4048，Oracle 公司的 StorageTek SL3000。

- 企业级的磁带库产品适用于大型企业和数据中心项目，它能用于高速的数据恢复和大容量数据的归档、备份。IBM 的 TS3500 磁带库中，每个磁带库具有 1 个基础机架以及多达 15

个扩展机架；每个磁带库组合多达 15 个互连磁带库，每个机架多达 12 个驱动器，IBM 采用 LTO Ultrium 6 磁带盒，每个磁带库拥有高达 125 PB 的压缩数据，每个磁带库组合高达 1.875 EB 的压缩数据。各个公司的具体产品型号有 IBM 公司的 TS3500、3584，HP 公司的 MSL6000，Oracle 公司的 StorageTek SL8500。

12.2.3 SAN

除了 RAID 技术和解决方案之外，针对网络应用化的数据存储特点产生了 SAN、NAS 等网络存储技术和产品。这些网络存储产品实现了高带宽、灵活的设备分布和资源共享。SAN（Storage Area Network，存储区域网络）是一种网络化的基础设施。一个 SAN 由负责网络连接的通信结构、负责组织连接的管理层、存储部件以及计算机系统构成，从而保证数据传输的安全性和速率。SAN 设备之间的数据传输采用的是 SCSI 协议，并非 TCP/IP 协议。这体现出了其高速性。在多种操作系统下，SAN 最终实现最大限度的数据共享和数据优化管理，以及系统之间的无缝连接与扩充。

1. SAN 的组成

在 SAN 架构中有专用的硬件和软件。硬件包括 FC 卡、FC 交换机、存储设备等，软件主要是针对各种操作系统 FC 卡的驱动程序和数据存储管理软件。下面简单介绍这些设备。

- FC 卡：主要用于主机与 FC 设备之间的连接，一般安装在主机的扩展槽中，通过光纤线使主机与存储设备相连。

- FC 交换机：一种高速的网络传输中继设备。它较普通网络交换机而言采用了光纤电缆作为传输介质。光纤传输的优点是速度快、抗干扰能力强，内部是 Fabric 拓扑结构，确保了每个设备之间的传输带宽。

- FC 存储设备：采用光纤接口进行数据传输的存储设备。通常采用光纤接口的有硬盘、磁盘阵列和磁带库等。

要正确理解 SAN，最好还是从物理架构上来了解它。从图 12.4 所示的 SAN 架构中可以看出，高性能的光纤交换机是 SAN 的关键。使用光纤通道协议也是 SAN 的关键。我们把以光纤通道交换机为骨干的网络拓扑结构称为“SAN Fabric”。而光纤通道协议是 SAN 的另一个本质特征，SAN 正是通过在光纤通道协议上加载 SCSI 协议来达到可靠、高效的块级数据传输。

2. SAN 的应用

服务器和存储设备之间的数据传输是整个信息系统的关键，而 SAN 架构是为此而生的，它对于两者之间传输大块数据进行了优化。因此，对于以下应用来说，SAN 是理想的选择。

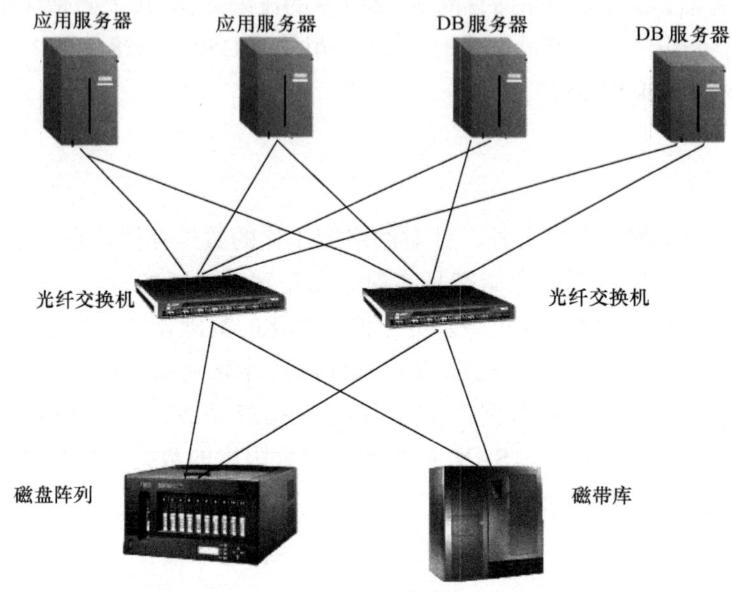

▲图 12.4　SAN 架构图

（1）关键任务数据库应用，对响应时间、可用性和可扩展性有很高要求的数据库应用系统。

（2）集中的存储备份，对数据传输性能、数据一致性和可靠性有较高要求，可以确保企业关键数据的安全。

（3）高可用性和故障切换环境，可以确保更低的成本、更高的应用水平。

（4）可扩展的存储虚拟化，可使存储与主机连接相分离，并确保动态存储分区。

（5）改进的灾难容错特性，在主机服务器及其连接设备之间提供光纤通道和扩展的距离。

3. SAN 的特点

SAN 的特点如下。

（1）可以随时增加容量：若所有的设备都与 SAN 相连，那么就变得非常简单。根据 SAN 配置和服务器操作系统的不同，服务器不用停机或重新启动就可以增加或移走存储设备。

（2）具有服务器群集：因为异构服务器的群集可以把数据当作单个系统映像来看，所以 SAN 架构实际上以一种全共享的方式提供给可扩展的群集。虽然突破了 SCSI 的限制，使用多路径的 SCSI 使这种想法成为可能，但可扩展性仍然是一个问题，因为 SCSI 的距离受到了限制。一般的 SCSI 允许传送的距离为 25m，同时 SCSI 连接器的性能也限制了连接到服务器或子系统上的设备数量。

（3）具有数据移动解决方案：可以在类似或不同的存储设备间来回移动数据。目前，数据的移动或复制靠一个服务器或多个服务器来完成，服务器从存储设备中读取数据，然后通过 LAN 或 WAN 传送给其他的服务器，最后将数据写入目标存储设备中。

（4）具有备份和恢复解决方案：目前，对多个网络连接服务器的数据保护采用本地备份和恢复、网络备份和恢复方法。SAN 将本地备份与恢复和网络备份与恢复方法的优点结合到一起，它的做法是对备份和恢复进行集中式管理，将一到多台磁带设备分配给每个服务器，使用 FC 协议将数据直接从磁盘设备传递给磁带设备。

12.2.4 NAS

NAS（Network Attached Storage，网络附属存储），按字面意思简单来说，就是连接到网络上具备资料存储功能的装置，因此也称为“网络存储器”。它是一种以数据为中心的专用数据存储服务器，将存储设备与服务器彻底分离，集中管理数据，从而释放带宽，提高性能，降低总拥有成本，保护投资。其成本远远低于使用服务器存储，而效率却远远高于后者。目前国际著名的 NAS 企业有 Netapp、EMC 等。

NAS 被定义为一种特殊的专用数据存储服务器，包括存储器件（如磁盘阵列、CD/DVD 驱动器、磁带驱动器或可移动的存储介质）和内嵌系统软件，两者结合可提供跨平台文件共享功能。NAS 通常在一个 LAN 上占有自己的节点，无须应用服务器的干预，允许用户在网络上存取数据。在这种配置中，NAS 集中管理和处理网络上的所有数据，将负载从应用或企业服务器上卸载下来，有效降低总拥有成本，保护用户投资。

1. NAS 设备数据传输协议

NAS 本身能够支持多种协议（如 NFS、CIFS、FTP、HTTP 等）。这些协议均能被各种操作系统支持。通过任何一台终端，采用 IE 等浏览器就可以对 NAS 设备进行直观、方便的管理。

NAS 与 SAN 的本质区别在于 NAS 是一个设备，而 SAN 是一种存储架构。NAS 主要使用 TCP/IP 协议进行数据传输，SAN 架构上的设备采用 SCSI 以块的方式进行数据传输。iSCSI 技术在 IP 协议层上运行 SCSI 命令集。这种技术大大提高了这些存储设备的应用范围和应用效率，被看作影响 SAN 命运的一件大事。对于许多关注 NAS 与 SAN 性能差别的用户来说，两者的本质差别还在于在什么网络架构上实现文件读写。

下面介绍一下 NAS 文件共享的“灵魂”——NFS 和 CIFS。

NFS（Network File System，网络文件系统）是 UNIX 系统间实现磁盘文件共享的一种方法，支持应用程序在客户端通过网络存取服务器磁盘中数据的一种文件系统协议。通过使用 NFS，用户和程序可以像访问本地文件一样访问远端系统上的文件，它能够在所有 UNIX 系统之间实现文件数据的互访。NFS 逐渐成为主机间共享资源的一个标准。

CIFS 是由微软开发的，用于连接 Windows 客户机和服务器。经过 UNIX 服务器厂商的重新开发后，它也可以用于连接 Windows 客户机和 UNIX 服务器，执行文件共享和打印等任务。它最早的由来是 NetBIOS，这是微软开发的在局域网内实现基于 Windows 名称资源共享的 API。之后，产生了基于 NetBIOS 的 NetBEUI 协议和 NBT（NetBIOS over TCP/IP）协议。NBT 协议进一步发展为 SMB（Server Message Block）和 CIFS（Common Internet File System，通用互联网文件系统）协议。其中，CIFS 主要用于 Windows 系统，而 SMB 广泛用于 UNIX 和 Linux 系统。

2. NAS 设备的特点

NAS 设备的特点如下。

（1）文件共享（即文件服务器）：这是 NAS 最基本的应用。我们可以在“网上邻居”中找到 NAS 设备，并在它的共享目录中存储公用文件。此外，部分 NAS 也内置了文件服务器功能，我们可以通过浏览器访问和管理 NAS 中的文件，并以 HTTP 方式上传和下载文件，就像访问软件下载网站一样方便。

（2）数据备份/容灾：NAS 的另一项重要功能是备份/容灾。大多数 NAS 都具有多种备份功能，包括本地备份（将计算机上的数据通过局域网备份到 NAS 中）、异地备份（将异地计算机上的数据通过广域网备份到 NAS 中）和 NAS 间备份（在 NAS 与 NAS 之间复制数据）等。部分 NAS 还具有一键备份功能，将 USB 存储设备（如闪盘和外置硬盘）插入 NAS 上特定的 USB 接口，按一下“备份”按钮就能把 USB 存储设备上的文件备份到 NAS 中。此外，具有两个硬盘位的 NAS 可以组建 RAID 0 和 RAID 1 系统。其中 RAID 0 系统具有较好的磁盘性能，RAID 1 系统具有较好的安全性。具有 3 个硬盘位的 NAS 则可以组建更高级的 RAID 5 系统，在保障数据安全的同时还能提高磁盘性能。

（3）网络打印：网络打印机共享也是家庭用户常用的功能，将普通打印机通过 USB 接口与 NAS 相连，开启 NAS 网络存储器的网络打印机功能，我们就能在局域网中共同使用这台打印机。

（4）多媒体文件共享：只要把照片和录像存放在 NAS 的指定目录中，就能通过浏览器登录 NAS 的 Web 网站进行观看，就像访问“网易相册”一样。

（5）媒体服务器：2012 年以后针对家庭和个人用户的 NAS 产品普遍具有 UPnP-AV 功能

（或称流媒体功能），在网络中可以被 Windows MCE 系统、Xbox360 和 PS3 等设备发现，无须额外的操作就能播放存储在 NAS 中的多媒体文件。该功能让 NAS 变成了一台媒体服务器，供网络中的各种客户端使用。

3. NAS 的应用

NAS 能够满足那些希望降低存储成本但又无法承受 SAN 昂贵价格的中小企业的需求，具有相当好的性价比。究竟哪些行业可以使用到 NAS 设备呢？首先，看这个单位的核心业务是否建立在某种信息系统上，并且对数据的安全性要求很高。其次，看该信息系统是否已经有或者将会有海量的数据需要保存，并且对数据管理程度要求较高。最后，还可以判断一下网络中是否有异构平台，或者以后会不会用到。如果有一个问题的答案是肯定的，那么就有必要重点考虑使用 NAS 设备。

4. NAS 产品

NAS 产品分为下面三类。

- 工作组 NAS：工作组级的 NAS 特别适合于存储需求相对较低的小型和中型公司，它们的存储需要一般从几百吉字节到 1TB。运行电子商务软件或者大型数据库的公司会需要几太字节的存储空间，它们使用中型 NAS。工作组 NAS 包括 NetApp 公司的 FAS2200 系列产品、IBM 公司 N3000 系列产品和 HP 公司的 HP StorageWorks P2000 系列产品。

- 中型 NAS：中型 NAS 解决方案提供了更高的扩展性和可靠性，而且有着与低端 NAS 类似的优点，例如方便、专用的存储空间和简单的安装和管理过程。与电器型服务器和工作组级 NAS 相比，这些 NAS 设备的成本明显要高很多。中型 NAS 包括 NetApp 公司的 FAS3200 系列产品、IBM 公司的 N6000 系列产品和 HP 公司的 HP StorageWorks X1600 系列产品。

- 大型 NAS：对于这类存储设备，系统的易扩展性以及高可用性和冗余性都是十分关键的。这些设备还必须具有高端服务器的性能、灵活的管理功能以及与异类网络平台交互的能力。大型 NAS 包括 NetApp 公司的 FAS8000 系列产品、IBM 公司的 N7000 系列产品和 HP 公司的 HP StorageWorks 1200 系列产品。

12.2.5 存储设备维护技能

1. 磁盘阵列及 NAS 设备维护技术

对于磁盘阵列及 NAS 设备维护技术，读者要达到以下要求。

（1）熟悉磁盘阵列的概念和原理，如了解 RAID 原理、每个 RAID 级别创建的要求和优缺点，熟悉 LUN、条带化等概念及原理，路径管理等。

（2）熟悉不同型号磁盘阵列的 RAID 创建和配置操作方法，热备盘概念及如何设置。

（3）熟悉常见的磁盘阵列的外观和指示灯含义，熟悉不同主机如何连接磁盘阵列并能被主机正常使用。

（4）掌握磁盘阵列、NAS 设备日常维护及监控要点。

（5）掌握磁盘阵列、NAS 设备的异常与应用的关系，如发现数据库慢是由于磁盘阵列的缓存电池异常导致的。

（6）掌握磁盘阵列、NAS 设备常见配件故障及解决办法，如硬盘故障如何确保数据的安全和新盘的更换；风扇故障如何判断和处理；电源故障如何判和处理；控制器的故障如何判断及处理等。设备只要运转，就难免发生故障，专业、资深的工程师能够在第一时间定位故障，从而尽快解决故障，减少故障影响时间。

（7）熟练掌握磁盘阵列、NAS 设备控制器的 firmwear 版本的特性和升级操作步骤。

（8）熟练掌握磁盘阵列和 NAS 设备的日常变更服务，如依据客户需求对现有存储空间进行调整，对现有存储主机更新映射信息，对现有存储 RAID 方式进行调整，对现有存储热备磁盘进行调整。

（9）熟练掌握磁盘阵列和 NAS 设备的日常巡检，主要检查存储设备的电源状态、风扇状态、硬盘健康状态、系统日志检查等。

2. 磁带库维护技术

关于磁带库维护技术，读者要达到以下要求。

（1）熟悉磁带库相关的技术，如磁带读写技术、驱动器类型、机械手的特性、磁带规格等。

（2）熟悉常见磁带库的操作面板及特性，能熟练完成磁带库的安装和配置。

（3）熟练掌握磁带库的配件（如驱动器、电源、风扇等）的故障诊断和更换方法。

（4）熟练掌握磁带库的 firmwear 版本的特性和升级操作步骤。

（5）熟练掌握磁带库的日常巡检，主要检查磁带库基本信息、运行状态、各部件指示灯、控制面板的可操作性、磁带库的运行环境（如温湿度、电压等）。

12.3 网络设备

网络设备是把网络中的通信线路连接起来的各种设备的总称，是实现系统互联的一个重要基础设施。图 12.5 通过一个简单的网络拓扑展现了各种网络设备，这些设备包括集线器、交换机、防火墙和路由器等。

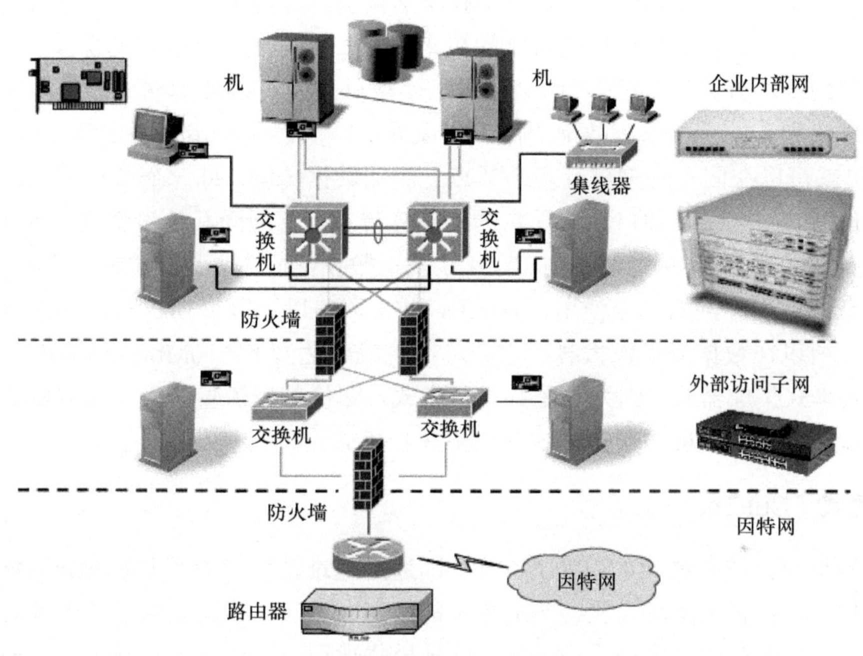

▲图 12.5 网络设备

对于各种网络设备，按照功能层次来对应到 OSI 模型中的具体位置如表 12.6 所示。

表 12.6 各种网络设备在 OSI 模型中对应的位置

OSI 模型中的层次	地址类型	设 备
传输层以上	应用程序进程地址（端口）	网关（协议转换器）
网络层	网络地址（IP 地址）	路由器（三层交换机）
数据链路层	物理地址（MAC 地址）	网桥、交换机（网卡）
物理层	无	中继器、集线器（网卡）

网络设备种类繁多，且与日俱增。这里将着重介绍交换机、路由器、防火墙、VPN 四类网络设备，希望通过对这些主要网络设备的介绍，让运维人员对主要网络设备有一个初步的认识。

12.3.1　交换机

交换机（Switch）是一种工作在 OSI 模型第二层（数据链路层）上的、基于 MAC 识别、能封装与转发数据包的网络设备。它通过对信息进行重新生成，并经过内部处理后转发至指定端口，具备自动寻址能力和交换作用。目前市场上的交换机产品较多，比较知名的交换机品牌有 CISCO、3COM、华为、华三（H3C）、锐捷、神州数码、D-LINK 等。

交换机有一个重要特点，其每一端口都独享交换机的一部分总带宽，而不像集线器一样每个端口共享整个带宽。对于交换机的每个端口来说，在速率上有了根本的保障。另外，使用交换机也可以把网络“分段”。通过对照地址表，交换机只允许必要的网络流量通过交换机。通过交换机的过滤和转发，可以有效地隔离广播风暴，减少误包和错包的出现，避免共享冲突。这样，交换机就可以在同一时刻进行多个节点之间的数据传输。每一个节点都可视为独立的网段，连接在其上的网络设备独自享有固定的一部分带宽，无须同其他设备竞争使用。当节点 *A* 向节点 *D* 发送数据时，节点 *B* 可同时向节点 *C* 发送数据，而且这两个传输都享有自己的带宽，都有自己的虚拟连接。例如，当使用 10Mbit/s 的 8 端口以太网交换机时，因为每个端口都可以同时工作，所以在数据流量较大时，它的总流量就可达到 8×10Mbit/s=80Mbit/s。而当使用 10Mbit/s 的共享式集成器时，因为它是共享带宽式，即使数据流量再忙，集成器的总流通量也不会超出 10Mbit/s。交换机的交换模式有以下 3 种模式。

1. 直通式（Cut Through）

此种交换机只读取数据帧的前面 6 字节，即通过地址映射表查找目标地址，将数据帧传送到相应的端口上。直通交换模式能够实现较少的延迟，因为在数据帧的目的地址被读出并且确定转发端口后，马上开始转发这个数据帧。此种模式适用于网络链路质量较好、错误数据包较少、延迟时间与帧的大小无关的环境。它的优点是转发速度快、延时较短和整体吞吐率较高；缺点是会给整个交换网络带来许多垃圾通信包。

2. 存储转发（Store & Forward）

此种交换机接收到数据包后，首先将数据包存储到缓冲器中，进行 CRC（循环冗余校验）。如果这个数据包有 CRC 错误，则丢弃该数据包；如果数据包完整，交换机查询地址映射表并将其转发至相应的端口。它适用于链路质量一般或较为恶劣的网络环境。因为这种方式要对数据包进行处理，所以适用于延迟时间与帧的大小有关的环境。它的优点是没有残留数据包转发，可减少潜在的不必要的数据转发；缺点是转发速率比直通式慢。

3. 碎片隔离（Fragment Free）

此种交换模式是介于前两种模式之间的一种解决方案。它检查数据包的长度是否够 64 字节。如果小于 64 字节，则认为它是假包，并丢弃该包；如果大于等于 64 字节，则发送该包。它适用链路质量一般的环境。它的优点是数据处理速度比存储转发方式快；缺点是比直通式慢。

交换机是组成网络系统的核心设备。交换机的分类方式有很多种。根据应用区域，可分为广域网交换机（主要应用于电信领域，提供通信基础平台）和局域网交换机（应用于局域网络，用于连接终端设备）。根据传输介质、传输速度以及发展历史，局域网交换机可以分为以大网交换机、令牌环交换机、FDDI 交换机、ATM 交换机、快速以太网交换机等。

12.3.2 路由器

路由器英文名是 Router，它是互联网络的枢纽，可以认定它是“交通警察”。目前路由器已经广泛应用于各行各业，各种不同档次的产品已经成为实现各种骨干网内部连接、骨干网间互联以及骨干网与互联网互联互通的主力军。

所谓路由就是指通过相互连接的网络把信息从源地点移动到目标地点的活动。一般来说，在路由过程中，信息会经过一个或多个中间节点。通常，人们会把路由器和交换机进行对比，这主要是因为在普通用户看来两者所实现的功能是完全一样的。事实上，路由器和交换机之间有较大的区别。主要区别就是交换机在 OSI 参考模型的第二层（数据链路层），而路由器在第三层（网络层）。这一区别决定了路由器和交换机在移动信息的过程中需要使用不同的控制信息，所以两者实现各自功能的方式是不同的。路由器的基本功能有以下三个。

（1）网络互连：路由器支持各种局域网和广域网接口，主要用于互联局域网和广域网，可以实现不同网络间的通信交互。

（2）数据处理：提供分组过滤、分组转发、复用、加密、压缩和防火墙等功能。

（3）网络管理：提供配置管理、性能管理、容错管理和流量控制等功能。

从功能上，路由器主要分为以下几类。

- 宽带路由器：宽带路由器是近几年来新兴的一种网络产品，它伴随着宽带的普及应运而生。宽带路由器在一个紧凑的箱子中集成了路由器、防火墙、带宽控制和管理等功能，具备快速转发能力及灵活的网络管理。多数宽带路由器针对中国宽带应用优化设计，可满足不同的网络流量环境，具备良好的电网适应性和网络兼容性。多数宽带路由器采用高度集成的设计，集成 10/100Mbit/s 宽带以太网 WAN 接口并内置多口 10/100Mbit/s 自适应交换机，方便多台机器连接内部网络与因特网，可以广泛应用于家庭、学校、办公室、网吧、小区等场合。

- 模块化路由器：该路由器的接口类型及部分扩展功能可以根据用户的实际需求来配置。

这些路由器在出厂时一般只提供最基本的路由功能，用户可以根据所要连接的网络类型来选择相应的模块，不同的模块可以提供不同的连接和管理功能。例如，绝大多数模块化路由器允许用户选择网络接口类型，有些模块化路由器可以提供 VPN 等功能模块，有些模块化路由器还提供防火墙的功能等。多数路由器都是模块化路由器。

● 非模块化路由器：非模块化路由器都是低端路由器，平时家用的即为这类非模块化路由器。该类路由器主要用于连接家庭或 ISP 内的小型企业客户。它不仅提供 SLIP 或 PPP 连接，还支持诸如 PPTP 和 IPSec 等虚拟私有网络协议。

● 虚拟路由器：它在软件、硬件层实现物理路由器的功能仿真，属于一种逻辑设备。虚拟路由器是一种新技术，它的出现使一些新型因特网服务成为可能。通过这些新型服务，用户可以对网络的性能、因特网地址和路由以及网络安全等进行控制。

● 核心路由器：核心路由器又称为“骨干路由器”，是位于网络中心的路由器。位于网络边缘的路由器叫作接入路由器。核心路由器和边缘路由器是相对的概念。它们都属于路由器，但是有不同的大小和容量。

● 无线路由器。无线路由器就是带有无线覆盖功能的路由器，它主要应用于用户上网和无线覆盖。市场上流行的无线路由器一般都支持专线 xdsl、cable、动态 xdsl、pptp 接入方式。它还具有其他一些网络管理功能，如支持 DHCP 客户端、VPN、防火墙、WEP 加密、NAT 网络转换及 MAC 地址过滤等。

12.3.3　防火墙

防火墙是指设置在不同网络或网络安全域之前的由软件和硬件设备组合而成的部件。它是不同网络或网络安全域之间信息的唯一出入口，能根据企业的安全政策控制（如允许、拒绝、监测）出入网络的信息流，且本身具有较强的抗攻击能力。它是提供信息安全服务、保障网络和信息安全的基础设施。

防火墙主要由服务访问规则、验证工具、包过滤和应用网关 4 个部分组成。在逻辑上，防火墙是一个分离器，一个限制器，也是一个分析器。它有效地监控内部网和外部网之间的任何活动，保证了内部网络的安全。

根据防火墙的软、硬件组成结构，防火墙可以分为软件防火墙和硬件防火墙以及芯片级防火墙。

1. 软件防火墙

软件防火墙运行于特定的计算机上，它需要客户预先安装好计算机操作系统。一般来说，这台计算机就是整个网络的网关。它和其他的软件产品使用方式一样，需要先在计算机上安装并做好配置才可以使用。使用这类防火墙，需要网管首先熟悉防火墙所安装的操作系统。

2. 硬件防火墙

硬件防火墙是集成了软件和硬件的一体机，软件安全厂商把 Linux 系统与自己开发的安全软件系统嵌入到定制的硬件设备中。此类防火墙与软件防火墙最大的差别在于是否基于专用的硬件平台。目前市场上大多数防火墙都是硬件防火墙。它们都基于 PC 架构，在这些 PC 架构的计算机上运行一些经过裁剪和简化的操作系统，常用的有老版本的 UNIX、Linux 和 FreeBSD 系统。

传统硬件防火墙一般至少应具备 3 个端口，分别接内网、外网和 DMZ 区（“隔离区”或“非军事化区”）。现在一些新的硬件防火墙往往扩展了端口，增加了一个端口作为配置口和管理端口。

3. 芯片级防火墙

芯片级防火墙基于专门的硬件平台，没有操作系统。这类防火墙使用的专有 ASIC 芯片使它们比其他种类的防火墙速度更快，处理能力更强，性能更高。由于这类防火墙基于专用操作系统，因此防火墙本身的漏洞比较少，不过价格比较高昂。

12.3.4 VPN

VPN 的英文全称是 Virtual Private Network，可以称它为“虚拟私人网络”或“虚拟专用网络”。顾名思义，虚拟专用网络是虚拟出来的企业内部专线。它可以通过特殊的加密通信协议在因特网上位于不同地方的两个或多个企业内部网之间建立一条专有的通信线路，就好比是架设了一条专线一样，但是它并不需要真正去铺设光缆之类的物理线路。目前交换机、路由器、防火墙或 Windows 2000 软件等都支持 VPN 功能，简单地理解 VPN 就是在利用公共网络建立虚拟私有网。

针对不同的用户要求，VPN 有 3 种类型：远程访问虚拟网（Access VPN）、企业内部虚拟网（Intranet VPN）和企业扩展虚拟网（Extranet VPN）。这 3 种类型的 VPN 分别与传统的远程访问网络、企业 Intranet 以及 Extranet（由企业网和相关合作伙伴的企业网所构成）相对应。

VPN 网关是实现局域网到局域网连接的设备。从字面上我们就能够知道它可以实现两大功能：VPN 和网关。从广义上讲，支持 VPN 的路由器和防火墙等设备都可以算作 VPN 网关。目前常见的 VPN 网关产品包括单纯的 VPN 网关、VPN 路由器、VPN 防火墙、VPN 服务器等。

相对于其他技术，VPN 具有以下优势。

（1）DDN 技术虽然可以实现企业间的互连，但租金昂贵；ADSL 宽带虽然价格低廉，但只能应用于企业接入因特网，不能实现企业之间的互联。相对于前面两种技术，VPN 可以帮助实现既经济又安全的企业间互联，即企业可以通过无处不在的因特网来实现方便、快捷的互访。

（2）虽然因特网为企业实现数据访问提供了方便，但其高度的开放性和松散的管理结构也使得企业面临严重的网络安全问题。相对于因特网，用户可以利用 VPN 加密技术对通过因特网传输的数据进行加密，以保证数据仅被指定的发送者和接收者处理，从而保证了数据的私有性和安全性。

VPN 的使用限制包括以下两个方面。

（1）如果在公司内部局域网与外部网络之间搭建 VPN，必须保证服务器和互联网连接的网卡获得的是一个公网地址。

（2）在安装 VPN 服务器的一端必须要有固定的 IP 地址，客户端要事先知道服务器端的 IP 地址才能发起连接。而大多数用户通过宽带上网的 IP 地址都是变化的，所以必须把动态 IP 地址转换成静态 IP 地址。使用动态 IP 的用户，可以把动态域名解析服务和 VPN 方案相结合，把动态 IP 地址解析成静态 IP 地址。

VPN 主要有以下 3 种部署方案。

（1）采用纯软件方式，总部安装 VPN 总部网关，分部安装 VPN 分部网关，移动用户（包括笔记本电脑和远程的单机）安装 VPN 客户端。这种方案有采用微软的 NT 系统和桌面系统来部署的，也有第三方开发的 VPN 服务与客户端软件来部署的。

（2）总部采用带 VPN 功能的防火墙，分部用带 VPN 功能的宽带路由器，移动用户（包括笔记本电脑和远程的单机）安装防火墙软件带的 VPN 客户端。VPN 防火墙这类设备相对一般的带 VPN 功能的宽带路由器来说比较专业。常用的有 NetScreen、Nokia、安氏等。这些产品都能支持 100 条以上的 VPN，数据吞吐率较高，适用于企业的核心网络。

（3）总部采用带 VPN 功能的宽带路由器，分部能用宽带的用带 VPN 功能的宽带路由器，移动用户安装 Windows 带的 VPN 客户端。

综上所述，规模较大或在网络性能方面有较高需求的企业可以选择第二种方案，小企业一般采用第三种方案就足够了。市面上支持第三种方案的产品种类非常丰富。

12.3.5 网络设备运维技能

如何做好网络设备的硬件维护，应掌握哪些网络运维知识或技能，这是每个网络运维人员都要思考的事情。网络运维人员的工作“包含但不限于”以下内容。

（1）对所有的网络系统进行维护管理，对于交换机、路由器、防火墙等，做好这些设备的日常维护、保养工作。

（2）对网络新建、扩容、改造、综合布线等网络建设项目，给出设计方案及意见。

（3）对网络的安全情况做出评估，包括安全设备和策略、主动安全管理、安全事件处理、入侵监控和分析等。

（4）针对网络故障进行分析，并及时处理和解决网络中出现的问题。

作为一个合格的网络运维工程师，应该具备和掌握以下维护技能或知识。

（1）掌握计算机网络原理，具备网络基础知识，了解各种网络协议和网络技术，如 TCP/IP、VoIP、QoS、ACL、HSRP、VPN、MPLS 等。

（2）了解网络安全知识、网络安全设备、网络安全策略、网络安全检测、网络安全审计和安全事件处理等。

（3）熟练掌握各种网络设备的配置命令和方法，根据企业要求配置主要设备基本规则，满足用户的业务需求。

（4）掌握网络安全技术，包括端口、服务漏洞扫描、程序漏洞分析检测、入侵和攻击分析追踪、网站渗透、病毒木马防范等。

（5）了解主流网络安全产品的配置及使用。

（6）熟练使用网络维护命令和方法，排除硬件故障和应用问题，并能提出合理化建议。

（7）熟悉常用网络设备类型和不同型号设备的特点，帮助企业设计和优化网络架构，提高网络使用效率。

12.4 硬件运维技能攻略

总的来说，因为硬件设备都是各厂家的成品，所以比较标准化。作为运维服务人员，在工作中应注意以下几点。

- 仔细阅读产品使用手册或说明书，务必熟悉每一个功能键的位置与功能，掌握手册里的每一个功能点。
- 如有可能，尽量找学习样机，对机器进行必要的拆装，以熟悉拆卸步骤，并掌握维修窍门。
- 应多找些实战案例的书籍或在网上借鉴他人成功的经验，对基本功能进行叠加组合，以达到灵活应用、接近实战的效果。

第 13 章　运维软功夫——运维软件技术介绍

13.1 操作系统

操作系统是管理和控制计算机硬件与软件资源的计算机程序，是计算机系统的核心与基石。任何应用软件都必须在操作系统的支持下才能运行，它是信息系统运行中最主要的基础软件之一。操作系统位于底层硬件与用户之间，是两者沟通的桥梁。用户可以通过操作系统的用户界面输入命令，操作系统则对命令进行解释，驱动硬件设备，满足用户的要求。

操作系统的主要功能是资源管理、程序控制和人机交互等。计算机的资源可分为设备资源和信息资源两大类。设备资源指的是组成计算机的硬件设备，如中央处理器、主存储器、磁盘存储器、打印机、磁带存储器、显示器、键盘输入设备和鼠标等。信息资源指的是存放于计算机内的各种数据，如文件、程序库、系统软件和应用软件等。

按当前应用领域，操作系统主要有 3 种：桌面操作系统、嵌入式操作系统和服务器操作系统。桌面操作系统主要用于个人计算机和办公终端。这类操作系统主要有 Microsoft 公司的 Windows 操作系统和 Apple 公司的 Mac OS X 操作系统。当然，还有部分人使用 Linux 系统作为桌面操作系统。嵌入式操作系统主要用于一些专用应用和消费类电子产品上，如防火墙设备、手机、平板电脑、医疗设备、工业控制设备等。这类操作系统目前主要有嵌入式 Linux、Windows Embedded、VxWorks、Android、iOS、Windows Phone 等。服务器操作系统主要用于企业中各种应用的服务器上，一般安装在 PC Server、小型机或大型机上。服务器操作系统主要分为三大类：Windows、Linux 和 UNIX。作为运维人员，需要掌握这几种操作系统的维护方法。

13.1.1　Windows 系统

Windows 操作系统是微软公司在 20 世纪 90 年代研制的图形界面操作系统。经过多年的发展，从早期加强型的 MS-DOS 图形模拟环境，到当前比较完善地覆盖了嵌入式系统、用户桌面系统及企业服务器级系统，Windows 已经成为多个领域中比较成熟的计算机操作系统。微软每个类型的操作系统都有其代表产品。下面简要介绍不同类型的操作系统特点和适用领域。

1．桌面操作系统

桌面级的操作系统是面对个人计算机开发的操作系统，从最早使用的命令交互式的 MS-DOS 操作系统到目前使用的 Windows 8/10，微软的桌面操作是人们熟悉的操作系统，它是全球使用量非常大的一个个人电脑操作系统。它的发展历程已超过 25 年，它的变化使人们切实感受到计算机的变革。其具体发展过程如下。

1987 年发布的 Windows 1.0，是微软第一次对个人电脑操作平台实现图形用户界面的尝试。它是基于 MS-DOS 操作系统开发的，只提供了简单的文件系统管理图形界面。

1987 年发布的 Windows 2.0，利用了英特尔 286 处理器使其图形功能更强大。不过，这一代图形视窗系统的用户界面与苹果（Apple）公司的 Mac 计算机的 GUI（图形用户界面）很相似。

1992 年发布的 Windows 3.0，是第一个获得全世界认可的图形操作界面个人计算机的操作系统。MS-DOS 的文件管理程序被基于图标的管理程序以及基于列表的文件管理程序所取代，由此简化了程序的启动。作为系统设置的中心，控制面板包括诸如界面颜色主题的有限控制功能。

1995 年发布的 Windows 95，是一个混合的 16/32 位 Windows 系统，是 Windows 3.x 的后续版本，抛弃了对前一代 16 位 x86 的支持，实现了更强大、更稳定、更实用的桌面图形用户界面，此版本第一次集成了 Internet Explorer 应用。

1998 年发布了 Windows 98，全面集成了 Internet 标准，以 Internet 技术统一并简化桌面，使用户能够更快捷、简易地查找及浏览存储在个人电脑及网上的信息。另外，Windows 98 速度更快，稳定性更佳。通过提供全新的自我维护和更新功能，Windows 98 可以免去用户的许多系统管理工作，使用户专注于工作或游戏。

2000 年发布了 Windows ME，此版本想在个人计算机桌面操作系统上使用服务器版 Windows 2000 的一些功能，但并不成功，成为 Windows 9x 系列的终结版。

2001 年发布了 Windows XP，它是微软首个面向消费者且使用 Windows NT 架构的操作系统。2011 年 9 月底之前，Windows XP 是世界上使用人数最多的操作系统，全球市场占有率达 42%。

2009 年发布了 Windows 7，它的开发主要围绕 5 个重点（针对笔记本电脑的特有设计、基于应用服务的设计、用户的个性化、视听娱乐的优化、用户易用性的新引擎）对系统进行了优化，这些变化使 Windows 7 成为易用的 Windows 操作系统。

2012 年发布了 Windows 8，系统独特的 metro 开始界面和触控式交互系统，旨在让人们日常的计算机操作更加简单和快捷，为人们提供高效的工作环境。

2. 嵌入式操作系统

嵌入式系统和普通操作系统并没有本质上的区别，从某种程度上说，微软嵌入式系统就是根据不同的环境的需求，将普通的操作系统进行定制和精简，从而形成符合应用环境需求的特定系统。1996 年 11 月，微软发布了 Windows Embedded CE 1.0，从此正式进入了嵌入式产品市场。此后微软逐渐推出了全系列的嵌入式操作系统，使开发人员能够通过一系列产品来构建下一代的 32 位设备，满足不同领域的业务需求。微软提供了 3 个系列的嵌入式操作系统：Windows Embedded 8 系列产品、Windows Embedded Compact 系列产品和 Windows Server 2012 R2 for Embedded Systems 系列产品。Windows Embedded 8 系列产品主要为零售和服务业的 POS 终端提供解决方案，适用于制造业、医疗领域等，包括电力工业设备、控制面板、自助机。Windows Embedded Compact 系列产品是在 2013 年发布的，此系列产品适用于某行业小型设备，不需要太多的交互界面，可通过可编程逻辑控制器对其进行控制。

3. 服务器操作系统

服务器操作系统，又名网络操作系统。相对于桌面操作系统，在一个具体的网络中，服务器操作系统要承担额外的管理、配置、稳定、安全等功能，并且处于每个网络中的心脏部位，其网络操作系统的别称也由此而来。微软在 1993 年推出了面向工作站、网络服务器和大型计算机的网络操作系统。该类型的操作系统主要与通信服务紧密集成。最早微软公司与 IBM 公司联合研制 OS/2 网络操作系统，协作后来不欢而散。微软在研发 OS/2 NT 的基础上进一步优化，并把名称改为 Windows NT，确定了服务器操作系统的架构。在此之后，微软又发布了 Win 2000/Advanced Server、Win 2003/Advanced Server 及 Windows Server 2008。最早的 Windows 服务器操作系统具有以下特点。

（1）采用了 SMP（对称多处理）技术，支持多 CPU。

（2）属于 32 位操作系统，具有多重引导功能，可与其他操作系统共存。

（3）实现了“抢先式”多任务和多线程操作。

（4）支持 CISC 和 RISC 多种硬件平台。

（5）可与各种网络操作系统实现互操作。

（6）安全性达到美国国防部的 C2 标准。

要熟悉和并做好 Windows 服务器操作系统的运维，首先要熟悉以下概念，知道如何在操作系统中具体地实现，并熟练掌握其操作方法。

（1）NTFS（Windows NT File System）：Windows NT 采用的新型文件系统，可提供安全存取控制及容错能力，在大容量磁盘上，它的效率比 FAT 高。

（2）共享：对网络资源设置一定的权限，没有得到权限，就无法访问网络资源。

（3）用户账户（User Account）：要想使用网络资源，必须有用户账户。对用户和服务程序，Windows NT 都要求提供合法账户。专为应用程序或服务进程创建的账户即服务账户。在系统启动时，服务进程使用服务账户登录以获得在系统中使用资源的权利和权限。

（4）域（Domain）：是 Windows NT 中数据安全和集中管理的基本单位。域可以看作由一组运行 NT 的服务器组成的系统，一组电脑共用相同的账户及安全数据库。

（5）工作群组（Workgroup）：一种资源与系统管理皆分散的网络结构。工作群组里，每台计算机之间是对等关系，每台计算机可以是服务器，也可以是工作站。

（6）权限（Permission）：用来保护特定对象，授权某用户可以在系统上执行某些操作。

（7）安全审核：系统将记录计算机上各项与安全系统相关的过程。

13.1.2　Linux 系统

大多数人认为 Linux 是一个操作系统。实际上，它不是一个具体的操作系统。严格来讲，它只是一个类 UNIX 操作系统中的内核。它最早是由美国人林纳斯 • 托瓦兹在 minix 操作系统的基础上开发的。林纳斯 • 托瓦兹在 1991 年宣布了 Linux 内核的诞生。它是完全开放的，在 1993 年有 100 余名程序员参与了 Linux 内核代码的编写/修改工作，对其进行了改良。1994 年 3 月，Linux 1.0 发布，代码量为 17 万行。当时，按照完全自由免费的协议发布，随后采用 GPL（General Public License，GNU 通用公共许可证）协议对 Linux 内核程序进行使用与管理。在 1.0 版本的基础上通过全球众多 Linux 爱好者的努力，Linux 内核不断完善成熟，1996 年发布了 Linux 2.0 的内核，2001 年发布了 Linux 2.4 的内核，2003 年发布了 Linux 2.6 的内核。我们通常所说的 Linux 指的是这一类。各个国家和各个厂商为了自己的利益和安全，也分别在 Linux 内核的基础上开发了自己的 Linux 操作系统，如美国红帽公司开发的 Red Hat Linux、德国 SuSE Linux AG 公司发行维护的 SuSE Linux、中国开发的红旗 Linux、网络自由组织发布的 Debian

Linux，还有网络开源的 Slackware Linux 等。有些以商业营利为目的，有些是网络开源且供开发者使用的。不同的版本有不同的特点和优劣势。对于运维人员来说，熟练掌握一种即可满足基本运维需求，再根据服务的对象进一步学习和熟练掌握。下面分别简单介绍这些不同厂商的 Linux 操作系统。

1. Red Hat Linux

Linux 操作系统就是 Red Hat 公司发布的。Red Hat 公司最早由 Bob Young 和 Marc Ewing 两人在 1995 年创建。目前 Red Hat 分为两个系列的版本：一是由 Red Hat 公司提供收费技术支持和更新的 Red Hat Enterprise Linux（RHEL），二是由社区开发的免费 Fedora Core Linux。发展至今，适用于服务器的最新版本是 RHEL 7。它主要为适应将来的应用架构而设计，满足了灵活性、可伸缩性和性能要求，适用于各种计算模型，包括虚拟机和云架构。RHEL 7 基于 Linux 3.10 内核，为用户提供强大而简化的自动安装、发布和管理，增强了易用性、稳定性等。同时新的内核为 RHEL 带来更多的新特性，提升了性能并且支持更多的硬件。此外，XFS 将作为 RHEL 7 的默认文件系统，支持高达 500TB 的存储。适用于个人和中小企业的版本是 Red Hat Linux。作为一个企业的重要应用系统，建议安装适用于服务器硬件资源的 Red Hat Enterprise Linux 版本，安装版本可以免费获得。但如果想得到更好的服务和更新支持，还需要进一步购买 Red Hat 公司的维保服务。它的优点是拥有数量庞大的用户，有优秀的社区提供技术支持，并在不断持续地创新；缺点是免费版（Fedora Core）生命周期太短，对多媒体的支持不佳。

2. SuSE Linux

SuSE Linux 是德国著名的 Linux 发行版，在全世界范围中也享有较高的声誉。SuSE Linux AG 公司自主开发的软件包管理系统 YaST 也大受好评。SuSE Linux AG 公司于 2004 年被 Novell 公司收购，Novell 也向大家保证 SuSE Linux AG 公司的开发工作仍会继续下去。Novell 更把公司内全线计算机的系统换成 SuSE Linux，并同时表示将会把 SuSE Linux AG 公司特有而优秀的系统管理程序 YaST2 以 GPL 授权方式开放。SuSE Linux 最大的特点就是拥有专业、易用的 YaST 软件包管理系统。此系统能够进行磁盘分割、系统安装、在线更新、网络及防火墙组态设定、用户管理，它提供了方便的组合界面，能把原来复杂的设定工作变得简单。SuSE Linux 11 分别有零售版本及自由、开放源码的版本，分别叫作 SuSE Linux OSS 和 SuSE Linux Enterprise Server 版，它可以免费获得 30 天的更新服务。

3. Debian Linux

Debian Linux 是一个致力于创建自由操作系统的合作组织共同开发的开源 Linux 系统。Debian Linux 是从 1993 年由 Ian Murdock 发起的。受到当时 Linux 与 GNU 的鼓舞，其目标是成为一个公开发行版的 Linux 操作系统，使更多的人不用花费几百元购买一个操作系统软件。它从一个小型紧密的自由软件骇客（hacker）小组，逐渐成长成今日庞大且运作良好的开发者与用户社群。迄今为止，它可以算是最遵循 GNU 规范的 Linux 系统。Debian 系统分为 3 个版本：stable、testing 和 unstable。其中 unstable 为新的测试版本，它包括近期发布的软件包，但是也有相对较多的 Bug，适合桌面用户；testing 版本都经过 unstable 版本中的测试，相对较为稳定，也支持不少新技术（比如 SMP 等）。而 Woody 一般只用于服务器，上面的软件包大部分都已过时，但是稳定性和安全性都非常高。

很多 Debian Linux 的支持者认为，因为 Debian Linux Project 独立运作，不带有任何商业性质，不依附任何商业公司或者机构，所以它能够有效地坚守其信奉的自由理念和风格。因为 Debian Linux 不受任何商业公司或者机构控制，所以它不会为了某些商业利益而损害用户的权益，也不会因为公司经营不善或者商业模式转换等而导致开发作业终止。而这些特色使得 Debian Linux 在众多的 GNU/Linux 的发布包中独树一帜。它具有以下特点。

（1）Debian Linux 是精简的 Linux 发布版，有干净的作业环境。

（2）安装步骤简易，大部分情况下只要一直按 Enter 键便可以顺利安装。

（3）拥有方便、高效的软体包管理程序和 deb 软体包，让用户容易查找、安装、移除、更新程序或升级系统。

（4）具有健全的软件管理制度，包括 Bug 汇报、包维护人等制度，让 Debian Linux 所收集的软件质量在其他的 Linux 发布包之上。

（5）拥有庞大的包库，令用户只须通过其自身的软件管理系统便可下载并安装包。

（6）包库分类清楚，用户可以明确地选择安装自由软件、半自由软件或闭源软件。

13.1.3　UNIX 系统

UNIX 操作系统是一个强大的多用户、多任务分时操作系统，支持多种处理器架构，主要用于服务器领域，最早由肯・汤普逊（Kenneth Lane Thompson）、丹尼斯・里奇（Dennis MacAlistair Ritchie）于 1969 年在 AT&T 的贝尔实验室开发。目前它的商标权由国际开放标准组织所拥有，只有符合单一 UNIX 规范的 UNIX 系统才能使用 UNIX 这个名称，否则只能称为类 UNIX。现在市场使用的 UNIX 系统主要有 IBM 公司的 AIX 操作系统、HP 公司的 HP-UX 操作系统、Oracle 公司的 Solaris 操作系统，还有上述的 Linux 系统等。UNIX 系统的主要特征有以下几个方面。

（1）UNIX 系统是一个多用户、多任务的分时操作系统。

（2）系统结构可分为两部分：操作系统内核（由文件子系统和进程控制子系统构成，最贴近硬件），系统的外壳（贴近用户）。外壳由 Shell 解释程序、支持程序设计的各种语言、编译程序和解释程序、实用程序和系统调用接口等组成。

（3）UNIX 系统大部分是由 C 语言编写的，这使得系统易读、易修改、易移植。

（4）它提供了丰富的、精心挑选的系统调用，整个系统的实现十分紧凑、简洁。

（5）提供了功能强大的可编程的 Shell 语言，具有简洁、高效的特点。

（6）系统采用树状目录结构，具有良好的安全性、保密性和可维护性。

（7）系统采用进程交换（Swapping）的内存管理机制和请求调页的存储方式，实现了虚拟内存管理，大大提高了内存的使用效率。

（8）系统提供多种通信机制，如管道通信、软中断通信、消息通信、共享存储器通信、信号灯通信。

掌握了上述特征的原理和操作方法，基本上就可以熟练掌握 UNIX 操作系统的维护方法。只不过每个厂商的操作系统根据硬件的需要确立了自己需要的技术，展现出自己的优势和特点。下面简要介绍国内使用较多的 3 种 UNIX 系统。

1. AIX 系统

AIX（Advanced Interactive eXecutive）系统是 IBM 基于 AT&T UNIX System V 开发的一套类 UNIX 操作系统，运行在基于 IBM 专有的 Power 系列芯片的小型机硬件系统之上。它符合 Open Group 的 UNIX 98 行业标准（The Open Group UNIX 98 Base Brand），通过全面集成对 32 位和 64 位应用的并行运行支持，为这些应用提供了全面的可扩展性。它可以在所有的 IBM P 系列和 IBM RS/6000 工作站、服务器和大型并行超级计算机上运行。AIX 系统从问世到现在已经经历了众多版本，从 1986 年的 AIX Version 1 到 2010 年的 AIX Version 7 经过了 20 多年的发展。从 1995 年到 2000 年，AIX 系统将重点放在了提供 SMP 以及高端的可扩展性上，并在虚拟技术的应用上有重大突破。IBM 在高性能计算领域所处的领先地位源自运行 AIX 系统的“深蓝”这样的高可用性系统和高性能集群。随着 2001 年 AIX 5L 的发布，IBM 开始在系统分区领域实现重大的创新。AIX 系统传承自大型主机的虚拟技术，包括逻辑分区、动态逻辑分区和微分区技术，将 UNIX 系统的灵活性和使用率提高到了一个新的水平。

目前，AIX 系统是应用广泛的操作系统，市场的拥有量随着新技术的发展不断上升。AIX

系统主要负责应用系统中关键数据的计算和处理，如运行 DB2 UDB、Oracle 等大型数据库系统，也运行 WebSphere、Oracle iAS、WebLogic 等主流中间件系统。AIX 团队开发了极具特性的一些技术，如动态扩充和链接内核（Kernel）、逻辑卷存储管理器（LVM）、日志文件系统（JFS/JFS2）以及对象管理数据库（ODM）等。

AIX 操作系统的优越性主要体现在以下几点。

（1）其核心是可分页的，它可将暂不需要的内核程序置换出内存，使内核不必常驻内存，从而提高了内存利用率和系统性能。

（2）预占实时处理及先占机制使高优先级进程能立即从低优先级进程获取所需资源，这对联机事务处理任务非常重要。

（3）虚拟内存管理机构提供了非常大的地址空间支持，虚拟内存管理器（Virtual Memory Management，VMM）用于管理实际内存页帧的分配，并解决进程查询那些当前不在实际内存中的虚拟内存页的问题。

（4）对线程的支持。线程是 AIX 系统版本 4 所设计的新模型，AIX 进程被分成为两个独立的部分，强化了任务（task）和线程（thread）两个概念。线程是被看作一个基本调度实体的活动执行环境。一个任务有多个线程，它们并发运行。它的好处就是任务中的所有线程共享任务的资源。

（5）基于流方式的 I/O。AIX 系统的 I/O 子系统支持类似映像文件、预分页、数据定速和异步 I/O 等功能，它实现了内存映射 I/O 和 I/O 定速的技术。内存映射直接映射内存中的文件，这样就越过传统的 I/O 块和内核，缓解了由于文件放置和可能的磁盘碎块而导致的 I/O 后果。I/O 定速技术阻止了密集型 I/O 程序构造较长的 I/O 队列，确保了高需求程序和低需求程序对于 I/O 资源的公平共享。

（6）支持对称多处理。通过在多处理器间分配线程来实现多线程，使任务能够并发执行。

（7）具有日志文件环境。日志文件系统（JFS/JFS2）记录文件系统的变动，在系统损坏时，它允许重建并恢复其文件系统。日志文件系统还可根据业务需要进行扩充。

（8）核心可动态扩展。这是 AIX 系统独有的特点，核心扩展模块可以不影响任何正在进行的活动而加入到某个可操作环境中，新的设备驱动器系统调用、核心服务以及私人核心例程等特性可加到已有的核心中来扩展其功能。能自行定制核心程序的直接好处就是可以实现新的计财服务。如果正确使用扩展核心和修改核心，将是十分有用的，但使用不当会带来不利后果。

（9）总体吞吐量均衡。AIX 内核通过优先调度及强行处理的功能提供任务的实时预测性。当系统需要时，内存负载控制算法能够测得并推迟新进程的执行，直到当前进程顺利结束。此外，AIX 还提供了许多系统功能以克服阻碍系统吞吐量提高的因素，如通过减少 LAN 设备驱动器以提高系统和网络的性能、改进 C 编译器的连接时间、提供 NFS 及 TCP/IP 网络功能等。

2. HP-UX 系统

HP-UX（Hewlett-Packard UNIX）是 HP 公司自有版权且基于 UNIX System V 的一个商用 UNIX 操作系统，目前支持基于 HP-PA RISC 处理器的 HP9000 服务器，以及基于 Intel Itanium 安腾处理器的 Integrity 服务器。HP-UX 在 System V 版本出现前则基于 System III。HP-UX 1.0 的最初版本于 1984 年发布。HP-UX 的早期版本支持基于 Motorola 68000 系列处理器的 HP Integral PC 和 HP9000 200 系列、300 系列、400 系列工作站，以及基于 HP 专有处理器 FOCUS 的 500 系列服务器。当 HP 公司发布其 PA-RISC 处理器后，HP-UX 成为 HP9000 700 系列工作站和 800 系列服务器的主要操作系统。HP-UX 在 Intel 发布安腾 Itanium 处理器后也成为支持该处理器架构的主要操作系统。

自 2000 年 HP 公司推出 SuperDome 高端服务器以来，HP-UX 日益强调先进的可靠性、安全性、负载管理和分区功能。

可靠性主要着眼于单系统质量和故障自愈能力、多系统集群和故障切换，以及错误监视和纠正能力。HP-UX 11i 以 ServiceGuard 作为多系统集群。Global Workload Manager 则可以管理和优化性能，并且与 Instant Capacity 临时增容机制配合，在高峰负载时提供额外的处理能力。

安全性一直集成在 HP-UX 中，HP-UX 11i 包括完全的“可信任”（trusted）模式。从 HP-UX 11iv2 开始，安全特性得到很大扩充，增加了基于内核的入侵检测、强随机数生成、栈缓冲区溢出（stack buffer overflow）保护、安全分区、基于角色的访问控制（role-based access control）、访问控制白名单，以及各种基于开放源代码的安全工具。

HP-UX 系统分区（虚拟化）技术包括基于硬件分区、基于软件分区、虚拟机和操作系统虚拟分区等各种技术。在 Integrity 系列服务器上，HP-UX 虚拟机 HP VM 可以运行在多种操作系统上，包括 HP-UX、Linux、Windows、OpenVMS，还可以以兼容方式直接运行 HP9000 二进制代码。HP VM 支持在线迁移，并且可在迁移中对 VM 中的内容进行加密。

随着时间的迁移，HP-UX 的版本也发生了不小的变化。在 HP-UX 12.11 版之前，HP 公司采用主版本号加小版本号的方式标识 HP-UX 版本，比如 9 版本中按照发布先后顺序，有 9.01、9.03、9.05 等。从 HP-UX 12.11 开始，HP 改用版本号 11i 加上 v 和代表版本号的数字来标识，其中字母 i 用于代表其具备互联网功能，因此产生了 HP-UX 11iv1、HP-UX 11iv2、HP-UX 11iv3

等版本。当前版本为 HP-UX 11iv3，是在 2012 年 3 月更新的（HP-UX 11iv3 update 10）。

3. Solaris 系统

Solaris 系统原先是 Sun 公司研制的类 UNIX 操作系统，在 Sun 公司被 Oracle 并购后，称作 Oracle Solaris 系统。目前最新版为 Solaris 11。早期的 Solaris 系统由 BSD UNIX 发展而来。这是 Sun 公司的创始人之一比尔·乔伊（Bill Joy）来自伯克利加州大学。但是随着时间的推移，Solaris 系统现在在接口上正在逐渐向 System V 靠拢。2005 年 6 月 14 日，Sun 公司将正在开发中的 Solaris 11 的源代码以 CDDL 许可方式开放，这一开放版本就是 OpenSolaris。2010 年 8 月 23 日 OpenSolaris 项目被 Oracle 中止，2011 年 11 月 9 日发布 Solaris 11。

Sun 的操作系统最初叫作 SunOS。从 SunOS 5.0 开始，Sun 的操作系统开发开始转向 System V 4，并且有了新的名字——Solaris 2.0。Solaris 2.6 以后，Sun 删除了版本号中的“2”，因此，SunOS 5.10 就叫作 Solaris 10。Solaris 的早期版本后来又被重命名为 Solaris 1.x，SunOS 这个词专指 Solaris 操作系统的内核，因此认为 Solaris 由 SunOS、图形化的桌面计算环境以及其他网络增强部分组成。

Solaris 支持多种系统架构：SPARC、x86 及 x64。x64 即 AMD64 及 EM64T 处理器。在版本 2.5.1 中，Solaris 曾经一度被移植到 PowerPC 架构，但是后来又在这一版本正式发布时被删去。与 Linux 相比，Solaris 可以更有效地支持对称多处理器，即 SMP 架构。Sun 同时宣布将在 Solaris 10 的后续版本中提供 Linux 运行环境，允许 Linux 二进制程序直接在 Solaris x86 和 x64 系统上运行。目前，这一技术已通过 Solaris Zone 的一个特殊实现（BrandZ）得到支持。

13.1.4 操作系统维护技能

操作系统是计算机的核心总控软件，是服务器系统的指挥和管理中心，是服务器系统的灵魂，其重要性不言而喻。服务器系统与平时用的办公系统或家用系统不一样，它要 365×24 小时不间断地工作，以便为我们提供服务。做好系统维护的目的就是保证管理信息系统正常且可靠地运行，并能使系统不断得到改善，以充分发挥作用。操作系统运维人员的工作职责一般包括以下六方面。

（1）操作系统软件及补丁的安装。

（2）操作系统的配置和管理。

（3）操作系统的备份和恢复。

（4）操作系统的运行日志监控和文件系统的日常维护。

（5）通过操作系统监控设备运行性能，并提出性能优化建议。

（6）诊断、定位故障，解决任何与操作系统相关的问题。

作为一个合格的操作系统运维工程师，应该满足以下要求。

（1）学习和掌握计算机和操作系统原理。操作系统设计了许多策略，例如，如何合理、有效地利用计算机硬件设备，使其运行达到最优效果。不论是 IBM 服务器还是 HP 服务器设备，只要是计算机，就没有本质的区别，掌握计算机的原理对系统运维工程师来说是必需的。

（2）了解主流 UNIX/Linux 和 Windows 平台的设计、实施工作，了解主流数据库管理、中间件、网络、存储技术及相关平台的实施工作。维护操作系统不仅要熟悉操作系统本身的知识，还要了解其他相关知识，因此了解数据库、设备等维护技能就必不可少。

（3）了解运行各类操作系统的硬件平台。如 IBM 公司的 Power 系列、HP 公司的 9000 系列或者 Integrity 系列以及 Oracle 公司的 SPARC 系列。

13.2 中间件软件

随着网络和硬件技术的高速发展，大大地提高了计算机系统的处理能力。信息系统也由传统的 C/S 架构转变为 B/S 架构。大量的 Web 应用充斥在工作生活的每个地方。这些分布式应用程序大多数都是在网络环境的异构平台上运行的，使得网络和分布式应用的开发、测试和移植中所投入的代价非常高。为了降低开发、集成和维护成本，具有前瞻性的系统开发商提出了中间件（middleware）这一概念。它为集成系统的发展带来了巨大的变化。

中间件是一种独立的系统软件或服务程序，位于客户机、服务器的操作系统与分布式应用系统之间。分布式应用借助这种软件在不同的技术环境之间实现资源共享，管理计算资源和网络通信。通过提取可重用的应用模式以及对标识、认证、授权、目录、安全性等服务的标准化和互操作，为应用提供统一的标准化程序接口和协议，隐藏底层硬件、操作系统和网络的异构性，统一管理网络资源的网络通信，灵活高效地开发分布式应用。对于应用软件开发，中间件远比操作系统和网络服务更为重要。中间件提供的程序接口定义了一个相对稳定的高层应用环境。不管底层的计算机硬件和系统软件如何更新换代，只要将中间件进行升级更新，并保持中间件对外的接口定义不变，应用软件几乎不需要任何修改，从而保护企业在应用软件开发和维护中的重大投资。对于应用系统，中间件不仅简化了开发、缩短了开发周期，也减少了系统维护、运行和管理的工作量，还减少了计算机总体费用的投入。将应用软件集成起来像一个天衣无缝的整体一样协调工作，这是操作系统、数据库管理系统本身做不了的。中间件的作用体现在它提供了以下服务上。

（1）通信服务。应用程序的开发往往要考虑操作系统提供的网络接口。针对不同的操作系统，还存在异构型的网络协议，中间件则对分布式应用的开发者屏蔽了复杂的底层网络编程细节，为分布环境下的应用程序提供远程过程调用（RPC）、消息和对象请求代理（ORB）的通信服务。

（2）并发性服务。中间件的应用必须具有高度的可扩展性，才能满足目前火热的电子商务应用。这些应用需求通常以每秒处理的请求或消息的数量来衡量，如果在系统中保证最大的并发性，就可以同时尽可能多执行任务。中间件使用很多技术和模式来增强了并发性，例如在服务器进程中采用多线程技术。

（3）通用中间件支持。除了提供通信和并发服务外，分布式应用中使用目录服务、事务服务、管理服务、事件服务、连续性服务、负载平衡服务、配置服务来解决那些独立于任何特定应用领域的问题，中间件都集成了这些应用，很好地支持这些分布式应用所需的构件。

中间件可以按不同方式进行分类。根据提供的功能，可以划分为通信处理中间件（包括远程过程调用中间件和消息中间件）、事务处理中间件、数据存取中间件、分布对象中间件、安全中间件、网络中间件、服务器中间件（包括 Web 服务器中间件和服务器构架中间件）以及专用平台中间件。当前使用最多且运维人员感受最直观的应该就是服务器中间件了。这类产品有 IBM 公司的 WebSphere Application Server、Oracle 公司的 Weblogic、免费开源的 Tomcat 和 Jboss 等。

13.2.1　WebSphere 软件

WebSphere 是 IBM 公司一套完整的电子商务平台软件的总称。它包含编写、运行和监视全天候 Web 应用程序和跨平台、跨产品解决方案所需要的整个中间件基础设施。在此平台上提供了一系列基于统一的基础平台、完全基于开放标准的相关产品组件。WebSphere 是整个软件产品体系的名称。它的系列产品主要有 WebSphere Portal、WebSphere MQ、WebSphere Application Server、WebSphere Commerce、WebSphere Studio 等，其中 WebSphere Application Server 是这里重点要介绍的应用中间件产品。

WAS（WebSphere Application Server）是 WebSphere 系列产品的基础设施。它为企业应用程序提供了运行环境，为满足广泛用户需求而设计了独特的软件包核心。WAS 为编程模型和开放标准提供了行业领先的支持，能够加速新应用程序和服务的部署交付。

WAS 应用程序基础设施使你能够快速构建、部署、集成和增强企业的应用程序，使它们能够在 Java 环境中运行。从关键型业务应用程序和重要企业级应用程序到最小的部门级应用程序，WAS 都提供了最高的可靠性、可用性、安全性和可伸缩性水平。

1. WAS 的产品线

下面介绍 WAS 的产品线。

1）WebSphere Application Server Community Edition V 1.0

该产品是一个轻量级的 J2EE 应用程序服务器。它建立在 Apache 软件基金会的开放源代码应用程序服务器项目 Apache Geronimo 的基础上，旨在帮助你加速开发和部署工作，利用来自开放源代码社区的最新技术，为构建 Java 应用程序提供免费和灵活的技术基础。

2）WebSphere Application Server V6

该产品是 WebSphere Application Server 的基础版本，它与 J2EE 1.4 完全兼容，提供深度 Web 服务支持，可以加快开发和部署（用于降低开发周期时间和最大化使用现有技能和资源），并与 IBM Rational 工具紧密集成。

3）WebSphere Application Server-Express V6

该产品为中小企业管理简单的动态网站提供了一个简单便捷的选择，并具有友好的 Web 应用程序服务器和开发环境。

4）WebSphere Application Server Network Deployment V6

该产品基于 WebSphere Application Server，主要提供高级部署服务，包括集群服务、网络边际（edge-of-network）服务、增强的 Web 服务和用于分布式配置的高可用性服务。

5）WebSphere Extended Deployment

该产品在 WebSphere Application Server Network Deployment 的基础上提供拓展的功能，用于进一步提升部署的效率，简化管理和增强关键业务应用程序服务质量。

6）WebSphere Application Server for z/OS

该产品使用与针对分布式平台的 WebSphere Application Server 使用相同的编程模型，但是针对 IBM z 系列硬件和 z/OS 操作系统进行了优化，根据系统特点提高服务质量。

2. WAS 的体系结构

WAS 的体系结构主要由单元、节点、服务器、概要文件、部署管理器和节点代理组成。

1）单元

单元（Cell）是指整个分布式网络中一个或多个节点的逻辑分组，是管理学中的一个概念。管理员用单元将节点间的逻辑关联起来，可以将它看作 WAS 最大的作用域。

2）节点

节点（Node）是托管服务器的逻辑分组，通常与具有唯一 IP 主机地址的逻辑或物理计算机系统对应。节点不能跨多台计算机，它也是管理学中的概念。

3）服务器

服务器（Server）即实际部署应用的地方，在 ND 版本中一个节点可能使用多个服务器，但非 ND 版本（Single Server 版本）中一个节点只能使用一个服务器。

4）概要文件

概要文件（Profile）用于定义一个独立应用程序服务器的运行时环境，包括服务器在运行时环境中操作的所有文件。

5）部署管理器

部署管理器（Deployment Manager）为单元中所有元素提供单一的管理控制，它是一个特殊的节点，使用部署管理器概要模板创建。

6）节点代理

节点代理（Node Agent）是将管理请求路由至服务器的管理代理程序。节点代理是服务器，并不涉及应用程序服务功能。节点代理进程在每个受管节点上运行，并专门执行特定于节点的管理功能，如服务器进程监视、配置同步、文件传输和请求路由。部署管理器通过与节点代理的交互完成对单元内节点的控制。

3. WAS 产品的技术优势

WAS 产品现在是中间件平台中最优的平台之一，它具有以下技术优势。

（1）安全、可伸缩、具有弹性的应用程序基础架构，这些基础架构是实现面向服务架构（SOA）所需要的。

（2）100%支持业界的开放性标准，包括 Java/J2EE、XML、LDAP、CORBA、WML 等。

（3）借助一套简单的工具和界面，快速地构建和部署可重用的应用程序服务。

（4）在可靠、可伸缩、高度可用的环境中运行服务，以确保不因为应用程序宕机时间而失去业务机会。

（5）借助具有弹性、基于标准的安全基础架构（此基础架构会移除易受攻击的威胁，同时最大限度地提高开发人员的效率），保证应用程序和数据的安全，提供了端到端（end-to-end）的安全解决方案。

（6）基于标准的消息传递方法和最新的 Web 服务标准，重用软件资产并扩展其使用范围。

（7）借助面向管理和监视的功能强大、易用的工具，轻松管理应用程序。

（8）跨最广泛的业界平台快速和安全地进行扩展。

（9）支持完整的 J2EE 1.4 编程模型和扩展，包括 Servlet、JSP、EJB 和 Web 服务。

13.2.2 WebLogic 软件

WebLogic 最早由 WebLogic 公司开发，然后并入 BEA 公司。2008 年 Oracle 为了进一步扩大和巩固数据库软件市场，成功收购 BEA 公司，相关软件也纳入到 Oracle 公司的开发和销售中。WebLogic 软件是用于开发、集成、部署和管理大型分布式 Web 应用、网络应用和数据库应用的 Java 应用服务器。它是商业市场上主要的 Java（J2EE）应用服务器软件之一，是世界上第一个成功商业化的 J2EE 应用服务器，目前 WebLogic 最新版本为 Oracle WebLogic Server 12c（12.1.1）。

WebLogic 将 Java 的动态功能和 Java Enterprise 标准的安全性引入大型网络应用的开发、集成、部署和管理之中，长期以来一直被视为市场上最好的 J2EE 工具之一。WebLogic 常用于为在 Internet 或 Intranet 上的 Web 服务提供安全、数据驱动的应用程序，像数据库或邮件服务器一样，WebLogic Server 对于普通用户是不可见的。

1. WebLogic 的体系结构

WebLogic 的体系结构包括表示层、核心服务层、集成层、可靠可用务层、开发层和管理控制层。

1）表示层

表示层为门户开发提供业内领先的企业级门户基础结构，提供丰富的、图形化的环境，并为业务专家提供基于浏览器的集成工具。一旦构建完成，企业的门户就可以在业务需求发生变化时快速适应变化。

2）核心服务层

核心服务层是具有 J2EE 工业强度的应用服务器，它是 BEA WebLogic Platform 的基础。

3）集成层

集成层是一个基于标准的平台，可以用于应用集成、业务流程管理、工作流、Web 服务和 B2B 集成。它为用户提供统一的业务集成框架、简化的生产和管理流程，以及新的可扩展架构。该架构可以快速地集成并整合应用、业务流程。

4）可靠可用服务层

可靠可用服务层为应用服务器的性能提升、负载均衡、记忆复制、容错等提供了高效的服务，增强了应用服务器的可靠性与可用性。

5）开发层

开发层为用户提供一个开发环境，用于为 WebLogic Platform 构建企业级 J2EE 应用。WebLogic Workshop 可以帮助所有开发人员以前所未有的效率快速创建、测试和部署企业级的 Web 应用、XML Web 服务、EJB、门户和业务流程管理（BPM）应用。

6）管理控制层

管理控制层可以帮助系统管理人员快速地对应用服务器进行部署、配置、调优等操作。

2. WebLogic 的特性和优势

WebLogic 软件现在是中间件平台中最易用的平台之一，它具有以下技术优势。

（1）支持多种标准。对业内多种标准（包括 EJB、JSB、JMS、JDBC、XML 和 WML）的全面支持，使 Web 应用系统的实施更为简单，并且减少了投资，同时也使基于标准的解决方案的开发更加简便。

（2）可扩展。WebLogic 以其高度扩展的架构闻名于业内，包括客户机连接的共享、资源池化以及动态网页和 EJB 组件群集。

（3）开发速度快。凭借对 EJB 和 JSP 的支持，以及 BEA WebLogic 的 Servlet 组件架构，可加速投放市场的速度。当与 WebGain Studio 配合时，这些开放性标准可简化开发，并可发挥已有的技能，迅速部署应用系统。

（4）更灵活。WebLogic 的特点是与领先数据库、操作系统和 Web 服务器紧密集成。

（5）更可靠。WebLogic Server 的容错、系统管理和安全性能已经在全球数以千计的关键任务环境中得以验证。

13.2.3 Tomcat 软件

Tomcat 是 Apache 软件基金会（Apache Software Foundation）Jakarta 项目中的一个核心项目，由 Apache、Sun 和其他公司及个人共同开发完成。由于有了 Sun 公司的参与和支持，最新的 Servlet 和 JSP 规范得以迅速在 Tomcat 中体现。Tomcat 5 支持最新的 Servlet 2.4 和 JSP 2.0 规范。因为 Tomcat 技术先进、性能稳定，而且免费，所以它深受 Java 爱好者的喜爱并得到了部分软件开发商的认可，成为目前比较流行的 Web 应用服务器，目前最新版本是 8.0。Tomcat 是一个小型的轻量级应用服务器基础软件，在中小型系统和并发访问用户不是很多的场合下被普遍使用，是开发和调试 JSP 程序的首选。

1. Tomcat 总体结构

Tomcat 虽然结构很复杂，但是非常模块化，它由一系列嵌套的组件组成。

1）顶层组件

顶层组件包含服务器组件和服务组件。服务器组件是 Tomcat 服务器的实例，可以在 Java 虚拟机（JVM）中生成唯一的服务器实例。它还可以在一个服务器中为不同的端口设置单独的服务配置。这样，既方便单独地重启应用程序，又可以在某特定的 JVM 崩溃时，确保其他实例上的应用程序是安全的。服务组件用来访问请求，把请求转发给合适的 Web 应用程序，然后返回请求的处理结果，与它的连接器组成引擎组件。引擎也就是 Servlet 引擎，是处理请求的组件。引擎检查 HTTP 头，然后决定传送给哪个主机或者应用程序。每个服务都要命名，方便管理员能够通过日志记录每个服务的信息。

2）连接器

连接器链接 Web 应用程序和客户端，代表和客户端实际交互的组件。它负责接受来自客户端的请求，以及向客户返回响应结果。Tomcat 的默认端口是 8080，以避免与其他的 Web 服务器标准端口（80）相冲突。比较常见的连接器是 HTTP connector 和 Apache JServ Protocl（AJP）connector。

3）容器组件

容器组件负责接受来自顶层组件的请求，处理这些请求，并把处理结果返回给上层组件。容器组件包括引擎组件（Engine Component）、主机组件（Host Component）和上下文组件

（Context Component）。引擎组件负责接受和处理它所属的服务中所有连接器的请求。每个服务组件只能包含一个引擎组件。主机组件定义了一个虚拟主机，它允许在同一台物理机器上配置多个 Web 应用。多个主机组件可以包含在引擎组件中。上下文组件是使用最为频繁的组件，每个上下文组件代表了允许在虚拟主机上的每个 Web 应用。一个虚拟主机能够运行多个上下文组件，它们通过各自的上下文路径相互区分。

4）嵌套组件

嵌套组件嵌套在容器内，为管理人员提供管理服务。它包括全局资源组件（Global Resources Component）、加载器组件（Loader Component）、日志组件（Log Component）、管理器组件（Manager Component）、域组件（Realm Component）、资源组件（Resources Component）和阀组件（Valve Component）。全局资源组件只能嵌套在服务器组件中，用于配置服务器中其他组件所用到的全局 JNDI 资源。加载器组件只能嵌套在上下文组件中，用于指定一个 Web 应用程序的类加载器，并将该应用程序的类和资源加载到内存中。一般来说，Tomcat 中默认的类加载器就能满足大部分的需求，因此开发人员没有必要定制自己的类加载器。日志组件能借助 Log4J 实现记录日志。管理器组件是会话管理器，负责会话的创建和维护。域组件是一个包含用户名、密码和用户角色的数据库。角色与 UNIX 的 group 类似。域的不同实现允许将 Catalina 集成到认证信息已经创建和维护的环境中，然后利用这些信息来实现容器管理的安全性。在任何组件（如引擎、主机或者上下文组件）中都可以嵌套域组件。另外，引擎或者主机的域会自动被低层次的容器集成，除非被明确覆盖。资源组件只在上下文组件中支持，它代表的是 Web 应用程序中的静态资源，以及它们允许存放的格式，例如压缩文件等。阀组件用于在请求到达目的之前，截取该请求，并处理它。它有点类似于 Servlet 规范中定义的过滤器。它是 Tomcat 专有的，目前还不能用于其他的 Servlet/JS 容器。阀组件可以嵌入到其他组件（如引擎、主机和上下文组件）中。阀组件通常用于记录请求、客户端 IP 地址，以及服务器端利用率信息，这种技术被称为请求转储（Request Dumping）。请求转储阀记录 HTTP 头的信息和 Cookie 信息。响应转储阀记录响应 HTTP 头和 Cookies 信息。阀是可重用的组件，能按照用户的需求增删。

2. Tomcat 的优势及特点

Tomcat 服务器是一个免费的开放源代码的 Web 应用服务器，技术先进、性能稳定，而且免费，因而深受 Java 爱好者的喜爱并得到了部分软件开发商的认可。它运行时占用的系统资源少，扩展性好，且支持负载平衡与邮件服务等开发应用系统常用的功能。作为一个小型的轻量级应用服务器，Tomcat 在中小型系统和并发访问用户不是很多的场合下被普遍使用，因此它也成为目前比较流行的 Web 应用服务器。

13.2.4 中间件维护技能

作为软件系统的应用服务器，中间件是系统基础架构中最核心的软件之一。做好中间件的运维服务是 IT 运维的重中之重。如何做好中间件的维护，应掌握哪些技能来满足中间件运维需求，是每个中间件运维人员需要考虑的事情。关于中间件运维工作，应该了解和熟悉的技能如下。

（1）熟悉 J2EE 组成架构、标准和核心技术（JDBC、JNDI、EJB、RMI、JSP、SERVLETS、XML、JMS、IDL、JTS、JTA、Javamail、JAF），重点要熟悉最常用的 JDBC、JNDI、EJB、JSP 和 SERVLETS 技术规范以及 J2EE 多层架构的功能和原理。

（2）熟悉中间件的体系结构以及组件功能。关于 WAS，应掌握单元、节点、服务、概要文件和节点代理的概念以及它们之间的关系。熟悉 WAS 数据服务层、业务逻辑层、表示层等之间的依赖关系以及各层实现的功能。熟悉智能管理（Intelligent Management）、系统管理、安全、性能监控、符合 J2EE 架构应用组件的功能、原理和使用方法。

- 关于 WebLogic，应掌握 WebLogic 应用服务器域（Domain）、集群（Cluster）、机器（Machine）、服务器（Server）、管理服务器（Administrative Server）、托管理服务器（Managed Server）、节点管理器（Node Manager）的概念及各自的作用。熟悉 WebLogic 表示层、核心服务层、集成层、可靠可用服务层、开发层、管理控制层之间的关系以及每一层提供的服务功能和所应用的技术规范。
- 关于 Tomcat，应掌握服务器、服务、连接器、引擎、主机、上下文的概念及工作原理。熟悉顶层组件、连接器、容器组件、嵌套组件及其所包含拓展组件的功能作用和所涉及的技术规范。

（3）能够在各种平台上熟练安装中间件并进行配置和调试。

- 熟悉中间件在不同平台安装方法的区别以及不同版本所对应的 Java 运行环境。
- 熟悉中间件安装所依赖的系统环境并熟练配置环境变量。
- 熟悉不同版本的中间件对各操作系统版本和系统组件的依赖关系。
- 熟悉三大中间件的三种安装方法：图形安装方法、命令安装方法、静默安装方法。
- 熟悉三大中间件的功能结构，在安装过程中熟练选择合适的功能组件。
- 熟练排除在安装过程中所遇到的问题。

- 中间件安装完毕后熟练对中间件进行初始化配置和验证。

（4）能够熟练地在中间件平台上部署和调试应用程序。作为中间件运维人员，首先要熟悉如何在中间件上设置变量、创建数据库驱动、配置调试数据源、管理安全配置、发布与调试应用程序、管理虚拟机、创建共享库以及加载调试类等操作。

（5）能够搭建中间件集群环境并能够进行集群负载均衡配置管理。

（6）能够熟练使用脚本语言进行日常系统管理操作，熟练使用 WAS 的 Jacl 语言、WebLogic 的 WLST 语言、Tomcat 的 Python 语言对中间件进行变量设置、数据库驱动创建与修改、数据源配置调试、应用发布与调试、共享库创建、安全管理等日常操作。

（7）能够通过日志信息判断中间件的异常，并熟练使用 javacore、heapdump 分析工具进行问题诊断。

- 熟悉 WAS 诊断日志 SystemErr.log、SystemOut.log、ffdc 和 Weblogic 诊断日志 AdminServer.log、access.log、domain_name.log 以及 Tomcat 诊断日志 llocalhost_access_log 的配置方法、位置、所记录信息的类型和范围等，并能通过上述日志文件信息进行常规的问题诊断。

- 熟练应用 WAS 的 Support Assistant、Log Analyzer 和 WebLogic 的 Oracle Enterprise Manager 以及 Tomcat 的 jrockitgon 工具软件进行 javacore、dump 分析，并能够分析出应用程序的缺陷和性能等问题。

（8）能够通过中间件提供的各种性能指标进行跟踪调优操作。

- 熟悉 WAS 性能监控工具 Tivoli Performance Viewer 和 Weblogic 性能监控工具 iagnostics module、jconsole、sitescope 以及 Tomcat 性能监控工具 probe、Jconsole 等的配置方法、监控范围、使用方法，并能通过这些工具对应用程序、JVM 信息、内存使用情况等进行跟踪和性能分析。

- 通过上述监控工具的跟踪分析结果，能够根据应用程序 Servlet 重新装载比例、会话活动数量比例、外部会话读写空间代价，以及对线程池的利用率、挂起线程比例、数据库连接池利用率、访问效率、等待率、Java 虚拟机的堆利用率、内存回收效率等性能指标值，对中间件的性能进行调优操作。

13.3 数据库

数据库是一个单位或一个应用领域的通用数据处理系统，它是属于企业和事业部门、团体和个人的数据集合。数据库中的数据是依据全局观念建立的，按一定的数据模型进行组织、描述和存储。其结构基于数据间的自然联系，从而可提供一切必要的存取路径，且数据不再针对某一应用，而是面向全组织，具有整体的结构化特征。

数据库中的数据是为众多用户共享其信息而建立的，已经摆脱了具体程序的限制和制约。不同的用户可以按各自的用法使用数据库中的数据；多个用户可以同时共享数据库中的数据资源，即不同的用户可以同时存取数据库中的同一个数据。数据共享性不仅满足了各用户对信息内容的要求，同时也满足了各用户之间交流信息的要求。

目前，商品化的数据库管理系统以关系型数据库为主导产品，技术比较成熟。面向对象的数据库管理系统虽然技术先进，数据库易于开发、维护，但尚未有成熟的产品。国际国内的主导关系型数据库管理系统有 DB2、Oracle、MySQL、Sybase 和 Informix。这些产品都支持多平台，如 UNIX、Linux、VMS、Windows，但支持的程度不一样。微软的 SQL Server 也是成熟的关系型数据库，但是 SQL Server 只支持 Windows 操作系统。下面介绍这些数据库管理软件。

13.3.1 SQL Server 软件

SQL Server 最初是由微软、Sybase 和 Ashton-Tate 三家公司共同开发的，于 1988 年推出了第一个 OS/2 版本。在 Windows NT 推出后，微软与 Sybase 在 SQL Server 的开发上就分道扬镳了，微软将 SQL Server 移植到 Windows NT 系统上，专注于开发与推广 SQL Server 的 Windows NT 版本。Sybase 则较专注于 SQL Server 在 UNIX 操作系统上的应用。

SQL Server 的安全性及稳定性受操作系统限制，一般用于轻量级应用程序及非关键性系统。但是 SQL Server 提供了众多 Web 和电子商务功能，如对 XML 和 Internet 标准的支持，通过 Web 对数据进行轻松安全的访问，具有强大、灵活的基于 Web 的且安全的应用程序管理等。另外，由于其易操作性及其友好的操作界面，深受广大用户的喜爱。目前微软共提供了五种不同的版本 SQL Server。

- SQL Server Enterprise Edition（32 位和 64 位）：SQL Server 企业版，达到了支持超大型企业进行联机事务处理（OLTP）、高度复杂的数据分析、数据仓库系统和网站所需的性能水平。企业版全面的商务智能和分析能力及其高可用性功能（如故障转移群集），使它可以承担大多数关键业务的企业工作负荷。Enterprise Edition 是最全面的 SQL Server 版本，是超大型企业的理想选择，能够满足最复杂的要求。

- SQL Server Standard Edition（32 位和 64 位）：SQL Server 标准版，是适合中小型企业的数据管理和分析平台。它包括电子商务、数据仓库和业务流解决方案所需的基本功能。SQL Server 标准版中集成的商务智能和高可用性功能可以为企业提供支持其运营所需的基本功能。

SQL Server 标准版是需要全面的数据管理和分析平台的中小型企业的理想选择。

- SQL Server Workgroup Edition（仅适用于 32 位）：SQL Server 工作组版，对于那些在数据库大小和用户数量上没有限制的小型企业，SQL Server 工作组版是理想的数据管理解决方案。SQL Server 工作组版可以用作前端 Web 服务器，也可以用于部门或分支机构的运营。它包括 SQL Server 产品系列的核心数据库功能，并且可以轻松地升级至 SQL Server Standard Edition 或 SQL Server Enterprise Edition。SQL Serverr 工作组版是理想的入门级数据库，具有可靠、功能强大且易于管理的特点。

- SQL Server Developer Edition（32 位和 64 位）：SQL Server 开发人员版，允许开发人员在 SQL Server 顶部生成任何类型的应用程序。该应用程序包括 SQL Server Enterprise Edition 的所有功能，可用作开发和测试系统，而不用作生产服务器。SQL Server Developer Edition 是独立软件供应商（ISV）、咨询人员、系统集成商、解决方案供应商以及生成和测试应用程序的企业开发人员的理想选择，可以根据生产需要升级 SQL Server Developer Edition。

- SQL Server Express Edition（仅适用于 32 位）：SQL Server 学习版，是免费的，可以再分发（受制于协议），还可以充当客户端数据库以及基本服务器数据库。SQL Server Express 是独立软件供应商、服务器用户、非专业开发人员、Web 应用程序开发人员和创建客户端应用程序的编程爱好者的理想选择。如果你需要使用更高级的数据库功能，则可以将 SQL Server Express 无缝升级到更复杂的 SQL Server 版本。

借助于 Windows 优良的图形界面，在当前成熟的关系型数据库中，SQL Server 应该是最容易维护且最为简洁的数据库系统。但是要在 SQL Server 软件正常运行的基础上确保企业的应用程序能够稳定、高效、安全地运行，对运维人员也提出了较高的要求。针对不同的 SQL Server 应用，应该从以下几个方面进行研究。

1）安装部署

相对于其他数据库系统，受益于 Windows 的图形界面，SQL Server 的安装过程较为简单，但是安装部署要考虑的事情也是不容忽略的。部署前应该考虑到操作系统的安全、账户的权限、系统数据库设置、字符集及时区的设置等。

2）内存管理

SQL Server 在运行过程中使用的内存配置，将会对数据库的运行稳定性及性能产生较大的影响，因此对于 SQL Server 数据库的内存管理也要有深入的了解。其中包括数据页面、数据库组件、线程内存以及第三方代码消耗的内存。因此 SQL Server 内存使用情况的分析将是比较重要的工作内容。一般来说，内存监控有两种方式。一种是在分析系统内存情况时使用性能计数器，另一种是使用动态管理视图（DMV，只适用于 SQL Server 2005 和 2008）。在此就不具体介绍这两种方式了。

3）数据库数据文件及日志文件

数据库的日常工作主要是对数据的增删改查，以及对各操作进行记录。这些工作最终都会落实到文件的读写操作上。因此，数据文件及日志文件的分布、配置以及存储类型将会影响到数据库的响应速度。因此，运维人员应该对存储设备及类型有一定的了解，并深入掌握文件及文件组的使用。

4）SQL 编码

数据库系统是数据管理的平台，在日常工作中所有的数据库操作及交互都需要使用 SQL。因此 SQL 的编写是运维人员必须具备的能力，在此基础上还要了解什么样的 SQL 可以让数据库引擎高效地执行。对于 SQL Server 的数据库引擎来说，复杂的 SQL 往往执行效率不高，调试困难，无法重复使用。复杂的存储过程同样面对阅读困难、复用性差以及不便维护的困境。因此，应该尽可能地使用较为简单的 SQL，合理地将 SQL 或存储过程进行拆分，简化逻辑。此外，数据库引擎对于大批量数据的处理效率要优于行级数据，在维护过程中要多加注意。

5）性能提升

在软件系统的整个生命周期中，相对于规划设计阶段、编码阶段，运维阶段所做的工作对数据库的影响是最小的，也是对运维人员要求最高的。运维人员无法改变数据组成，甚至连查询语句都不能修改。这就需要运维人员使用索引、分区等对用户透明的手段，对数据库进行改造，以改善其性能，同时还要注意内存以及 I/O 的重新配置和规划。此外，还应该熟练地进行数据库监控，以及使用数据库锁。通过 SQL Server Profiler（2000 版本中称为事件探查器）可以监控到执行较差的查询，登录尝试、故障、连接或者断开，语句级别使用的 CPU，死锁的问题，tempdb 数据库的性能等。

6）容灾与备份

数据库的备份和恢复是运维人员必须要掌握的一项能力。容灾是在备份的基础上更高的一种可用性要求，容灾是保障数据不因人为因素丢失的高可用方案。备份是保障数据在任何情况下都能回滚到可接受的范围的手段，而且容灾不能代替备份。因此，运维人员应该了解并可以熟练进行数据库的备份恢复操作，并可以使用相关的容灾软件对数据库进行恢复（一些非关键性或小型企业的数据库系统可能对容灾没有那么高的要求）。

7）故障诊断

除了备份恢复之外，故障诊断应该是运维人员最重要的必需技能。SQL Server Profiler（2000 版本中叫事件探查器）跟踪数据库的警告及报错信息，并根据跟踪信息进行诊断定位。对于 24 小时不间断运行的系统，还可以使用系统监视器来收集 SQL Server 的运行情况，进行系统诊断。

13.3.2　MySQL 软件

MySQL 是一个开放源码的小型关联式数据库管理系统，由瑞典 MySQL AB 公司开发，目前属于 Oracle 公司。MySQL 所使用的 SQL 语言是用于访问数据库的常用标准化语言。MySQL 软件采用了双授权政策，它分为社区版和商业版。由于其体积小、速度快、总体拥有成本低，尤其是开放源码这一特点，一般中小型网站的开发都选择 MySQL 作为网站数据库。其社区版的性能卓越，搭配 PHP 和 Apache 可组成良好的开发环境。

与其他的大型数据库（例如 Oracle、DB2、SQL Server 等）相比，MySQL 有它的不足之处，但是这丝毫也没有减少它受欢迎的程度。对于一般的个人使用者和中小型企业来说，MySQL 提供的功能已经绰绰有余。另外，由于 MySQL 是开放源码软件，因此可以大大降低总体拥有成本。以 Linux 作为操作系统，以 Apache 和 Nginx 作为 Web 服务器，以 MySQL 作为数据库，以 PHP/Perl/Python 作为服务器端脚本解释器。由于这 4 个软件都是免费或开放源码软件（FLOSS），因此使用这种方式不用花钱（除了人工成本之外）就可以建立起一个稳定、免费的网站系统。这 4 个软件被业界称为“LAMP”组合。它具有以下特性。

（1）使用 C 和 C++编写，并使用了多种编译器进行测试，保证源代码的可移植性。

（2）支持 AIX、FreeBSD、HP-UX、Linux、Mac OS、Novell Netware、OpenBSD、OS/2 Wrap、Solaris、Windows 等多种操作系统。

（3）为多种编程语言提供了 API。这些编程语言包括 C、C++、Python、Java、Perl、PHP、Eiffel、Ruby 和 Tcl 等。

（4）支持多线程，充分利用 CPU 资源。

（5）优化的 SQL 查询算法，有效地提高查询速度。

（6）既能够作为一个单独的应用程序应用在客户端/服务器网络环境中，也能够作为一个库嵌入到其他软件中。

（7）提供多语言支持，常见的编码（如中文的 GB 2312、BIG5，日文的 Shift_JIS 等）都可以用作数据表名和数据列名。

（8）提供 TCP/IP、ODBC 和 JDBC 等多种数据库连接途径。

（9）提供用于管理、检查、优化数据库操作的管理工具。

（10）支持大型数据库，可以处理拥有上千万条记录的大型数据库。

（11）支持多种存储引擎。

新版本中加入表和索引的分区、行级复制、MySQL 集群基于磁盘的数据支持、MySQL 集群复制、增强的全文搜索函数、增强的信息模式（数据字典）、可插入的 API、服务器日志表、XML/XPath 支持、实例管理器、表空间备份、mysql_upgrade 升级程序、内部任务/事件调度器、新的性能工具和选项（如 mysqlslap）等内容。

1. 数据库引擎

作为开源的数据库管理系统，MySQL 拥有众多的存储引擎。根据不同的应用系统特点，运维人员要选择需要的存储引擎。这对运维人员的技术水平提出了很高的要求。常用的存储引擎为 MyISAM、InnoDB、BDB、Memory、Archive、Merge、Federated、Cluster/NDB、CSV、BlackHole、Example。其中 InnoDB、BDB 提供事务安全表，其他存储引擎都提供非事务安全表。

- MyISAM 是 MySQL 5.5 之前的默认数据库引擎，最常用，拥有较高的插入、查询速度，但不支持事务。

- InnoDB 是事务型数据库的首选引擎，支持 ACID 事务和行级锁定，从 MySQL 5.5 起成为默认数据库引擎。

- BDB 源自 Berkeley DB，是事务型数据库的另一种选择，支持提交和回滚等其他事务特性。

- Memory 是所有数据置于内存的存储引擎，拥有极高的插入、更新和查询效率，但是会占用和数据量成正比的内存空间，并且其内容会在 MySQL 重新启动时丢失。

- Merge 将一定数量的 MyISAM 表联合而成一个整体，在存储超大规模数据时很有用。

- Archive 非常适合存储大量独立的、作为历史记录的数据，它们不经常被读取。Archive 拥有高效的插入速度，但其对查询的支持相对较差。

- Federated 将不同的 MySQL 服务器联合起来，逻辑上组成一个完整的数据库，非常适合分布式应用。

- Cluster/NDB 是高冗余的存储引擎，用多台数据机器联合提供服务以提高整体性能和安全性，适合数据量大并且安全和性能要求高的应用。

- CSV 是逻辑上由逗号分隔数据的存储引擎，它会在数据库子目录里为每个数据表创建一个.CSV 文件。这是一种普通文本文件，每个数据行占用一个文本行。CSV 存储引擎不支持索引。

- BlackHole 是黑洞引擎，写入的任何数据都会消失，一般用于记录 binlog，用作复制的中继。

- Example 存储引擎是一个不做任何事情的存根引擎。它可以作为 MySQL 源代码中的一个例子，演示如何开始编写一个新存储引擎。Example 存储引擎不支持编索引。

另外，MySQL 存储引擎的接口定义良好，有兴趣的开发者可以通过阅读文档编写自己的存储引擎。

2. 索引功能

索引是一种特殊的文件（InnoDB 及其他关联型数据表上的索引是表空间的一个组成部分），它包含了数据表里所有记录的引用指针。索引不是万能的，索引可以加快数据检索操作，但会使数据修改操作变慢。每次修改数据记录，索引就必须刷新一次。为了在某种程度上弥补这一缺陷，许多 SQL 命令都有一个 DELAY_KEY_WRITE 选项。这个选项的作用是暂时使用 MySQL 在相关命令每次插入一条新记录和每次修改一条现有记录之后立刻对索引进行刷新。对索引的刷新将等到全部记录插入/修改完毕之后再进行。在需要把许多新记录插入某个数据表的场合时，DELAY_KEY_WRITE 选项的作用将非常明显。另外，索引还会在硬盘上占用相当大的空间。因此应该只为最经常查询和最经常排序的数据列建立索引。注意，如果某个数据列包含许多重复的内容，为它建立索引就没有太大的实际效果。

3. 数据库备份

MySQL 主要利用 mysqldump 来备份数据库。数据量小的数据库直接用 mysqldump 来处理，数据量稍微大些的数据库在从服务器端使用 mysqldump 进行备份，也在有些场合考虑使用 xtrabackup。对于数据库比较分散的系统，相对来说，备份校验的工作量有点大。对于小型数据库，还可以使用 mysqlhotcopy 进行备份。对于安全性较高的数据库，也可以使用主从复制机制实现数据库实时备份。

13.3.3　DB2 软件

DB2 是 IBM 出品的一系列关系型数据库管理系统，分别用在不同的操作系统平台上。DB2

主要应用于大型应用系统，具有较好的可伸缩性，可应用于 OS/2、Windows 等平台下。DB2 提供了高层次的数据利用性、完整性、安全性、可恢复性，以及小规模到大规模应用程序的执行能力，具有与平台无关的基本功能和 SQL 命令。DB2 采用数据分级技术，能够使大型机数据方便地下载到 LAN 数据库服务器中，使得客户机/服务器用户和基于 LAN 的应用程序可以访问大型机数据，并使数据库本地化及远程连接透明化。它以拥有一个非常完备的查询优化器而著称，其外部连接改善了查询性能，并支持多任务并行查询。DB2 具有很好的网络支持能力，每个子系统可以连接十几万个分布式用户，可同时激活上千个活动线程，对大型分布式应用系统尤为适用。

根据不同的生产环境，DB2 提供了不同的软件产品。

- DB2 Everyplace

DB2 Everyplace 主要用于移动计算。移动计算的真正力量并不在于移动设备本身，而在于它能够利用来自其他资源的数据。DB2 Everyplace 不仅是一种移动计算基础设施，它还是一个完整的环境，包含了构建、部署和支持强大的电子商务应用程序所需的工具。DB2 Everyplace 提供了一个“指纹”引擎（大约 200 KB），其中包含了所有的安全特性，比如表加密和提供高性能的高级索引技术。

它可以在当今各种常见的手持设备上顺利地运行（提供多线程支持）常见的手持操作系统包括如 Palm OS、Microsoft Windows Mobile Edition、任何基于 Windows 的 32 位操作系统、Symbian、QNX Neutrino、Java 2 Platform Micro Edition（J2ME）设备（如 RIM 的 Blackberry pager）、嵌入式 Linux 发布版（如 BlueCat Linux）等。

- DB2 Personal Edition

DB2 Personal Edition（DB2 Personal）是单用户 RDBMS，运行于低价的商用硬件桌面计算机上。DB2 Personal Edition 包含 DB2 Express 的所有特性，但是有一个例外：远程客户机无法连接运行这个 DB2 版本的数据库。

- DB2 Express-C

DB2 Express-C 其实不算是 DB2 系列的一个版本，但是它提供了 DB2 Express 的大多数功能。2006 年 1 月，IBM 发布了这个特殊的 DB2 免费版本，它可以用于基于 Linux 和 Windows 的操作系统。它是 IBM 专门针对开发者社区提供的完全免费的 DB2 版本，可以在此版本的 DB2 上不受限制地开发、部署以及分发自己的数据库应用程序。

- DB2 Express Edition

DB2 Express Edition（DB2 Express）是一种支持 Web 的客户机/服务器 RDBMS。DB2 Express 可以用于基于 Windows 和 Linux 的工作站。DB2 Express 提供一个低价的入门级服务器，主要用于完成小型企业和部门的计算任务。

- DB2 Workgroup Edition

DB2 Workgroup Edition（DB2 Workgroup）和 DB2 Express Edition 功能相同，只是在服务器上可以安装的内存和价值单元（相当于一个服务器处理器内核的功能）数量方面有区别。

- DB2 Enterprise Edition

DB2 Enterprise Edition（DB2 Enterprise）是一种支持 Web 的客户机/服务器 RDBMS。它可以用于所有支持的 UNIX、Linux 和 Windows 版本。DB2 Enterprise 适合作为大型和中型的部门服务器。DB2 Enterprise 包含 DB2 Express 和 DB2 Workgroup 的所有功能，还添加了其他功能。

- Data Enterprise Developer Edition

Data Enterprise Developer Edition（DEDE）是为应用程序开发人员提供的特殊版本。这个版本提供了几个信息管理产品，使应用程序开发人员可以对应用程序设计、构建和建立原型，产生的应用程序可以部署在任何 IBM 信息管理软件客户机或服务器平台上。在 DB2 9 中，这个软件包已经取消了，由 DB2 Express-C 取代。

DB2 相较于其他几个数据库系统（SQL Server 除外）是比较封闭的，但是也是最易于维护的。虽然环境变量、全局变量、实例参数、数据库参数加起来有上百个，运维人员根据实际环境设置它们，但是 IBM 丰富的说明文档可以简明扼要地让所有初学者知道其各自的作用。正是拥有这些自由的选择，才使得 DB2 具有强大的伸缩性和扩展性。

IBM DB2 在以下几方面有自己的特点，运维人员应重点关注和学习，并掌握其使用和维护方法。

1）高可用 HADR

DB2 发行版中，一个 HADR 环境需要两台数据库服务器：主（primary）数据库服务器和备用（standby）数据库服务器。当主数据库中发生事务操作时，会同时将日志文件通过 TCP/IP 传送到备用数据库服务器。然后，备用数据库对接收到的日志文件进行重放（Replay），从而保持与主数据库的一致性。当主数据库发生故障时，备用数据库服务器可以接管主数据库服务器的事务处理。此时，备用数据库服务器作为新的主数据库服务器进行数据库的读写操作，而客户端应用程序的数据库连接可以通过自动客户端重新路由（Automatic Client Reroute）机制转移到新的主服务器。当原来的主数据库服务器被修复后，又可以作为新的备用数据库服务器加入 HADR 中。

2）数据库分区

DB2 的企业版提供数据库分区功能，即 DPF。这一功能主要用来为大规模数据处理提供支持。DB2 分区采用 Share-nothing 体系结构，数据库在一个非共享的环境中被分解为独立的分区。每个分区都具有自己的资源，例如内存、CPU 和磁盘以及自己的数据、索引、配置文件和事务日志。通过它可以在物理或逻辑上将数据库负载分流，处理海量数据。

3）DB2 pureScale

DB2 pureScale 是 DB2 的一个新特性，它允许你通过“双机”（active-active）配置将数据库扩展到一组服务器上，以便交付高水平的可用性和可伸缩性。在这种配置中，运行于各主机（或服务器）上的 DB2 副本可以同时读取和写入相同的数据。共享 DB2 的一台或多台 DB2 服务器被称作数据共享组。数据共享组中的 DB2 服务器是该组的成员。目前，数据共享组支持的最大成员数量是 128。

4）数据库并发

DB2 在做数据修改时，在日志中既记录了修改前的数据（也就是 UNDO 日志），也记录了修改后的数据（即 REDO 日志）。对于 DB2 V9.7 之前的版本，在读取数据的应用程序遇到正在被其他应用程序修改的数据时，将会进行锁等待（除非使用 UR 隔离级别）。对于 DB2 V9.7 及以后版本，由于引入了“当前已落实”的功能，读取数据的应用程序将不需要等待锁释放，而是会从日志中读取数据修改前的版本。当请求加锁时，DB2 会检查锁列表，看数据对象上是否已加锁，以及请求的锁与已加的锁是否兼容。DB2 强调“读一致性”，在读数据行时，会根据隔离级别的不同而加 S 或 IS 锁。只有在使用 UR 隔离级别时，才不加 S 或 IS 锁。这保证了不同应用程序和用户读取的数据是一致的。DB2 默认的隔离级是 CS。对于大多数应用来说，默认的 CS 级别可以满足需要。在 UR 隔离级别下，如果 DB2 遇到正在被更改的数据，它就会读最新的且没有提交的脏数据。

5）SQL 优化器

DB2 通过优化器来分析 SQL，生成它认为最优的执行计划。DB2 的优化器实际上是一个标准规则集合。DB2 的优化器是基于成本的优化器，也就是 CBO（Cost Base Optmizer）。DB2 优化器会应用查询成本公式，该公式对每一条可能的存取路径的 4 个因素（CPU 成本、I/O 成本、DB2 系统目录中的统计信息和实际的 SQL 语句）进行评估和权衡。DB2 系统目录中的统计信息是让 DB2 优化器正确工作的一个重要依据。这些统计信息向优化器提供了与正在优化的 SQL 语句将要访问的表状态相关的信息，因此应该保证数据库的统计信息是准确的。

6）备份恢复

DB2 的备份和恢复是比较简单的，只需要一条明确的关键指令，备份工作就可以顺利进行。当然，不同的生产环境可能要做一些前期工作。根据应用系统的需要，从数据块到数据库级，从 delta 到增量备份再到全备份，从联机备份到脱机备份，甚至实时备份，DB2 提供了各种完备的备份方案供运维人员选择。当然，要很好地运用这些不同的备份方案，还需要深入地学习。在高可用方面，数据库分区以及数据库复制，也应该是运维人员应该关注的地方。

7）故障诊断

DB2 软件提供了管理通知日志、诊断日志、事件日志、转储文件、陷阱文件等日志信息，这些信息有助于你监控和记录数据库中的问题。这些文件所处的位置及作用如下。

• 管理通知日志（“instance_name.nfy”）：该日志适用于所有的操作系统，只是根据操作系统的不同展现方式有所区别。

对于 Linux 和 UNIX 操作系统，该日志位于 diagpath 数据库管理器配置参数所指定的目录中。

对于 Windows 操作系统，使用事件查看器工具（在控制面板中依次选择“管理工具”→“事件查看器”）。

该日志在创建实例时自动创建。当发生重大事件时，DB2 将信息写入管理通知日志，供数据库和系统管理员使用。记录在此文件中的消息类型由 notifylevel 配置参数确定。

• DB2 诊断日志（“db2diag.log”）：该日志位于 diagpath 数据库管理器配置参数所标识的目录中。

此文本文件包含关于实例遇到的错误和警告的诊断信息。此信息用于问题确定及 IBM 软件支持。记录在此文件中的消息类型由 diaglevel 数据库管理器配置参数确定。

• DB2 管理服务器（DAS）诊断日志（“db2dasdiag.log”）：该日志同样适用于所有的操作系统，根据操作系统的不同展现方式如下。

对于 Linux 和 UNIX 操作系统，该文件位于 DASHOME/das/dump 中，其中 DASHOME 是 DAS 所有者的主目录。

对于 Windows 操作系统，该文件位于 DAS 主目录的“dump”文件夹中。例如，C:\Program

Files\IBM\SQLLIB\ DB2DAS00\dump。

该日志在创建 DAS 时自动创建。其中包含关于 DAS 遇到的错误和警告的诊断信息。

- DB2 事件日志（“db2eventlog.×××”，其中×××是数据库分区号）：事件日志与诊断日志一样位于 diagpath 数据库管理器配置参数所指定的目录中，在创建实例时自动创建。

DB2 事件日志文件是数据库管理器中发生的基础结构级事件的循环日志。该文件大小固定，并且充当在实例运行时记录的特定事件的循环缓冲区。每次停止实例时，就会替换先前的事件日志，而不是追加。如果实例捕获，则还会生成 db2eventlog.×××.crash 文件。这些文件供 IBM 软件支持使用。

- DB2 调出脚本（db2cos）输出文件：该文件位于 diagpath 数据库管理器配置参数所指定的目录中。当出现应急启动、陷阱或分段违例时自动创建 db2cos。还可以在使用 db2pdcfg 命令所指定的特定问题情况期间创建 db2cos。默认情况下，db2cos 脚本将调用 db2pd 命令以打开方式收集信息。根据 db2cos 脚本中包含的命令，db2cos 输出文件的内容会有所不同。

- 转储文件：该文件位于 diagpath 数据库管理器配置参数所指定的目录中，当出现特定问题时自动创建。对于某些错误，会将附加信息记录在以失败进程标识命名的二进制文件中。这些文件可供 IBM 软件使用，对其分析和定位问题有帮助。

- 陷阱文件：该文件位于 diagpath 数据库管理器配置参数所指定的目录中。当实例异常结束时自动创建。它还可以使用 db2pd 命令创建。如果数据库管理器由于陷阱、分段违例或异常而不能继续处理，则会生成陷阱文件。

- 核心文件：该文件是一个二进制文件，它包含类似于 DB2 产品生成的陷阱文件的信息。核心文件还可能包含已终止进程的完整内存映像。它位于 diagpath 数据库管理器配置参数所指定的目录中，当 DB2 实例异常终止时，由操作系统创建。

13.3.4 Oracle 数据库软件

Oracle 数据库系统是美国 Oracle 公司提供的以分布式数据库为核心的一组软件产品，是目前最流行的客户端/服务器（Client/Server）或 B/S 体系结构的数据库之一。比如，SilverStream 就是基于数据库的一种中间件。Oracle 数据库是目前世界上使用非常广泛的数据库管理系统。作为一个通用的数据库系统，它具有完整的数据管理功能；作为一个关系数据库，它是一个具有完备关系的产品；作为一个分布式数据库，它实现了分布式处理功能。只要在一种机型上学习了 Oracle 数据库的知识，就能在各种类型的机器上使用它。

Oracle Database 最新版本为 Oracle Database 12c。Oracle Database 12c 引入了一个新的多承租方架构，使用该架构可轻松部署和管理数据库云。此外，一些创新特性可最大限度地提高资源的使用率和灵活性。如 Oracle Multitenant 可快速整合多个数据库，而 Automatic Data Optimization 和 Heat Map 能以更高的密度压缩数据和对数据分层。这些独一无二的技术进步再加上在可用性、安全性和大数据支持方面的增强，使得 Oracle Database 12c 成为私有云和公有云部署的理想平台。

目前 Oracle 数据库仍然是市场份额最大的数据库系统。因为 Oracle 数据库安装介质完全免费，所以其同代产品中没有过多的版本。作为市场占有量最大、从业人员最多的数据库管理系统之一，Oracle 数据库创新和升级也走在了其他数据库管理系统的前面。业内使用的版本从 8i、9i 到 10g、11g、12g 版本的升级都引入了大量的新功能，并对各项功能进行了增强。

Oracle 数据库在以下几方面有自己的特点和特性，运维人员应重点关注和学习，并掌握其使用和维护方法。

1）高性能

Oracle 数据库的群集软件 RAC 的特点包括如下几点。

- 双机并行。RAC 是一种并行模式，并不是传统的主备模式。也就是说，RAC 集群的所有成员都可以同时接收客户端的请求。

- 高可用性。RAC 是 Oracle Database 产品高可用性的解决方案，只要保证在集群中只有一个节点存活，就能正常对外提供服务。

- 易伸缩性。RAC 可以非常容易地添加、删除节点，以满足系统自身的调整。

- 低成本。能使用较低廉的服务器来实现高可用性、高吞吐量的集群环境，这要比通过对某台高端服务器增加硬件实现高可用性、高吞吐量花费的成本低很多。

- 高吞吐量。随着节点数的增加，整个 RAC 的吞吐量也在不断增长。

2）高可用性——容灾

Oracle Dataguard 是一种数据库级别的 HA 方案，最主要功能是冗灾、数据保护、故障恢复等。根据配置，Dataguard 还可以具备性能提升、数据保护以及故障恢复等特点。

Dataguard 可以分为物理 STANDBY 和逻辑 STANDBY 两种。两者最大的差别在于，物理 STANDBY 应用的是主库的归档日志，而逻辑 STANDBY 应用的是主库的归档日志中提取的 SQL 语句。由于两者这方面的区别，决定了物理 STANDBY 无论从逻辑结构和物理结构上都和主库保持一致，而逻辑 STANDBY 则只须保证逻辑结构一致，且逻辑 STANDBY 在应用 SQL 语句的时候，数据库可以处于打开的状态。

Dataguard 的保护模式可以分为 3 种不同类型：保护最大化、可用最大化、性能最大化。

3）灵活性

Oracle 数据库提供网格计算的功能，可以利用它来提高用户服务水平、缩短停机时间以及更加有效地利用 IT 资源，同时还可以增强全天候业务应用程序的性能、可伸缩性和安全性。网格计算是一种新的 IT 体系结构，它能够适应不断变化的业务需求。网格计算还为 IT 经济带来了革命性的变化。通过企业网格计算，可以使用随需应变的灵活成本结构构建一个功能强大的数据中心。

简单来讲，网格计算就是将所有 IT 资源集中到一组共享服务中，用于满足所有的企业计算需求。网格计算基础架构将不断分析资源需求，并对资源供应做出相应调整。

Oracle Database 还具有带 Oracle 闪回数据归档的 Total Recall，使你可以在选定的表中查询以前的数据，从而提供了一种向数据中添加时间维度的方法，以便于更改跟踪、ILM、审计和合规。

4）管理自动化

利用管理自动化可在以下方面提高 DBA 效率。

- 自动存储管理（ASM），增删硬盘不再需要操作系统管理员设置的镜像、负载均衡、物理卷、逻辑卷、分区、文件系统，只要输入一条 Oracle 命令，ASM 就会自动管理增加或删除的硬盘。它支持滚动升级，自动坏块检测和修复，快速镜像重新同步。自动存储管理功能的增强使得大型数据库可以更快地打开并减少 SGA 内存消耗。这些增强还允许 DBA 增加存储分配单元的大小，以加快大型序列的输入/输出（I/O）。
- 内存自动化，根据需要自动分配和释放系统内存。在该特性之下 SGA 与 PGA 将会根据需要自动地扩展与收缩。

5）数据库并发

Oracle 数据库在日志中记录修改后的数据，而将修改前的数据记录到"回滚段"（rollback segment）中。UNDO 信息也会记录在 REDO 日志中，也就是说，Oracle 会把修改前的数据及其修改后的数据都记录在 REDO 日志中，以便实例失效的时候进行恢复。

当一个应用程序通过 Insert、Update 和 Delete 操作修改表时，另外一个应用程序在读取该表时，会从回滚段中读取该表修改前的数据。Oracle 数据库利用数据行上的标志位来实现锁机制。同一时刻不同的应用程序有读不一致的现象，这是因为 Oracle 数据库认为一致性指的是在开始读的时候的断片应该保持一致。也就是说，在事务的生命周期里，总是能读到一致的内容。Oracle 数据库默认的隔离级别类似 DB2 的 UR，读取数据和更新不会互锁（如果提高 Oracle 数据库的隔离级别，也会产生互锁问题），但只能读到已提交的数据，无法得到最近修改（但暂时未提交）的版本。Oracle 数据库在其所有的隔离级别（即 read committed、serializable 以及 read-only 隔离级别）下都不会读取脏数据（在 read committed 级别下，会从回滚段中直接读取修改前曾经提交过的数据）。在一些应用里，需要读到最新的数据，也就是脏数据。

在旧的 DB2 里（DB2 9.7 以前）是靠锁来解决并发问题的，这是一个阵营。而 Oracle 数据库在另一个阵营，使用 MVCC。实践检验，MVCC 胜出。读脏数据没有太大用处。对于并发控制，无论是 DB2 还是 Oracle 数据库，都有自己的特色，只要合理地设计应用并配置好数据库参数，就能够满足绝大多数的需求。

6）数据库备份和恢复

当使用一个 Oracle 数据库时，总希望数据库系统的数据是可靠的、正确的。然而，由于计算机系统的故障（硬件故障、网络故障、进程故障和系统故障）影响数据库系统的操作、数据库中数据的正确性，甚至破坏数据库，使数据库中全部或部分数据丢失。因此，当发生上述故障后，希望重新建立一个完整的数据库，该处理过程称为数据库恢复。恢复子系统是数据库管理系统的一个重要组成部分。恢复处理依据所发生的故障类型和所影响的结构而变化。Oracle 数据库除了可以进行物理备份之外还可以进行逻辑备份。相对于 DB2 的备份来说，Oracle 数据库的备份有点麻烦，但得益于 rman 的应用，Oracle 数据库的备份变得越来越人性化。

7）故障诊断

Oracle 数据库中内置了大量的视图，为性能及故障诊断提供了丰富的数据。在此基础上，根据数据库诊断日志中的警告信息，参照 Oracle 文档，可以解决 Oracle 数据库运行过程中的大部分故障。Oracle 数据库的高开放性使得 Oracle 数据库的每一个运作机制都展现在我们面前，当由于参数设置不合理而造成四大主要文件（控制文件、日志文件、数据文件、参数文件）损坏时，都可以通过技术手段恢复 Oracle 数据库。

13.3.5　Informix 软件

Informix 是 IBM 公司出品的关系数据库管理系统（RDBMS）家族。作为一个集成解决方案，它可作为 IBM 在线事务处理（OLTP）旗舰级数据服务系统。IBM 对 Informix 和 DB2 都有长远的规划，两个数据库产品互相吸取对方的技术优势。

Informix 动态服务器采用的是一种多线索体系结构（Oracle、Sybase 也属于多线索数据库，DB2 的情况较为复杂）。这就意味着一个进程利用自己的多个线索可以同时完成多个任务，因而整个系统只需要较少的进程就足以完成 DBMS 的任务。

Informix 动态服务器系统由 3 个主要组件构成：共享内存、进程和磁盘。

- 共享内存：包括 3 个段，即驻留段、虚拟段和消息段。驻留段主要用作磁盘数据的缓存。虚拟段主要用作内存池以支持进程及相关的会话（session）和线索。当客户端与服务器利用共享内存进行通信时，消息段将用作两者之间的消息缓冲区。系统中还包括若干构成数据库服务器的 UNIX 进程，称为 oninit。这些进程称为虚拟处理器（Virtual Processor，VP），每一个 VP 隶属于某一虚拟处理类，而每一个虚拟处理器类都负责完成一类特定的任务。

- 进程：在动态服务器中，线索是在进程 oninit 的一段中执行的指令流。通过多线索机制，可以让一个进程同时为多个任务服务，而不必生成多个 OS 级进程。进程 oninit 可以启动多个线索，各线索顺序执行，并在适当的时候把控制权转移给其他线索。在多线索进程中，每一个线索都有自己的执行环境，包括自己的代码空间和自己的局部变量。一个多线索进程负责多个线索间的正文切换。

- 磁盘：系统的磁盘由多个原始磁盘空间组成，称为块（chunk）。块以页（page）为基本单位，多个块集合逻辑上构成了数据空间（dbspace）。数据空间用于存储数据库、表、系统信息以及物理日志和逻辑日志，一个数据空间至少包括一个块。

运维人员需要清楚共享内存中各段的工作内容，以及对数据库可能产生的影响。他们还要清楚操作系统对维护进程、线索的原理，进程和线索的关系以及优缺点。磁盘组件的工作直接影响了数据库 I/O 的效率。

13.3.6 Sybase 软件

Sybase 是美国 Sybase 公司研制的一种关系型数据库系统，是 UNIX 或 Windows NT 平台上客户机/服务器环境下一种典型的大型数据库系统。Sybase 提供了一套应用程序编程接口和库，可以与非 Sybase 数据源及服务器集成，允许在多个数据库之间复制数据，适用于创建多层应用。Sybase 具有完备的触发器、存储过程、规则以及完整性定义，支持优化查询，具有较好的数据安全性。Sybase 通常与 Sybase SQL Anywhere 一起用端客户机/服务器环境。前者作为服务器数据库，后者作为客户端数据库。

1. Sybase 数据库的特点

Sybase 数据库的特点如下。

1）基于客户端/服务器体系结构

一般的关系数据库都是基于主/从式模型的。在主/从式结构中，所有的应用都运行在一台机器上。用户只是通过终端发命令或简单地查看应用运行的结果。而在客户端/服务器结构中，应用在多台机器上运行。一台机器是另一个系统的客户，或者另外一些机器的服务器。这些机器通过局域网或广域网连接起来。客户端/服务器模型的好处是它支持共享资源且在多台设备间平衡负载，允许容纳多个主机的环境，充分利用了企业已有的各种系统。

2）真正开放

由于采用了客户端/服务器结构，应用在多台机器上运行，因此运行在客户端的应用不必是 Sybase 公司的产品。为了让通过其他语言编写的应用能够访问数据库，一般的关系数据库提供了预编译。Sybase 数据库不只是简单地提供预编译，而且公开了应用程序接口 DB-LIB，鼓励第三方编写 DB-LIB 接口。由于开放的客户 DB-LIB 允许在不同的平台上使用完全相同的调用，因此访问 DB-LIB 接口的应用程序很容易从一个平台向另一个平台移植。

3）高性能

Sybase 真正吸引人的地方还是它的高性能，这体现在以下几方面。

- 可编程数据库：通过提供存储过程，创建了一个可编程数据库。存储过程允许用户编写自己的数据库子例程。这些子例程是经过预编译的，因此不必对于每次调用都编译、优化、生成查询规划，并且查询速度要快得多。

- 事件驱动的触发器：触发器是一种特殊的存储过程。通过触发器可以启动另一个存储过程，从而确保数据库的完整性。

- 多线索化：Sybase 数据库结构的另一个创新之处就是多线索化。一般的数据库都依靠操作系统来管理与数据库的连接。当有多个用户连接时，系统的性能会大幅度下降。Sybase 数据库不让操作系统来管理进程，它把与数据库的连接当作自己的一部分来管理。此外，Sybase 数据库的引擎还代替操作系统来管理一部分硬件资源，如端口、内存、硬盘，绕过了操作系统这一环节，提高了性能。

2. Sybase 数据库的主要组成

Sybase 数据库主要由 3 部分组成。

1）Sybase SQL Server

它是整个 Sybase 产品的核心软件，起着数据管理、缓存管理、事务管理的作用。

2）Sybase SQL Toolset

它是支持数据库应用系统的建立与开发的一组前端工具，主要包括以下 3 个工具。

- ISQL 是与 SQL Server 进行交互的一种 SQL 句法分析器。ISQL 接收用户发出的 SQL 语言，将其发送给 SQL Server，并将结果以形式化的方式显示在用户的标准输出上。

- DWB 是数据工作台，是 Sybase SQL Toolset 的一个主要组成部分，作用于使用户能够设置和管理 SQL Server 上的数据库，并且为用户提供一种添加、更新和检索记录的简便方法。在 DWB 中能完成 ISQL 的所有功能，且由于 DWB 是基于窗口和菜单的，因此操作比 ISQL 简单，是一种方便实用的数据库管理工具。

- APT 是 Sybase 客户软件部分的主要产品之一，也是从事实际应用开发的主要环境。APT 工作台是用于建立应用程序的工具集，可以创建从非常简单到非常复杂的应用程序，它主要用于开发基于表单（Form）的应用。其用户界面采用窗口和菜单驱动方式，通过一系列的选择完成表单、菜单的开发。

3）Sybase Open Client/Open Server

它是把异构环境下其他厂商的应用软件和任何类型的数据连接在一起的接口，通过 Open Client 的 DB-LIB 库，应用程序可以访问 SQL Server。而通过 Open Server 的 SERVER-LIB，应用程序可以访问其他的数据库管理系统。

13.3.7 数据库软件维护技能

数据库运维服务是指针对用户数据库开展的软件安装、配置优化、备份策略选择与实施、数据备份与恢复、数据迁移、故障排除、预防性巡检等服务。要做好数据库运维服务，需要具备以下技能。

（1）数据库安装与配置。主要指定制数据库安装配置方案，检查软件安装环境，安装数据库软件，完成数据库配置，并测试。

（2）权限管理和配置。确保数据库管理的安全和数据的安全，数据库软件都设置了不同的用户、不同的角色和不同的权限，需要确定建立哪些用户，这些用户充当什么角色，这些角色都有什么权限。与权限相关的总原则是以最低粒度控制权限。

（3）数据库日常监控。数据库监控主要包括数据库系统的性能、事务、连接等方面的数据，如数据库工作状态、数据库表空间的利用情况、数据文件和数据设备的读写命中率、数据碎片情况、数据库的进程状态、数据库内存利用率等。

（4）数据库备份与恢复。主要是指本地、异地、同步、实时的分级备份与恢复方案及实施。

（5）数据库性能优化。主要是指核心参数调优，SQL 语句调优，性能评估方案的提供。

（6）故障排除。通过远程、上门等方式按服务级别进行故障排除。

（7）数据迁移。不同版本、不同厂商、不同结构数据库间的数据迁移。

（8）预防性巡检。定期提供预防性巡检，并完成系统参数、配置调优，及补丁分发、安装服务。

13.4 数据备份软件

随着企业的扩大、应用的增多以及服务器中数据的不断增长，数据占用的空间越来越庞大。同时，数据的安全性也越来越重要。在运行过程中大到自然灾害，小到病毒、磁盘故障乃至操作员意外操作，都会影响系统的正常运行，甚至造成这个系统完全瘫痪。数据备份的意义就在于，当灾难或系统故障发生后，通过备份的数据完整、快速、简捷、可靠地恢复原有系统。

随着存储技术的发展，从 DAS 到 SAN、NAS 存储架构，备份技术由传统的网络架构备份模式发展到 LAN Free 备份、Serverless 备份等全新备份架构技术。

顾名思义，LAN Free Backup 就是指释放网络资源的数据备份方式。在 SAN 架构中，LAN Free 备份的实现机制一般如图 13.1 所示。备份服务器向应用服务器发送指令和信息，指挥应

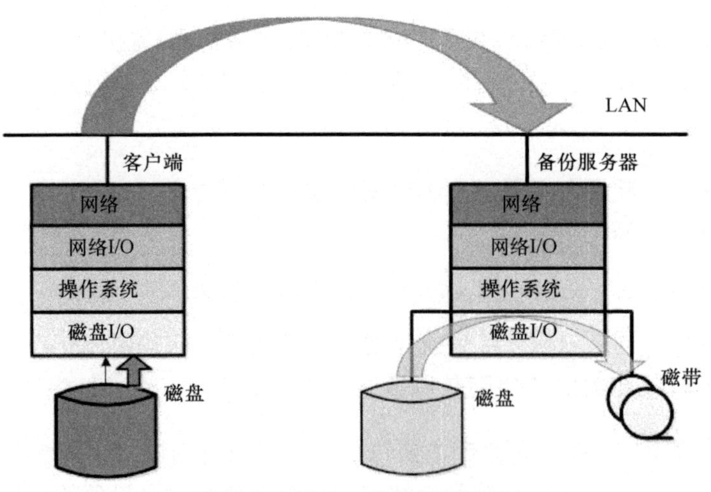

▲图 13.1　LAN Free 备份的实现机制

用服务器将数据直接从磁盘阵列中备份到磁带库中。在这个过程中，庞大的备份数据流没有流经网络，为网络节约了宝贵的带宽资源。在 NAS 架构中，情形十分类似，磁带库直接连接在 NAS 文件服务器上，备份服务器通过一种称为 NDMP 的协议，指挥 NAS 文件服务器将数据备份到磁带库中。细心观察会发现，这两种方式虽然都节约了网络资源，但增加了服务器的工作负荷。LAN Free 备份的实现方式如图 13.2 所示。

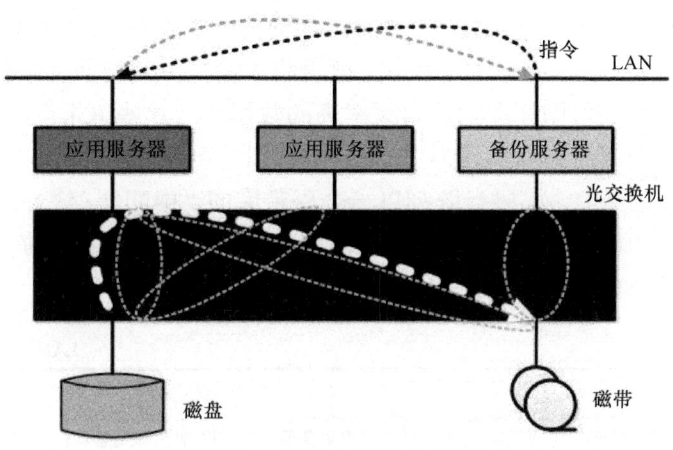

▲图 13.2 LAN Free 备份的实现方式

Serverless 备份技术的核心就是在 SAN 的交换层实现数据的复制工作。这样备份数据不但无须经过网络，而且也不必经过应用服务器的总线，完全保证了网络和应用服务器的高效运行。目前一些厂商在这方面推出了自己的相关产品和解决方案，但是比较成熟且开放性好的产品还在进一步发展中。到目前为止，Serverless 备份技术已经成为所有相关厂商争相追逐的目标，无疑它是备份技术领域内的热点。相信在不久之后，用户就可以真正享受到这一新技术带来的成果。除了备份架构的新进展外，在备份介质的选择上，也出现了一些新的趋势。传统上，备份介质主要是磁带设备，这主要是因为在单位容量的成本上，磁带较之其他介质具有非常大的优势。但是随着技术的发展，尤其是 ATA 技术的发展，硬盘的成本在迅速下降。现在，在一些场合下，作为备份介质，磁盘的优势已经越来越明显。一些厂商正在着力劝说用户采用更加方便高效的磁盘代替磁带作为备份介质，更有一些厂商甚至推出了包含磁盘和备份软件的整体设备——备份一体机。

事实上，作为备份介质，磁盘最大的好处就是其介质管理工作的简化和性能的提升。前面提到过，一个磁带库的管理工作非常复杂，如果要对不同厂家的不同型号的磁带库产品提供良好的支持，工作无疑是极其艰巨的。而磁盘介质几乎不存在这样的问题，这也是备份软件厂商看好磁盘备份的理由之一。

然而，磁带介质本身的技术发展并没有受到这一理念的冲击。相反，就在磁盘介质向离线存储领域进军的同时，随着数据迁移技术的发展，磁带介质大踏步地向在线存储领域发展。

数据迁移技术也称为分层存储管理，是一种将离线存储与在线存储整合的技术。传统上，离线数据是静态的，无法实时访问。而数据迁移技术正在冲破这一限制，将离线的数据与在线的数据统一调度，从而实现所有数据的实时访问。与磁盘备份技术相反，这一技术的主要目的就是以牺牲一定的存储系统性能为代价，降低大型海量存储系统的总体拥有成本。数据迁移的工作原理比磁盘备份技术略复杂。简单地说，就是将大量不经常访问的数据存放在磁带库等离线介质上，在磁盘阵列上只保存少量访问频率高的数据。当那些磁带介质上的数据被访问时，系统自动地把这些数据回迁到磁盘阵列中。同样，磁盘阵列中很久未访问的数据被自动迁移到磁带介质上。从某种意义上讲，磁盘阵列以一个磁带库的“中间缓存”的方式被使用，既保证了大多数情况下数据访问的响应性能，又避免了大量利用率低的数据长期占用成本较高的磁盘空间。Serverless 备份的实现方式如图 13.3 所示。

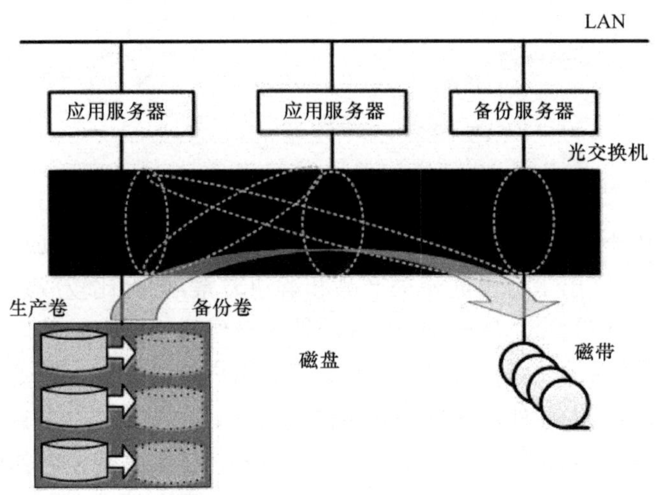

▲图 13.3　Serverless 备份的实现方式

不管采用何种架构，备份系统都由备份硬件设备（如硬盘存储、光存储、磁带存储等）和自动化备份软件组成。本章不再介绍相关硬件知识，重点介绍自动化备份软件的相关知识和运维人员应该掌握的备份技术。

在任何系统中，软件的功能和作用都是核心，备份系统也不例外。磁带设备等硬件是备份系统的基础。而具体的备份策略的制订、备份介质的管理以及一些扩展功能的实现，则都是由备份软件最终完成的。下面讨论备份系统中软件的作用。

13.4.1 NetBackup 软件

NetBackup 软件是 Symantec（赛门铁克）公司提供的企业级备份管理软件，它支持多种操作系统，包括 UNIX、Microsoft Windows、OS/2 以及 Macintosh 等。目前，NetBackup 是国际上使用最广的备份管理软件之一，最新版本已到 7.5。NetBackup 软件可以为企业的应用系统实现全面保护、有效存储、随处恢复和集中管理，使企业的应用系统和数据得到有效保护。Netbackup 7.5 版本具有以下特点。

- 异构环境的数据保护：可以在异构操作系统、应用程序、管理程序以及磁盘和磁带架构上实现数据保护功能。
- 集中式管理：可以从一个位置管理所有数据保护技术以及多个 NetBackup 服务器和域，提高工作效率。
- 源和目标位置的重复数据删除：可以在远程办公室或数据中心按需轻松部署和管理重复数据删除技术。
- 与存储硬件设备的深入集成：NetBackup OpenStorage API 可以集中管理重复数据删除和复制技术。
- 虚拟机保护既全面又简单：可以对 VMware 和 Microsoft Hyper-V 环境应用获奖的备份和恢复技术。
- 快速全面地恢复应用程序和管理程序的数据：可以快速全面恢复 Microsoft Exchange、SharePoint、ActiveDirectory 以及 VMware、Hyper-V 等管理程序的文件、电子邮件和其他项目。
- 可伸缩性高：提供了灵活的三层架构，可以满足当今数据中心不断增长的需求。
- 有效的灾难恢复：可以通过 NetBackup Bare MetalRestore、内置的复制功能和异地磁带管理功能实现全自动的集成式系统恢复。
- 全面的数据保护：提供了灵活的加密技术，可以最大限度保护传输中的或介质上的数据。

13.4.2 NetWorker 软件

NetWorker 是 Legato 公司为防止计算机网络数据丢失而开发的一整套跨平台网络数据备份与存储管理应用软件，它为企业级网络多平台数据存储管理提供了完整的解决方案。2003 年 Legato 公司被 EMC 公司并购并成为一个独立的软件部门。原来 EMC 公司主要提供存储硬件产品，并购后进一步扩充了 EMC 公司的产品线。

NetWorker 软件现已经融合了从备份到磁盘、再到复制到磁带的各种数据保护功能，统一了备份和恢复，所有功能可在一个通用管理界面下使用，从而降低了成本和复杂性。它将新一代备份功能与 Avamar（重复数据消除备份软件）和 Data Domain（是一个基于策略的网络高效型自动化复制软件解决方案，适用于灾难恢复、远程办公室数据保护和多站点磁带整合）无缝集成，全面提升了生产环境中重复数据消除的优势。

NetWorker 软件有以下主要特点。

- 集中化管理：通过 NetWorker 管理控制台管理整个基础架构，包括重复数据消除、备份到磁盘、快照、复制和磁带。
- 广泛的数据保护支持：保护从关键业务应用程序到虚拟拓扑结构（包括 VMware 和 Microsoft HyperV）的整个环境。
- 灵活性、可扩展性和高性能：满足从小型商业环境到大型数据中心的一系列数据保护要求。NetWorker Fast Start 是中型客户的理想选择，因为它们需要简化的部署和管理，但不希望影响企业的发展。
- 领先的重复数据消除支持：在一个框架下融合市场领先的重复数据消除解决方案。在 NetWorker 工作流程和策略范围内管理 Avamar 和 Data Domain，根据实际使用情形和业务需求获得最大收益。

13.4.3　TSM 软件

Tivoli Storage Manager（TSM）是 IBM Tivoli 软件家族中的旗舰产品之一，而 Tivoli 则是 IBM 五大软件家族中的一个，其他的四大软件为：Websphere、IM（DB2）、Lotus、Rational。Tivoli 软件主要为用户提供企业级管理软件，如系统管理、安全管理和存储管理。TSM 能够为用户提供企业级的存储数据管理解决方案，包括备份、归档、空间管理以及灾难恢复等功能。

TSM 的核心功能是提供集中的数据备份管理。它能够为大型的企事业单位提供可靠的集中数据备份管理，是业界最主要的备份软件之一。TSM 能够提供稳定先进的架构、强大的备份功能支持和更好的可扩展性。

TSM 作为 Tivoli 软件家族的核心产品之一，拥有悠久的历史，可以说是 IBM 长期以来在存储管理领域不断技术沉淀的结晶。TSM 存储管理技术最早可以追溯到 1980 年。其系统 TSM 原型是 IBM Workstation Data Save Facility（WDSF），由 IBM Almaden 研究中心研发，主要用于解决当时新出现的分布式系统所面临的数据保护问题。此后 IBM 基于 WDSF 在分布系统环境下研发基于备份策略的备份产品，并在 1993 年 7 月推出了第一个版本，命名为 ADSM

（ADSTAR Distributed Storage Manager），也就是 TSM 的前身。在 IBM 收购 Tivoli 软件之后，将 ADSM 软件划入 Tivoli 软件家族，并在 1999 年将新推出的 3.7 版本正式命名为 Tivoli Storage Manager 3.7。2009 年 4 月 10 日 IBM 发布 TSM6 数据管理产品最新版本。

TSM 存储管理软件采用了模块化的设计，可以针对不同用户的备份需求采用不同的 TSM 模块。根据所面向的目标用户规模，TSM 软件家族主要分为三个不同的版本：TSM Express Edition、TSM Basic Edition 和 TSM Extended Edition，分别面向低、中、高端用户。TSM Express Editon 主要支持 Windows 环境的数据备份，支持文件、SQL Server、Exchange 等数据备份。TSM Basic Edition 和 TSM Extended Edition 则面向中高端用户，能够支持几乎所有主流的操作系统和应用。TSM Extended Edition 相比较 TSM Basic Edition 提供了更多的高级功能和大容量磁带库的支持，所以更加适合企业级的应用。TSM Extended Edition 提供的增强功能包括支持 3 个驱动器以上的磁带库，支持灾难恢复功能（DRM 模块），支持 NDMP 备份方式等。

TSM 是一个功能非常全面的解决方案，能够提供企业级的存储数据管理功能。从信息生命周期的角度来看，TSM 能够提供数据保护、数据归档、分级存储以及数据的销毁等一系列功能。因此，TSM 不仅是一个数据备份软件，还能够提供以数据备份为主的更多的数据管理功能。从数据管理功能角度来看，TSM 主要有以下特点。

1）集中的数据备份与恢复管理功能

TSM 软件能够为用户提供专业的数据备份功能和多种级别的数据备份，如文件系统备份、应用系统备份、数据库备份、邮件系统备份、操作系统备份等备份类别。TSM 支持绝大多数主流操作系统平台、主流应用，根据用户需求为不同的用户定制合适的备份解决方案。因为目前用户绝大多数的存储数据管理需求主要集中在集中备份方面，所以更倾向于认为 TSM 是一个备份软件。本节也主要介绍 TSM 的备份功能。

2）专业的数据归档管理功能

TSM 软件提供专业的文件系统数据归档功能，TSM 的数据归档功能构建于 TSM 基础架构上，不需要额外安装其他软件模块，也不需要用户单独付费。TSM 提供独立的归档策略，能够为不同的数据对象指定不同的归档保存时间，并在归档时可以选择在本地保留文件或从本地删除文件。

3）高效的分级存储功能

TSM 软件能够提供专业的文件系统分级存储功能，将磁带等存储设备作为文件系统的二级存储，定制策略将访问较少的文件从服务器的文件系统迁移到 TSM 所管理的磁带库中，并在本地保留一个存根文件，整个过程可以自动完成，也可以手动迁移。当应用系统或者管理员访问该文件时，TSM 能够在后台自动将文件迁移回本地。TSM 提供的分级存储功能能够大大扩展硬盘的有效空间。

4）流程化的灾难恢复管理功能

TSM 软件提供流程化的灾难恢复管理功能。TSM 内置一个灾难恢复管理（DRM）模块，通过 DRM 对灾难恢复进行规范的流程管理。其中包括离线磁带的跟踪和回收，对磁带状态进行自动设置更新，并对整个恢复流程提供所需要的配置信息、恢复脚本，从而指导管理员顺利地完成整个恢复过程。TSM 还允许通过网络进行数据传输，能够将一套 TSM 系统的数据通过专业技术传输到另外一套 TSM 系统，从而完成基于网络的数据级容灾。

13.4.4 备份软件维护技能

1. 关于备份的基本概念

1）备份策略

备份策略（Policy）定义一台或几台服务器的备份方法。它包括哪些服务器需要备份、备份哪些目录或文件、在什么时间备份、采用什么方式进行备份等。

2）备份时间表

备份时间表（Schedule）用来指定在什么时间进行备份和归档的操作。它用来指定做全备份、增量备份还是用户自己备份，指定是否归档，设置备份的频度、备份磁带保留的时间、可以备份的时间段等。

3）存储单元

存储单元（Storage Unit）指将备份作业按备份设备类型分组。如 4mm 磁带机、DLT 磁带机、LTO 磁带机、本地磁盘等。在一种备份服务器上有可能存在多种类型的备份设备。

4）卷

在 Media Manager 中一盘磁带或一片光盘称为一卷（Volume）。

5）卷池

卷池（Volume Pool）是磁带或光盘的集合。通过指定卷池，可以将磁带按照组分配给用户，使不同类型的作业存放在不同的磁带组中。

6）全备份

全备份（Full Backup）是指将用户设定的整个目录或文件全部备份。

7）增量备份

增量备份（Differential Incremental Backup）是指从上一次备份以来，备份那些更新过的文件或数据（不管上一次备份是全备份、增量备份，还是累积备份）。

8）备份保留期限

系统管理员可以指定每次备份可以保留多长时间，即备份保留期限（Retention）。当达到该期限时，NBU 自动将该备份的相关信息从 NBU 数据库中删掉（并不从磁带中删掉）。这样用户就检索不到这次备份的信息。

2. 备份软件维护工作的内容

1）设备管理工作

一个单纯的备份设备无法完成备份工作，每种备份设备都有各自的特点和驱动程序，而一般备份设备厂商并不提供设备的驱动程序，对备份设备的管理和控制工作，完全是备份软件的任务。备份软件和备份设备之间存在一个兼容性问题，两者之间必须互相支持，备份系统才能得以正常工作。日常维护中要关注设备的可用性，确认备份驱动器是否有异常和介质是否有异常。如果发现异常，要及时与硬件维保商联系进行硬件配件的更换。

2）备份数据的管理工作

作为全自动的系统，备份软件必须对备份的数据进行统一管理和维护。在简单的情况下，备份软件只需要记住数据存放的位置就可以了，这一般是依靠建立一个索引来完成的。然而，随着技术的进步，备份系统的数据保存方式也越来越复杂多变。例如，一些备份软件允许多个文件同时写入一盘磁带。这时备份数据的管理就不再像传统方式下那么简单了，往往需要建立多重索引才能定位数据。

3）备份策略制订工作

我们知道需要备份的数据都存在一个“二/八”原则，即 20%的数据被更新的概率是 80%。这个原则告诉我们，每次备份都复制所有数据是一种非常不合理的做法。事实上，真实环境中的备份工作往往是基于一次完整备份之后的增量或差量备份。那么完整备份与增量备份和差量备份之间如何组合，才能最有效地实现备份保护？这正是备份策略所关心的问题。根据预前制订的规则和策略，备份工作何时启动，对哪些数据进行备份，以及工作过程中意外情况的处理，这些都是备份软件不可推卸的责任。这其中包括与数据库应用的配合接口，也包括一些备份软件自身的特殊功能。例如，很多情况下，要对打开的文件进行备份，就需要备份软件能够在保证数据完整性的情况下，对打开的文件进行操作。另外，由于备份工作一般都在无人看管的环境下进行，因此一旦出现意外，正常工作无法继续，备份软件就必须能够具有一定的意外处理能力。

4）数据备份检查工作

系统数据备份人员必须及时做好数据备份和记录。IT 部门定期对各业务部门的数据备份工作进行检查，主要检查数据备份是否按时完成、记录是否完好无误、备份介质是否按规定保存。重点是检查数据备份和文件备份是否正常备份，以防需要恢复时找不到备份文件和恢复时发现备份文件不可用。

5）数据恢复工作

数据备份的目的是恢复，所以这部分功能自然也是备份软件的重要部分。很多备份软件对数据恢复过程都提供了相当强大的技术支持。一些中低端备份软件支持智能灾难恢复，即用户几乎无须干预数据恢复过程，只要利用备份数据介质，就可以迅速、自动地恢复数据。而一些高端的备份软件在恢复时，支持多种恢复机制，用户可以灵活地选择恢复程度和恢复方式。

13.5 安全软件

继个人计算机、互联网变革之后，大数据、云计算、互联网金融作为第三次 IT 浪潮的代表正在向人们走来。它将为人类生活、生产方式和商业模式带来根本性的改变，成为当前全社会关注的热点。在大数据、云计算和互联网金融行业的发展中，企业和用户关注的核心是数据的安全及行业生态系统的打造。数据安全贯穿了整个信息系统的建设和运维过程中，如何保障这些数据的安全是 IT 人应深思的课题。当然，IT 人首先要保证自己不违反信息安全管理制度并确保数据安全。提到数据安全，有人会问：数据安全和信息安全有什么区别？理解其各自的含义后会对不同的工作方向有更深的理解，并有针对性地学习好相关知识，为做好 IT 服务打好基础。

信息安全可分为狭义的信息安全与广义的信息安全两个层次。狭义的信息安全建立在以密码论为基础的计算机安全领域，早期国内信息安全专业通常以此为基准，辅以计算机技术、通信网络技术与编程等方面的内容。广义的信息安全是一门综合性学科，从传统的计算机安全到信息安全，不仅是名称的变更，还是对安全发展的延伸，安全不再是单纯的技术问题，而是将管理、技术、法律等问题相结合的产物。信息安全是指信息系统（包括硬件、软件、数据、人、物理环境及其基础设施）受到保护，不出于偶然的或者恶意的原因而遭到破坏、更改、泄露，系统连续可靠正常地运行，信息服务不中断，最终实现业务连续性。信息安全主要包括五方面的内容，即保证信息的保密性、真实性、完整性、未授权复制和所寄生系统的安全性。其根本目的是使内部信息不受内部、外部、自然等因素的威胁。为保障信息安全，要求有信息源认证、访问控制，不能有非法软件驻留，不能有未授权的操作等行为。

数据安全包含数据本身的安全和数据防护的安全。数据本身的安全主要是指采用现代密码算法对数据进行主动保护，如数据保密、数据完整性、双向强身份认证等。数据防护的安全主要是指采用现代信息存储手段对数据进行主动防护，如通过磁盘阵列、数据备份、异地容灾等手段保证数据的安全。对于 IT 服务人，要知道可能导致数据不安全的因素，做好防护工作，发生安全事件后知道如何调查原因或查明系统的漏洞，为以后做好修补工作做准备。

13.5.1 信息安全软件

进入 21 世纪，随着信息技术的不断发展，信息安全问题也日显突出，如何确保信息系统的安全已成为全社会关注的问题。目前信息安全行业中的主流技术主要有病毒检测与清除技术、安全防护技术、安全审计技术、安全检测与监控技术、解密与加密技术和身份认证技术。下面这些技术可运用在网站安全管理、网络检测与保护和信息系统应用访问控制上。

1）病毒检测与清除技术

计算机病毒的检测通常从严密监控内存 RAM 区和严密监控磁盘引导扇区两个方面起作用。这可以有效检测带毒文件并清除。这类软件目前主要还是针对 Windows 系统。近年随着 Linux 系统的盛行，在此系统上也出现了一些病毒特征。目前主要的软件有 360 杀毒软件、金山毒霸、瑞星杀毒软件、卡巴斯基杀毒软件、诺顿防病毒软件等。

2）安全防护技术

做好一个企业的信息系统安全防护应从网络防护、系统防护和应用防护三个方面入手。利用网络架构设计、防火墙、路由器设置、入侵检测防御、网络安全审计等技术，防止外部网络用户以非法手段进入内部网络并访问内部资源，做好网络方面的防护。利用程序设计的规范防止不必要的接口、端口，确保应用程序的安全。利用防篡改、备份恢复等技术做好系统级的主机防护。

3）安全审计技术

安全审计技术包含日志审计和行为审计。通过日志审计，协助管理员在受到攻击后查看网络日志，从而评估网络配置的合理性、安全策略的有效性，追溯分析安全攻击轨迹，并能为实时防御提供手段。通过对员工或用户的网络行为进行审计，确认行为的合规性，确保信息及网络使用的合规性。

4）安全检测与监控技术

对信息系统中的流量以及应用内容进行二至七层的检测并适度监管和控制，避免网络流量的滥用、垃圾信息和有害信息的传播。

5）解密与加密技术

在信息系统的传输过程或存储过程中进行信息数据的加密和解密。

6）身份认证技术

用来确定访问或介入信息系统用户或者设备身份的合法性的技术，典型的手段有用户名口令、身份识别、PKI 证书和生物认证等。

了解这些信息安全技术后，要针对不同的信息系统特点制订安全策略。一个信息网络的总体安全策略可以概括为“实体可信，行为可控，资源可管，事件可查，运行可靠”5 个方面。总体安全策略为其他安全策略的制订提供总的依据。

1）实体可信

实体指构成信息网络的基本要素，主要有网络基础设备、软件系统、用户和数据。

- 软硬设备可信：没有预留后门或逻辑炸弹等。
- 用户可信：防止恶意用户对系统的攻击与破坏。
- 数据可信：数据在传输、处理、存储等过程中是可信的，要防止搭线窃听、非授权访问或恶意篡改。

2）行为可控

行为可控包括以下方面。

- 用户行为可控：保证本地计算机的各种软硬件资源（如内存、中断、I/O 端口、硬盘等硬件设备，文件、目录、进程、系统调用等软件资源）不在非授权的情况下使用，并且不用于危害本系统或其他系统的安全。
- 网络接入可控：保证用户接入的网络应严格受控，用户上网必须要申请、登记并获得许可。
- 网络行为可控：保证网络上的通信行为受到监视和控制，防止滥用资源、非法外联、网络攻击、非法访问和传播有害信息等恶意事件的发生。

3）资源可管

资源可管是指保证对软硬件及数据等网络资源进行统一管理。其主要资源有：路由器、交换机、服务器、邮件系统、目录系统、数据库、域名系统、安全设备、密码设备、密钥参数、交换机端口、IP 地址、用户账号、服务端口等。

4）事件可查

事件可查是指保证对网络上的各类违规事件进行监控与记录，确保日志记录的完整性，为安全事件稽查、取证提供依据。

5）运行可靠

运行可靠是指保证网络节点在发生自然灾难或被摧毁时仍能不间断运行，具有容灾抗毁和备份恢复能力。保证能够有效防范病毒和黑客的攻击所引起的网络拥塞、系统崩溃和数据丢失，并具有较强的应急响应和灾难恢复能力。

13.5.2 数据安全软件

随着近年来网络系统的普及和应用，越来越多的用户注意到了数据的重要性。越来越多的人开始认识到企业中最宝贵的不是各种网络硬件，而是网络中存储的业务数据。系统的崩溃、病毒的入侵、人为的失误、机密数据的泄露、账户的被盗、不安全的 API、内部人员的恶意操作、共享技术的漏洞、云服务的滥用等都是数据安全的潜在威胁。数据一旦丢失或泄露，将会严重影响企业日常业务的正常运作——丧失商业机会，造成客户不满，降低营业收入，损害企业声誉。此时，关键的问题就在于如何保护关键业务数据的安全，避免机密数据的泄露或者在数据丢失后尽快恢复数据，使系统恢复正常运作。保证数据的安全，有助于保证企业的安全。

13.6 双机软件

所谓双机热备就是使用互为备份的两台服务器共同执行同一服务，其中一台主机为工作机（Primary Server），另一台主机为备份机（Standby Server）。在系统正常工作的情况下，工作机为应用系统提供服务，备份机监视工作机的运行情况（工作机同时也在检测备份机是否正常）。如果工作机出现异常，不能支持应用系统的运营，备份机主动接管工作机的工作，继续支持关键应用服务，保证系统不间断的运行。因此双机热备软件就是实现上述功能的软件产品。

双机热备这一概念分为广义与狭义两个层面。

从广义上讲，双机热备就是指对于重要的服务，使用两台服务器，互相备份，共同执行同一服务。当一台服务器出现故障时，可以由另一台服务器承担服务任务，从而在不需要人工干预的情况下，自动保证系统能持续提供服务。

从狭义上讲，双机热备特指基于主/备（active/standby）方式的服务器热备。服务器数据同时往两台或多台服务器写，或者使用一个共享的存储设备。在同一时间内只有一台服务器运行。当其中运行着的一台服务器出现故障而无法启动时，另一台备份服务器会通过软件诊测（一般是通过心跳诊断）将备用机器激活，保证应用在短时间内完全恢复正常使用。

1. 什么要做双机热备

要决定是否使用双机热备，正确的方法是分析系统的重要性以及对服务中断的容忍程度，以此决定是否使用双机热备。

在考虑双机热备时需要注意，一般意义上的双机热备都会有一个切换过程。这个切换过程可能持续 1min。在切换过程中，服务是有可能短时间中断的。但是当切换完成后，服务将正常恢复。因此双机热备不是无缝、不中断的，但它能够保证在出现系统故障时，很快恢复正常的服务，业务不致受到影响。而如果没有双机热备，则一旦出现服务器故障，可能会出现几个小时的服务中断，对业务的影响就可能会很严重。

还有一点需要强调，即服务器的故障与交换机、存储设备的故障不同。原因在于服务器是比交换机、存储设备复杂得多的设备，同时也是既包括硬件也包括操作系统、应用软件系统的复杂系统。设备故障可能引起服务中断，而且软件方面的问题也可能导致服务器不能正常工作。

一些其他的防护措施如磁盘阵列（RAID）、数据备份虽然是非常重要的，但不能代替双机热备的作用。

2. 双机热备的实现模式

双机热备有两种实现模式：一种是基于共享的存储设备的方式，另一种是没有共享的存储设备的方式（一般称为纯软件方式）。

基于存储共享的双机热备是双机热备的标准方案。

对于这种方式，采用两台服务器，使用共享的存储设备（磁盘阵列柜或存储区域网）。两台服务器可以采用互备、主从、并行等不同的方式。在工作过程中，两台服务器将以一个虚拟的 IP 地址对外提供服务，依工作方式的不同，将服务请求发送给其中一台服务器承担。同时，服务器通过心跳线（目前往往采用建立私有网络的方式）侦测另一台服务器的工作状况。当一台服务器出现故障时，另一台服务器根据心跳侦测的情况做出判断，并进行切换，接管服务。对于用户而言，这一过程是全自动的，在很短时间内完成，从而对业务不会造成影响。由于使用共享的存储设备，因此两台服务器使用的实际上是一样的数据，由双机或集群软件对其进行管理，如图 13.4 所示。

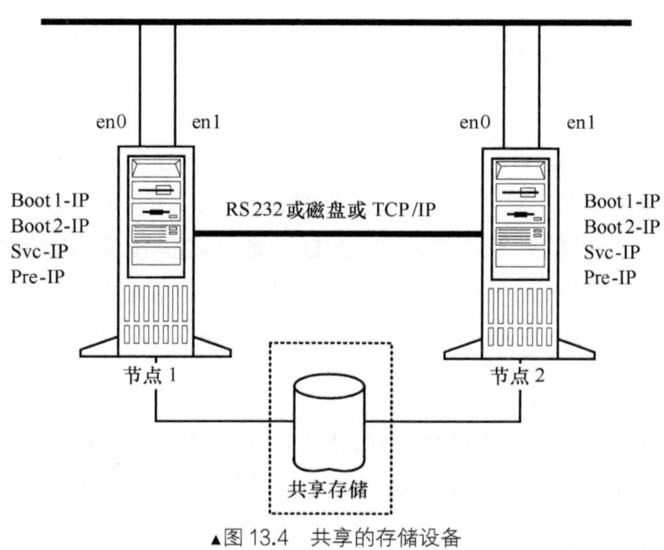

▲图 13.4 共享的存储设备

对于纯软件的方式，则是通过支持镜像的双机软件，将数据实时复制到另一台服务器上，这样同样的数据就在两台服务器上各存在一份。如果一台服务器出现故障，可以及时切换到另一台服务器。

纯软件方式还有另外一种情况，即服务器只提供应用服务，而并不保存数据（如只进行某些计算，作为应用服务器使用）。这种情况下同样也不需要使用共享的存储设备，而可以直接使用双机或集群软件。但这种情况其实与镜像无关，只不过是标准的双机热备的一种小的变化。

3. 双机热备、双机互备与双机双工的区别

双机热备即目前通常所说的主/备（active/standby）方式。当主服务器出现故障的时候，通过软件诊测（一般是通过心跳诊断）将备用机器激活，保证应用在短时间内完全恢复正常使用。

双机互备是指在双机热备的基础上，两个相对独立的应用在两台机器上同时运行，但彼此均设为备机，当某一台服务器出现故障时，另一台服务器可以在短时间内将故障服务器的应用接管过来，从而保证应用的持续性。这种方式实际上是双机热备的一种应用。它避免了两个应用使用 4 台服务器分别实现双机热备。

双机双工是指两台或多台服务器均处于活动状态，同时运行相同的应用，保证整体的性能，也实现了负载均衡和互为备份。需要利用磁盘柜存储技术（最好采用 SAN）。对于数据库服务而言，它同时需要数据库软件的支持，是比较复杂的。而 Web 服务器或应用服务器就比较简单。

4. 双机热备份与数据备份的关系

一些用户在规划双机热备或双机备份时，会问这样的问题：如果已经有了 RAID 以及磁带备份，还有需要做双机备份吗？如果做了双机备份，还有必要做磁带备份吗？

应该说 RAID 和数据备份都是很重要的。但是，RAID 技术只能解决硬盘的问题，备份只能用于系统出现问题后的恢复。而一旦服务器本身出现问题，不论是设备的硬件问题还是软件系统的问题，都会造成服务的中断。因此，RAID 及数据备份技术不能解决避免服务中断的问题。对于需要持续可靠地提供应用服务的系统，双机还是非常重要的。只要想一想，如果你的服务器坏了，你要用多少时间使其恢复到能正常工作，你的用户能容忍多长的恢复时间，就能理解双机的重要性了。

RAID 以及磁带备份也是非常需要的。对于 RAID 而言，可以以很低的成本大大提高系统的可靠性，而且其复杂程度远远低于双机。因为毕竟硬盘是系统中机械操作最频繁、易损率最高的部件之一，如果采用 RAID，就可以使出现故障的系统很容易修复，也减少服务器停机进行切换的次数。

数据备份更是必不可少的措施。因为不论 RAID 还是双机，都是一种实时的备份。任何软件错误、病毒影响、误操作等，都会同步地在多份数据中发生影响。因此，一定要进行数据的备份（不论采取什么介质，都建议用户至少要有一份脱机的备份，以便能在数据损坏、丢失时进行恢复）。

13.6.1　HACMP

HACMP（High Availability Cluster Multi-Processing）是 IBM 公司在 P 系列 AIX 操作系统上的高可靠集群软件。通过配置冗余，消除单点故障来保证整个系统的连续可用性和安全可靠性。HACMP 利用网络心跳来侦测主机及网卡的状况，搭配 AIX 所提供的硬盘镜像等功能，在主机、网卡、硬盘控制卡、硬盘或网络发生故障时，自动切换到另一套备用元件上重新工作。若是主机故障，则切换至备份机上继续应用系统的运行，使最终用户只感受到很短的中断时间。

HACMP 软件包括以下 5 个部分。

1）Cluster Manager

Cluster Manager 运行在集群中的所有节点上，主要的任务有监控各节点的状态变化，做出相应的处理，协调并同步集群各节点间的并发事件。当 HA 状态发生迁移或有 HA 事件发生时，执行相应的事件处理脚本。

2）Event Scripts

Event Scripts 是 HACMP 自带的一套 Shell 脚本，使用标准的 Shell 语言、AIX 标准命令以及 HACMP 提供的工具命令。当某事件发生时，该事件对应的 Event Scripts 就会被 Cluster Manager 调用，同时传入相应的参数。用户可方便地定制事件发生时执行的操作。

3）Lock Manager

在某些类型的 HACMP 应用中，比如并发方式的资源类型中，双机的各个节点需要同时访问共享的数据，这就需要 Lock Manager 来给共享数据加锁，防止并发访问引起共享数据的不一致或者损坏。

4）SNMP Agent（clsmuxpd 进程）

HACMP 之间交换机节点信息需要使用 SNMP 协议，作为 HACMP 系统的 SNMP Agent，clsmuxpd 进程为客户端提供 SNMP 服务，使节点间基于 SNMP 协议的通信可以正常进行。

5）Clinfo 进程

Clinfo 进程是 HACMP 各节点间交换信息的进程，它基于 clsmuxpd 与其他节点的 Clinfo 进程进行通信，交换节点状态信息。Clinfo 进程还提供一组 API 函数，使应用进程可以取得 HACMP 系统当前的状态信息。

HACMP 软件通过以下途径提供高可用性环境。

- 定义一组必需的群集资源，资源可以是硬件，也可以是软件。

- 定义群集节点访问这些资源的关系。这些关系确定哪个节点控制资源以及当该节点放弃资源的控制权后哪个节点接管资源。当一个节点离开群集时，Cluster Manager 能够将这个节点的资源转移到群集中的其他节点上。

其中资源可以是应用、磁盘、卷组、文件系统、IP 地址这 5 种实体。

- 应用：由 HACMP 启动，如果节点发生故障，则在另一节点重新启动。

- 磁盘、卷组、文件系统：在非并发环境中，一个节点控制磁盘资源，如果该节点发生故障，它控制的磁盘资源由其他节点接管。在并发环境中，多个节点同时控制磁盘资源，一个节点发生故障并不影响其他节点。

- IP 地址：如果服务网卡发生故障，由本机的备份网卡接管其地址，称为“网卡切换”。如果整个节点故障，由另一个群集节点的备份网卡接管其地址，称为“IP 地址接管”。HACMP 软件使群集在系统的关键组件（例如网卡）发生故障的情况下仍能继续对外提供服务。HACMP 可以检测和响应三种类型的故障：节点故障、网卡故障和网络故障。

  - 节点故障

    节点故障指处理器硬件或操作系统故障。当发生节点故障时，其他节点可以通过配置磁盘、IP 地址、应用进行接管操作。

  - 网卡故障

    HACMP 软件能够处理服务网卡和备份网卡的故障。当服务网卡故障时，Cluster Manager 将同一节点的服务网卡和备份网卡进行切换，服务网卡的故障是透明的。Cluster Manager 检测到备份网卡故障时只是记入日志，并不进行其他操作。

  - 网络故障

    当群集中连接所有节点的网络故障时，因为网络配置各不相同，所以 HACMP 无法定义响应动作。此时，系统在主控台上显示信息，事件被记入日志。用户可以根据实际情况自己编写脚本程序响应网络故障。在大多数配置中，网络都是单点故障。为避免发生网络单点故障，建议在配置 HACMP 时配置双网络。

13.6.2 Serviceguard

Serviceguard 可在由 HP 9000 或 HP Integrity 服务器组成的高可用性环境下创建群集。无论是否发生硬件或软件故障，高可用性计算机系统都能使应用程序服务连续运行。高可用性系统使用户不受软件故障及系统处理设备、磁盘或局域网（LAN）组件故障的影响。当某个组件出现故障时，将由冗余组件接管。Serviceguard 和其他高可用性子系统负责协调各组件之间的切换。Serviceguard 群集是由 HP 9000 或 HP Integrity 服务器（主机系统称为节点）组成的联网组合，拥有充分的软硬件冗余，所以单点故障不会对服务造成重大破坏。

1. 与 Serviceguard 有关的守护程序

Serviceguard 的软件组件包括程序包（应用服务、服务、资源），Serviceguard 程序包（应用程序支持程序包、VxCFS 系统程序包），Serviceguard 组件（程序包管理器、群集管理器、网络管理器、SG CFS 群集成员管理器），CFS 组件（Vx CFS 群集管理器），以及操作系统（卷管理器软件、HP-UX 内核）。与 Serviceguard 有关的守护程序共有 12 个，分别如下。

- /usr/lbin/cmclconfd：Serviceguard 配置守护程序。
- /usr/lbin/cmcld：Serviceguard 群集守护程序。
- /usr/lbin/cmfileassistd：Serviceguard 文件管理守护程序。
- /usr/lbin/cmlogd：Serviceguard Syslog 守护程序。
- /usr/lbin/cmlvmd：群集 Logical Volume Manager 守护程序。
- /opt/cmom/lbin/cmomd：群集 Object Manager 守护程序。
- /usr/lbin/cmsnmpd：群集 SNMP 代理守护进程（可以选择运行）。
- /usr/lbin/cmsrvassistd：Serviceguard 服务助手守护程序。
- /usr/lbin/q：Serviceguard Quorum 服务器守护程序。
- /usr/lbin/cmnetassistd：网络传感器助手守护程序。
- /usr/lbin/cmvxd Serviceguard：VERITAS 成员协调守护程序（仅当安装了 VERITAS CFS 时它才会存在）。
- /usr/lbin/cmvxping Serviceguard：VERITAS 激活守护程序（仅当安装了 VERITAS CFS 时它才会存在）。

上述各个守护程序都将日志记录到/var/adm/syslog/syslog.log 文件中，但/opt/cmom/lbin/cmomd 守护程序除外，它将日志记录到/var/opt/cmom/cmomd.log 中。具体各个守护程序的含义如下。

- 配置守护程序：cmclconfd

Serviceguard 命令使用该守护程序来收集群集中所有节点的信息。它收集配置信息，如有关网络和卷组的信息，它还将群集二进制配置文件分发给群集中的所有节点。该守护程序由 inetd（1M）启动。/etc/inetd.conf 文件中包含与该守护程序对应的条目。

- 群集守护程序：cmcld

该守护程序通过向 Serviceguard 群集内其他节点上的 cmcld 守护程序发送心跳线消息，来确定群集中的成员。它按照实时优先级运行且锁定在内存中。cmcld 守护程序在内核中设置了一个安全计时器，用于检测内核的挂起。如果此计时器未由 cmcld 定期复位，则内核将产生系统 TOC（即控制转移），这意味着 CPU 复位和创建崩溃转储文件。发生这种情况的原因可能是 cmcld 无法与大多数群集成员通信，或者因为 cmcld 异常退出、异常中止，或无法运行足够长的时间并且无法更新内核计时器（从而表明内核挂起）。在因安全计时器过期而导致 TOC 之前，消息将会写入/var/adm/syslog/syslog.log 文件和内核的消息缓冲区中。cmcld 守护程序还检测系统中网络的运行是否正常并执行本地局域网故障切换。最后，该守护程序负责 Serviceguard 程序包的管理，确定在何处运行它们以及何时启动它们。注释 Serviceguard 的三个核心组件（程序包管理器、群集管理器以及网络管理器）都作为 cmcld 守护程序的组成部分运行。该守护程序在所有群集节点上都以 20 的优先级运行。因此用户进程一定要以低于 20 的优先级运行，否则它们可能使 Serviceguard 无法更新内核安全计时器，这将导致节点上出现 TOC。

- 文件管理守护程序：cmfileassistd

cmcld 使用 cmfileassistd 守护程序，来管理需要读取磁盘和写入磁盘的文件。这样可以防止在执行输入/输出过程中出现的延迟影响 cmcld 的计时。

- Syslog 守护程序：cmlogd

cmcld 使用 cmlogd 将消息写入 Syslog。任何通过 cmcld 写入 Syslog 的消息都是通过 cmlogd 写入的。这样可以防止在写入 Syslog 的过程中出现的延迟影响 cmcld 的计时。

- 群集 Logical Volume Manager 守护程序：cmlvmd

该守护程序负责跟踪所有可由群集识别的卷组。当某个卷组可由群集识别时，群集节点只能以独占模式将其激活，这样可以防止多个节点同时以写入模式激活卷组。

- 群集 Object Manager 守护程序：cmomd

该守护程序负责将有关群集的信息提供给需要获取群集对象状态信息的客户端外部产品或工具（如 Serviceguard Manager）。客户端向 Object Manager 发送查询，并从该管理器接收响应。该守护程序可能未在你的系统上运行，它仅用于从 Object Manager 的客户端 cmomd 接收来自客户端的连接，并检验查询。查询将分解为隶属于不同提供者的（多个类的）类别。提供者从各种源收集信息（这些源通常包括连接的所有节点上的 cmclconfd 守护程序），然后将数据返回一个中心分解点进行过滤，以切实满足客户端查询的需要。该守护程序由 inetd（1M）启动。/etc/inetd.conf 文件中包含与该守护程序对应的条目。

- 群集 SNMP 代理守护程序：cmsnmpd

Serviceguard 图形界面（Serviceguard Manager）使用该守护程序来获取有关群集的信息。该守护程序生成群集 MIB。只有将/etc/rc.config.d/cmsnmpagt 文件编辑为自动启动该子代理，它才会运行。为确保正常运行，cmsnmpd 必须在 Serviceguard 群集之前启动。

- 服务助手守护程序：cmsrvassistd

该守护程序按照群集守护程序 cmcld 的要求派生并执行任何脚本或进程。该守护程序执行两种类型的派生操作。一是执行程序包和暂停脚本，二是启动服务。就服务而言，cmcld 监视服务进程，同时将根据服务重试次数，决定是通过 cmsrvassistd 重新启动服务，还是暂停程序包并将其移到一个可用的备用节点上。

- Quorum 服务器守护程序：QS

在群集重组期间，Quorum 服务器守护程序可根据需要提供仲裁服务。Quorum 服务器在群集外部的系统上运行，并且由用户（而不是 Serviceguard）启动。通常从/etc/inittab 启动该守护程序，这意味着如果该守护程序失败或被强行终止，它会自动重新加载。群集的所有成员都将启动并维护与 Quorum 服务器的连接。如果 Quorum 服务器终止运行，Serviceguard 节点将检测到此情况并定期尝试重新连接 Quorum 服务器，直到其恢复正常运行。如果在 Quorum 服务器终止运行时对群集进行重新配置，并且群集中的某个分区需要仲裁，则这种重新配置将失败。

- 网络传感器助手守护程序：cmnetassistd

该守护程序负责添加和删除可重新定位的程序包 IP（适用于 IPv4 和 IPv6 地址）。

2. 集群管理器、程序包管理器与网络管理器的工作原理

1）群集管理如何工作

群集管理器用于初始化群集、监视群集的运行状况、识别出现的节点故障，以及当有节点加入或脱离群集时管理群集的重组。群集管理器作为守护程序运行在每个节点上。在群集启动和重组期间，会选出一个节点作为群集协调器。尽管所有节点都执行某些群集管理功能，但群集协调器是节点内通信的中枢点。

2）程序包管理器如何工作

Serviceguard 使用程序包启动和暂停已配置的应用程序。一个程序包是服务、磁盘卷和 IP 地址的集合，该集合由 Serviceguard 进行管理，以确保其中资源的可用性。群集中的每个节点都运行一个程序包管理器实例。驻留于群集协调器节点中的程序包管理器称为程序包协调器。

程序包协调器可用于确定运行、暂停或移动程序包的时间和位置。

所有节点上的程序包管理器可完成如下工作。

- 运行和暂停程序包及其服务的控制脚本。
- 对受监视资源状态的变化做出反应。

程序包将应用程序服务（单独的 HP-UX 进程）组合在一起。程序包的类型有三种，分别为故障切换程序包、系统多节点程序包及多节点程序包。典型的高可用性程序包是故障切换程序包。它通常配置在群集中的若干个节点上，并且一次在一个节点上运行。如果服务、节点、网络或其他程序包资源在运行它们的节点上发生故障，则 Serviceguard 可以将程序包控制权自动转移到另一群集节点，使服务尽可能少地中断而保持可用状态。同时在若干个群集节点上运行但不进行故障切换的程序包，称为系统多节点程序包及多节点程序包。系统多节点程序包必须在群集中的所有活动节点上运行。如果它在一个活动节点上发生故障，则该节点将暂停。多节点程序包可以配置为在一个或多个群集节点上运行。只要它在任何已配置节点上运行，就视其处于 UP 状态。

3）网络管理器如何工作

网络管理器的目的是检查网卡和电缆故障并从中恢复，以便网络服务对客户端保持高可用性。此功能实际上就是指将每个程序包的 IP 地址分配给其运行的节点上的主 LAN 接口卡，监视所有接口的运行状况，并在必要时进行切换。

13.6.3　Rose HA

Rose HA 是美国 Rose Datasystem 公司出品的新一代高可用性软件。RoseHA 主要支持的平台有 Windows（Windows 2000 Server、Windows Server 2003、Windows Server 2008、Windows Server 2003 Enterprise Edition、Windows Storage Server 2003 等），Linux（Red Hat Enterprise Linux 2.1/3.0/4.0、Suse Linux Enterprise Server 9/10、Turbo Linux Server 10、Asianux Linux 1.0/2.0 等），UNIX（Solaris、SCO Unixware）。它可以将 UNIX 服务器组成集群系统，并对服务器进行监控、故障检测、故障恢复，保护运行于服务器中的关键性数据服务和网络服务。Rose HA 是一套用于防止业务主机出现不可避免的意外性或计划性宕机问题的高可用性软件。Rose HA 软件同时安装在两台主机上，用于监视系统的状态，协调两台主机的工作，维护系统的可用性。它能侦测应用级系统软件、硬件发生的故障，及时隔绝错误、恢复系统的正常运行，以最低成本为用户提供几乎不停顿的计算机作业环境。

但随着服务器硬件的发展，服务器性能及内部存储容量等都有了大幅提升。服务器在应对主流业务方面提供了强大的功能。为了保证业务数据的连续性与提高客户投资回报率，开发了 RoseMirrorHA 软件来提供基于服务器的纯软高可用性软件，实现了应用高可用与数据镜像的低成本、高效率解决方案。

RoseMirrorHA 在实时数据镜像的基础上，实现了不需要共享存储的纯软高可用性系统。在传统高可用性系统中需要通过共享存储来实现数据的共享，但这也增加了可用性系统的成本。RoseMirrorHA 通过现有的以太网络基础环境，不需要额外的硬件投资，通过 TCP/IP 在两台主机之间实现了数据的实时镜像。在充分利用已有资源的基础上，通过先进的软件技术，实现纯软的高可用性系统。

RoseMirrorHA 高可用性系统，可以对主机的 IP、应用程序、数据等进行监控和保护。当应用程序或主机发生故障后，RoseMirrorHA 将自动、快速地切换应用到备机，确保应用服务的持续和可用性，保证公司业务的持续运行。

RoseMirrorHA 支持主/备和双主机两种模式。在主/备模式下，其中一台主机处于激活状态，运行重要的应用程序，向客户端提供各种应用服务，另一台主机作为备机，实时监控激活状态的主机的运行情况，只有当激活状态的主机发生故障后，备机才接管激活状态的主机上的应用服务。在双主机模式中，每台主机上运行各自的应用程序。服务器在运行自身的应用服务时，同时也是另一台主机的备机，即两台主机互为备机。

RoseMirrorHA 通过网络在两台主机之间进行实时的数据复制。当激活状态的主机发生故障时，RoseMirrorHA 将自动将服务迅速地切换到备机，并在备机镜像数据的基础上，继续为客户端提供业务服务。

13.6.4 LifeKeeper

LifeKeeper 属于高可用容错群集软件，运行于 Windows Server 及主流 Linux 平台。同时支持纯软件镜像方式和共享磁盘阵列柜方式，并支持远程灾难实时复制（备份）恢复系统，使用户的服务器、操作系统、数据库系统以及关键的数据及应用程序 7×24 小时连续不间断工作，提供 99.99%的高可用性。它可以定义多种失效切换方式，支持双主机模式和主/备模式，支持多应用、多实例的实时热备份，同时强大的数据复制功能可以实现数据迁移、数据备份、异地容灾。

LifeKeeper for Exchange 提供了一层新的保护，它支持构建多节点的 Exchange 群集，通过局域网或广域网的“多对一”或“层叠故障切换”配置。在多对一配置下，一台服务器可以实现多台活动的 Exchange 服务器的备份。如果任何一台活动的 Exchange 系统遭遇问题，LifeKeeper 会自动将客户的连接重定向到运行在备份服务器上的 Exchange。这种配置使得不必为每台活动的 Exchange 系统准备一台备份机，大大降低了实施成本。

LifeKeeper 的特点如下。

(1) 不用增加任何额外硬件投资，以纯软件方式实现双机容错，且对备机无硬件配置要求。

(2) 在扩展镜像或共享磁盘阵列的方式下，均能实现两台服务器各自运行不同应用且相互热备份，即实现双主机运转模式。

(3) 占用的系统资源极少，不增加网络负荷，且不打扰任何具体应用系统的操作。

(4) 可无人值守，全自动地实现应用资源切换。

13.6.5　双机软件维护技术

作为基础架构的重要组成部分，双机软件运行的好坏直接关系到业务运行的连续性。运维人员应从以下几方面入手和掌握双机的运维服务技能。

(1) 熟悉双机热备的概念和原理。如了解双机热备的原理、双机热备的类型等。

(2) 熟悉群集的规划、设计、配置方法。如了解搭建双机环境所需的软、硬件资源，双机网络环境的要求，存储的规划、心跳规划等。

(3) 熟悉各种数据库、中间件软件的启停方法。如数据库有 DB2、Oracle Database，中间件有 WebSphere、WebLogic、Tomcat 等。

(4) 掌握各类主机操作系统的操作方法。如存储空间的划分、网络的配置、系统软件的安装等。

(5) 熟练掌握双机软件常见故障的解决办法。如双机软件无法启动时的排查方法，如何在单台服务器上启动所有业务应用，如何实现双机同步等。

(6) 熟练掌握双机软件日常巡检及维护操作。如启动双机前的检查方法，如何使用命令启动双机，如何结合应用对搭建好的双机环境进行测试，了解双机软件启动日志的位置，会查看和分析双机软件日志，可以为双机软件打补丁等。

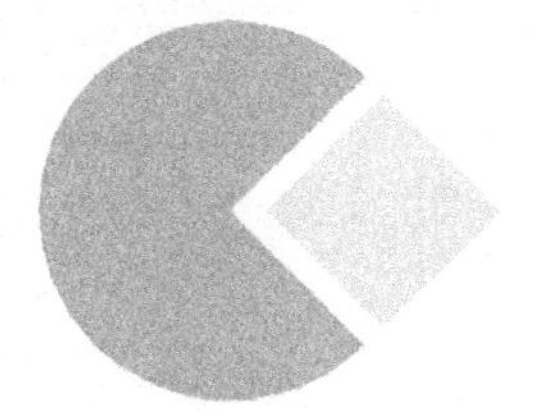

深入篇

第 14 章　精准运维服务

14.1 发现运维的价值

运维服务的价值就是让信息系统安全、平稳、高效地运行，更好地满足用户的需求，这就是运维服务的价值所在，通俗来说就是不出事、做好事。所以运维的价值主要包括两个方面：一是不出事带来的价值，这是运维工作的基础价值，也是非常重要的价值；二是做好事的价值，如调优、完善、改进等属于增值价值。

根据上面的思路，就可以判断具体信息系统的运维价值，这是一个甲乙双方共同完成并达成一致的过程，特别是甲方应参与甚至主导的一个过程。这个过程的第一步就是梳理不出事带来的价值。所谓不出事，不是指信息系统不出现任何事件、故障，而是这些事件发生后在所能承受的情况下得到解决，对系统的业务连续性影响不大或不产生影响。要梳理这部分价值，就要梳理信息系统运行时的风险，列出风险清单，甲方根据在业务上承受这些风险的能力来决定这些风险的等级，通过这些风险等级之和，决定该信息系统的重要性，再转换成信息系统运维的基础价值。

关于风险的梳理，可以从政策方面、安全方面、管理方面、业绩方面、作业方面考虑。然而，不同的企业、不同的系统在这些方面的考虑比重是不一样的，需要甲方认真思考。而乙方知道了服务的系统的运维价值，也就能充分贴近服务的实际需求，发挥出自己的价值。

近年来，国内 IT 行业的发展格局始终与我国的经济转型与创新创业的社会大潮息息相关，纵观国内国际形势，IT 行业仍是创新的领头者，是解决人类各种经济危机的主要扮演者，是新经济的重要支柱。IT 服务行业作为 IT 行业的一个关键领域，因 IT 系统的存在而存在，因

IT 系统的需求而变化、发展。IT 服务业经历了为设备服务、为系统服务和为人服务三个重要的发展阶段。IT 运维服务中的精准运维是在以人为本的基础上，为满足服务对象的业务变化而产生的 IT 服务新模式，深刻体现了 IT 服务价值始终以业务需求为导向的理念，是精益管理在 IT 行业的有效应用。

14.2 精准运维的由来

从农耕火种到探索太空，科技文明随着斗转星移不断发展，从 18 世纪工业革命的发展到 21 世纪信息技术的蓬勃兴起，人类发明了很多有效的管理手段来提升生产和服务的效率。

我们都知道，IT 运维服务是对 IT 基础设施（网络系统、主机系统、存储/备份系统、终端系统、安全系统、机房动力及环境等）以及软件应用等进行服务的，一般情况下支持信息系统，信息系统支撑企业业务。而实际情况是，业务受各种因素的影响，不断起伏变化，没有人能及时告诉我们详情，只会要求我们以不变应万变的方式维稳。然而，再强大的公司资源都是有限的，如果运维缺乏一个反馈，既不符合控制论的思想，也很难让运维做到有针对性，更不要说精准了。当然，也别提运维的价值了。

那么，能不能在运维过程中引入业务需求这一变量，让运维更加精准，实现信息系统与业务的心跳同步呢？答案显然是肯定的。将业务需求和业务变化作为变量，主动将其反馈到运维过程中，让运维工作以业务需求为导向、以信息系统为对象，通过一系列措施实现信息系统与业务的心跳同步，促进业务效率、业务效益或用户体验的提升。我们将这种采取新兴技术、提供预防性维护、实现 IT 系统与业务精确匹配的运维方法统称为精准运维，如图 14.1 所示。

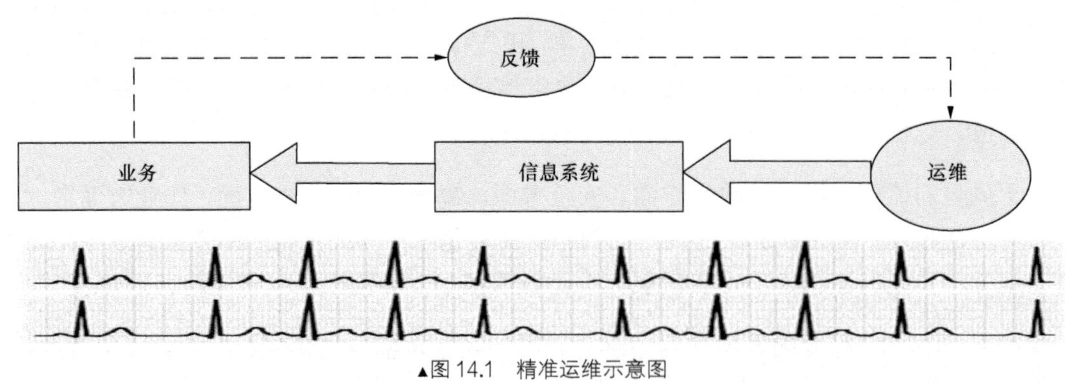

▲图 14.1　精准运维示意图

精准运维是依托于精益管理的科学理念，将 IT 服务的效能在既定的资源配置下实现最大化的一种科学方法。精益管理源于精益生产。精益生产（Lean Production）是美国麻省理工学院教授詹姆斯•沃麦克等专家共同提出的。他们认为日本丰田汽车公司的生产方式体现了精益管理的精神，精益管理是最适合用于现代制造企业的一种生产组织管理方式。精益管理目前已经逐步延伸到企业的各项管理业务中，它能够通过提高顾客满意度、降低成本、提高质量、加快流程速度和改善资本投入，使股东价值实现最大化。精准运维强调提供的 IT 运维服务不仅要满足客户的信息系统的服务，更要满足客户自身业务需要的服务，强调 IT 服务价值的体现应符合 IT 服务的生命周期。精准运维应从业务的视角考虑资源、安全和效率对企业的贡献。

14.3 精准运维的定义

精准运维是一种 IT 服务方法，它让 IT 运维服务工作围绕被服务对象的业务展开，最大限度地利用资源，提升业务体验，实现服务价值，从而进行心跳同步式的服务，而不只是围绕信息系统本身（软硬件）来服务。

因此，精准运维的理论架构本质上是以客户为导向的服务体系，是以业务的心跳为基准的服务思想理念。精准运维通过一系列方法掌握服务对象所使用信息系统的特性、业务特点，以及该信息系统所服务的企业业务特性，找准目标，通过业务部门及时把用户的真实体验反馈给运维部门。这样，运维工作就能通过根据信息系统的运行风险、运行特点、资源调配情况和业务部门反馈的意见来优化信息系统，从而精准地展开服务的计划，达到预测服务的要求，以较小的代价，有效展开主动服务和快速响应服务，实现信息系统与业务心跳的同步。

总而言之，精准运维的基础是熟悉被服务对象，知己知彼，并建立风控模型。其要素是主动服务与预测。影响精准运维的关键是业务。与精准运维密切相关的是业务所有者、信息系统、环境等。精准运维的行动离不开 PDCA 的方法。精准运维的框架示意图，如图 14.2 所示。

从图 14.2 我们可以看到，上层对下层是要求，下层对上层是支撑，影响业务变化的主要有 6 个因素。风控模型是精准运维的定海神针，与运维工作关系密切的是业务所有者、信息系统与环境，技术实力是运维工作的支撑。以业务目标为导向，业务所有者（操作人员、维护人员、管理人员等）以及环境在信息系统运行过程中所面临的作业风险、业务风险、政策风险、管理风险和安全风险，按照 PDCA 的方法进行风险评估、识别、规划、执行、回顾、改进等，从而保持信息系统与业务需求的精确匹配，达到心跳同步。

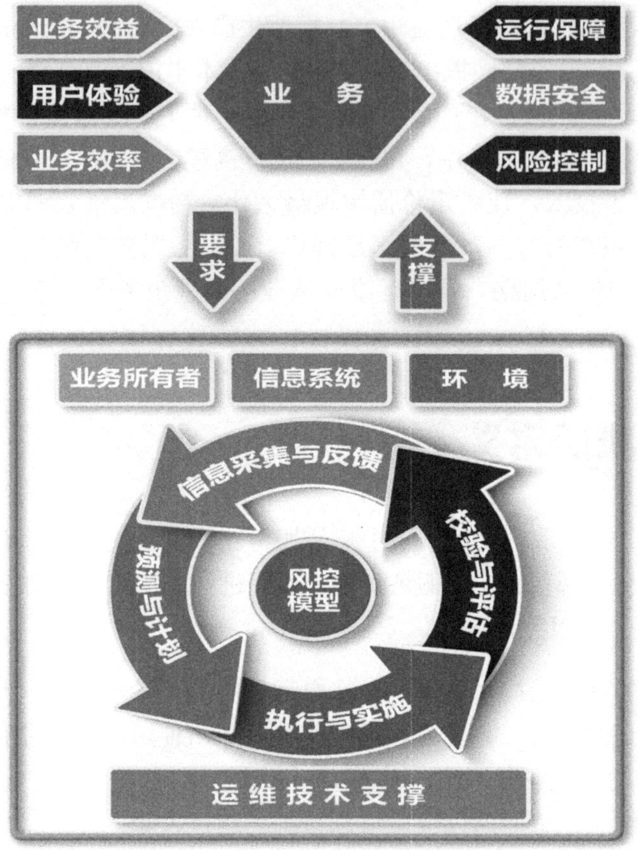

▲图 14.2　精准运维的框架示意图

14.4 精准运维的方法

1. 精准运维能解决什么问题

在传统 IT 运维工作中，企业常常遇到许多的问题。一是业务的高峰期说来就来，高峰期时现有的 IT 设施捉襟见肘，产生了大量平时没有出现的现象和问题，严重影响企业业务的开展。不少用户觉得使用这些 IT 系统的体验不好，IT 服务人员面临各种压力。二是不同的业务系统在申请信息系统资源时，都要求得很多。如果都按这种要求设计，企业的投入会十分庞大；如果不按这种要求设计，会出现资源不够的情况。在进行信息系统架构设计和选型以及日常优化资源分配时，到底该如何选择是一个重要问题。三是在采纳 IT 的过程中要考虑如何将信息安全（尤其是主营业务数据的安全策略）应用在 IT 运维服务中，比如将云计算和大数据技术有效地纳入日常的 IT 运维管理中。四是随着信息系统硬件设备逐年折旧和软件系统的升级改造，要考虑如何减少支撑主营业务的信息系统中断的频次并缩短恢复的时长，同时投入较低的运维成本。

而精准运维就是帮助企业解决这些困惑的，精准运维的核心理念有 3 点。第一，确保 IT 资源的价值在业务活动中得到充分发挥。第二，确保信息资源的安全系数与企业的安全等级要求相匹配。第三，确保 IT 系统的运行满足主营业务的运营效率要求。精准运维的这 3 个核心理念能够因地制宜地解决企业事业单位遇到的这些深层次运维问题，如图 14.3 所示。

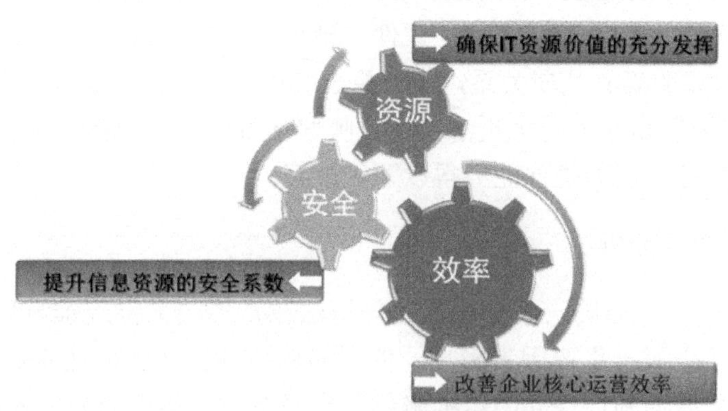

▲图 14.3 企业的核心理念

2. 精准运维的原理

精准运维的原理是利用一套精准运维成熟度分析模型，通过对企业的 IT 系统和业务进行调研、分析，找出 IT 运维服务的最佳方案并实施。

在精准运维成熟度分析模型中，假设某 IT 系统服务的企业业务是 Y，影响 Y 在不同时期的最佳效果的四个关键因素是人员 X_1、环境 X_2、软件 X_3、硬件 X_4。在此我们可借助函数式来理解，即 $Y(t)=f(X_1, X_2, X_3, X_4)$。模型是通过 Y 的需求和系统的特性以及 IT 最佳实践经验倒推出 X_1、X_2、X_3、X_4 应满足的要求，同时通过调研与分析企业中这四个因素的实际情况，并进行比较，分析出与前述要求范围的差距，从而找到要重点服务的事项和方法。

另外，企业是在不断发展的，因此，这些服务企业业务的 IT 系统也要适应企业的发展而不断变化。所以，还要用发展的眼光看待运维服务工作。精准运维必须考虑到随着时间的推移、业务的发展、设备的老化、软件的更新、人员以及环境的变动等因素，在企业可见的发展道路上预测四大因素的要求，从而及早应对。当然，精准运维还用到了统计学的数据分析方法，包括数据描述性分析、线性回归分析、方差分析、相关性分析等。

1）业务相关性分析法

业务相关性分析法主要是将信息系统安全、稳定、可靠运行的关键影响因素（人员、环境、硬件、软件等与现行业务）进行相关性分析，从而找出管理中的优势与不足，让优势得以巩固，形成长效机制，让短板得以改善，缩小竞争中的差距。

2）关键节点因果分析法

关键节点因果分析法是一种发现问题“根本原因”的方法，从分析业务流程与运维流程各节点之间的关系入手，梳理哪些运维流程节点是影响业务正常运行的重要因素。首先对常见故障中的问题点进行分类（如人员、环境、软件、硬件、网络、接口因素等）。其次对找出的各要素进行归类、整理，明确其从属关系，分析并选取重要因素，明确这些重要因素是否有前置影响因素。再通过重要因素帕累托分析法判断在哪些运维流程节点投入哪些资源可以有效地保障主营业务的顺畅执行，从而确保业务得以顺利展开。

3）重要因素帕累托分析法

我们将运用“二/八”原则，使用帕累托分析法在众多的关键运维流程节点中进行数据分析，判断哪些关键节点属于重要因素影响。使用帕累托分析法可以让企业 80%的业务安全、可靠、稳定运行，从而为制订优先的运维服务应急预案提供科学的分析依据。

4）设备贬值分析法

设备贬值指设备由于运行中的磨损和在自然环境中的侵蚀，造成设备实体形态的损耗而引起的贬值。设备贬值分析法可以帮助我们合理地估算设备的损耗带来的潜在故障风险，从而帮助企事业单位有计划、有步骤地进行设备更新评估和采购预算。设备贬值分析法通常有两种方式。一种是年限法，即从设备的使用寿命角度来估算贬值，它假设机器设备有一定的使用寿命，所评估的机器设备的贬值率是与其已使用年限成正比的，并且是线性关系。贬值率=已使用年限/（已使用年限＋尚可使用年限）。另一种是修复费用法，使用这种方法的前提是设备的实体性损耗是可补偿的，因此用于修复实体性损耗的费用就是设备的实体性贬值。例如，一台服务器的主板损坏，如果要修复该主板，就必须更换主板，更换主板的费用即为服务器本次的实体性贬值。

5）业务指标与 IT 系统指标对比法

分析企业业务指标与 IT 系统的有关指标，找出一些规律，通过提升 IT 系统的指标，促进企业业务指标的进步。

3. 精准运维提供的服务内容

精准运维不同于一般的运维，它属于专家运维，围绕提升资源使用率、提高系统安全性和改善业务运行效率三个核心理念，旨在为用户提供集咨询、诊断、实施于一体的服务。

基本服务包括：高级保养、专家巡检、专业咨询、针对性培训等。IT 运维人员要了解信息系统在环境、效率、容量、安全、可靠性以及业务连续性等方面的运行情况和配置情况，发现隐患，查明设备老化率，从而有针对性地保养设备。

专业服务包括以下方面。

- 解决一个或多个信息系统的资源与企业业务协调一致的问题。
- 解决一个或多个信息系统对各种人员角色技能要求的问题。
- 根据企业的实际业务，提出设备的更新与扩充建议。
- 根据企业的业务运行实际，提出更新系统软件和应用软件的建议以及新项目需求。

根据企业的业务运行状况，提出对信息系统环境及布局的建议。

4. 精准运维的特点与意义

1）精准运维的特点

精准运维有别于传统运维，概括起来，有以下 5 大特点。

- 以客户的业务为导向。
- 服务要与业务精准同步。
- 强调主动性、计划性的服务，由“救火队”变为预防与“救火”并举。
- 除了保障系统安全稳定可靠之外，更强调用户体验、效率和效益。
- 更重视服务价值的实现。

2）精准运维的意义

（1）使运维服务过程更重视用户体验，促进 DevOps 落地。

精准运维在服务过程中引入了业务需求作为控制变量，以此为导向开展运维，充分了解了用户的业务诉求，并将用户体验作为最终目标。这使得运维服务过程更注重用户体验，摆脱了仅针对信息系统做文章的小格局，有利于开发（软件工程）、技术运营和质量保障（QA）之间的沟通、协作与整合，促进 DevOps 真正落地。

（2）让运维服务的价值得以突显，并由以“天”来衡量转变为以其产生的价值来衡量。

传统运维往往签订一个固定期限的运维协议，服务的价值一般体现在多少人/天、多少人/

年，以时间作为标尺来衡量价值。而精准运维的目标是给客户带来价值，并得到客户的认可。精准运维不仅追求系统运行安全稳定可靠，更追求用户体验、业务效率、业务效益等，这种价值观的转变，使服务的立意更高、目标更高、客户的体验更好，因而含金量也更高。换句话说，精准运维让运维服务从低端走向高端，可以走向按项目、目标来描述合作或服务要求。

（3）增强运维的主动性，使运维更加有计划性、条理性、预见性，工作不至于被动。

很多时候，IT 运维服务带给人的印象似乎只是停留在“救火队员”这个角色上。运维人员往往等到故障已经出现或瓶颈已经产生，才采取应急处理措施。这种运维方法虽然能最终排除故障，但无法避免对企业业务造成的损失。而精准运维主动关注业务需要、用户体验、系统运行动态和变化趋势，采取措施识别人机环境方面的风险并主动采取措施消除，充分体现了运维的主动性、计划性、条理性和预见性，真正实现主动预防性运维、防患于未然，实现信息系统与业务的心跳同步。

（4）实现资源优化配置，提升资源利用率。

对业务应用而言，IT 系统有可能资源不足，也有可能资源过剩。通过精准运维的方法，不仅能解决资源不足的问题，还能有效应对资源过剩的局面，将“闲置”资源充分利用起来。例如，一个营销系统每日的处理量不过几万条，但之前设计时购置了配置很高的服务器，当前的服务器性能只利用了不到 10%。通过精准运维的分析与评估，完全可以在当前的营销系统服务器上部署虚拟机，作为其他信息系统的运行环境，企业无须再购置新的服务器，从而实现了资源的优化配置，提升了资源的利用率。

（5）让运维更加向运营靠拢，成为运营的一部分。

所谓运营，是指以网站为产品的营销平台或产品本身，为开展网络营销而做的一系列工作的总称。精准运维不同于传统运维，它更加关注业务需求、用户体验，通过从业务角度对运营过程中的大数据进行精准分析，发现用户的需求与业务环节的关联，进而从应用软件的角度进行业务模式、流程的改进与调整，让业务更好地满足用户需要，从而找到新的业务增长点或改进方向。从这个角度来说，精准运维让运维比历史上任何时候更接近运营，且已成为运营的一部分，能够为开展网络营销贡献巨大的价值。

5. 精准运维可以怎么做

（1）要完成精准运维的初始化——建立风控模型。

IT 运维人员要了解运维系统的业务特点，根据业务和系统运行情况，与业务所有者一起着手建立风险模型。风险模型需要体现业务所有者（操作人员、维护人员、管理人员等）以及环境在信息系统运行过程中所面临的作业风险、业务风险、政策风险、管理风险和安全风险。这些数据来源于信息系统运行数据、历史运维数据、用户访谈信息及客户体验信息等。通过综合各方面信息，结合业务，从而建立风控模型，梳理风险清单。建立风险模型的过程也就是分析信息系统与业务匹配度的过程。对于匹配度高的项，风险必然小，对于匹配度低的项，风险必然高。

要素：风控模型初步建立的标志是与业务所有者达成共识。

（2）实现精准运维日常运行的信息采集与反馈。

首先，以风控模型为基准，及时了解业务所有者的具体要求并将系统的情况与所有者交流，得到有价值的服务信息。其次，可以利用自动化监控技术采集用户端的用户体验数据，如网站访问人数、登录系统效率、页面响应速度、访问流量等。也可以利用大数据及最新的 ELK 技术采集系统日常运行的业务数据、资源使用情况数据、业务运行效率日志数据等。此外，还可以不断与业务部门进行沟通协调，收集用户的反馈与需求。

要素：双方都了解对方的意图，并形成共识。

（3）进行精准运维日常运行的预测及计划编制。

根据采集信息进行预测并编制计划。所谓预测，就是对尚未发生或目前还不确切的失误进行预先的估计和推断，实时对事物将要产生的结果进行探讨和研究。科学预测是建立在客观事物发展规律基础之上的科学推断。系统预测的实质就是充分分析、理解系统运行状况发展变化的规律。用相关性、数据趋势分析法及大数据分析技术对采集的数据进行挖掘分析，分析出业务需求与资源之间的相关性、业务需求与运维人员之间的相关性，以及应用系统使用的历史与未来趋势。根据趋势与现有资源的匹配性，实时优化系统资源和人力资源，并编制详细的系统优化实施方案对系统进行优化。计划，即根据预测结果和业务所有者的要求编制的行动方案。

要素：计划要得到所有者的认可，比如，需要可优化的风控模型。

（4）完成精准运维日常运行的系统优化与实施。

根据编制的优化实施方案，精心组织实施，且与业务方充分沟通，在不影响业务的基础上完成系统优化、应急演练、风险改进措施的实施服务工作。

要素：注意行为规范。

（5）完成精准运维日常运行的校验与评估。

根据实施结果与业务运行情况及对系统运行情况的采集，不断校验实施效果，进一步评估与改进，通过 PDCA 循环往复，直至达到系统与业务的精确匹配与心跳同步。

要素：结果要进入下一个环节，即反馈给所有者，比如，根据需要可修改风控模型。

6. 精准运维由谁来做

精准运维的项目主导方应该是企事业单位中既了解业务又了解 IT 架构的信息管理人员，他们将指导和推动精准运维服务提供商开展一系列有价值的运维服务工作。精准运维服务提供商需要充分理解企事业单位的业务流程与信息系统之间的协作关系、业务绩效指标与信息系统绩效指标之间的联动关系。根据对业务的理解，他们能够有效地进行精准运维咨询和实施方案的规划设计。当涉及的信息系统对企事业单位的主营业务具有重要影响时，精准运维项目的推动将需要企事业单位的领导层给予相应的支持。

7. 精准运维的实施流程

精准运维的实施流程主要包括 4 个阶段，如图 14.4 所示。

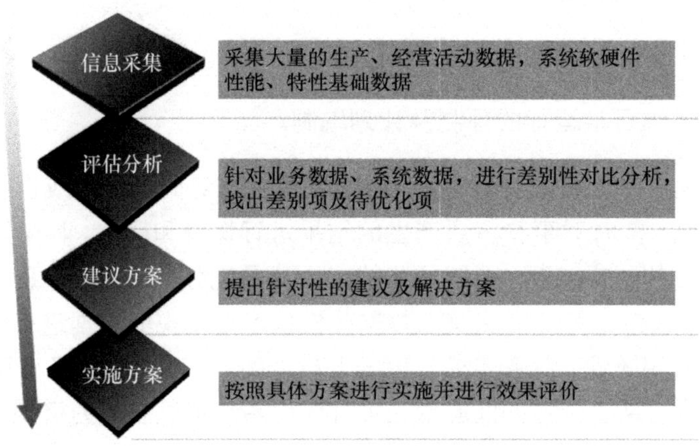

▲图 14.4 精准运维的实施流程

8. 精准运维的时间要求

精准运维服务不是一蹴而就的面子工程，它需要按照科学严谨的态度进行精准的数据采集、数据分析、业务跟踪、方案设计等。方案成型后，仍需要进行试点运行、方案调优及常态化实施等。因此精准运维项目从立项到见到成效，经历的时间少则 3 个月，多则一年。具体时间要视业务与系统的复杂程度而定。

9. 精准运维的实施地点

精准运维将在企事业单位的工作现场和精准运维服务提供商的工作场所共同展开。在项目前期，项目双方将在企事业单位的工作现场进行调研并部署相应的数据采集工具。在项目中期，服务提供商将在自己的工作场所进行定期的远程监控和数据分析工作，期间双方成员将定期交流项目进度和阶段性成果，以确保项目的进展符合最初的预期。在项目后期，服务提供商将结合企业的实际要求提交咨询和设计方案。如果双方确认了精准运维服务的维护保养服务仍由精准运维服务提供商承担，则需要根据实际情况确认是否安排驻场运维及后续的相关工作。

14.5 互联网、大数据与精准运维

随着科技的进步，我们正步入一个新的时代。在经济新常态下，由重视数量变为更注重质量，以创新为推动力，“互联网+”、工业 4.0、中国制造 2025 以及大数据、云计算科技迸发出新的活力，以人为本的智能时代就要到来。智能连接、智能服务、智能制造，“连接一切，充分感知”是这个时代的特征。

1. 大数据

随着信息化技术的发展，特别是互联网技术的发展，积累了大量的信息数据资产，这些资产就是大数据。它具以下 4 个特点。第一，数据体量巨大，从 TB 级别跃升到 PB 级别。第二，数据类型繁多，如前文提到的网络日志、视频、图片、地理位置信息等。第三，数据处理速度快，数据的处理遵循 1 秒定律，可从各种类型的数据中快速获得高价值的信息，这一点和传统的数据挖掘技术有着本质的区别。第四，只要合理利用数据并对其进行正确、准确的分析，将会带来很高的价值回报。业界将大数据的特点归纳为 4 个“V”——Volume（数据体量大）、Variety（数据类型繁多）、Velocity（处理速度快）、Value（价值密度低）。

大数据分析最早来源于运维人的日志分析，后来逐渐发展为对各种业务的分析。在这个过程中，人们发现这些数据蕴涵着非常大的价值。当前，对大数据的处理与分析正成为新一代信息技术融合应用的结点，大数据成为信息产业持续高速增长的新引擎，它也将成为提高核心竞争力的关键因素。同时，大数据时代科学研究的方法和手段也将发生重大改变。在大数据时代，可通过实时监测、跟踪研究对象，对在互联网上产生的海量行为数据进行挖掘分析，揭示出规律性的东西，从而得出结论并制订对策。

2. 精准运维及其与大数据的关系

所谓运维，既可理解为信息系统的运行维护，又可理解为 IT 业务的运营及维护工作。两种理解都正确，只是适用的企业类型不一样。前者是传统上的理解，主要适用于一些大型传统企业和 IT 业界传统上作业。后一种理解在一批 IT 服务的创新企业里更常见，它们更需要企业的经营与用户的需求同步。而精准运维是一种 IT 服务方法，它是要让 IT 运维服务围绕被服务对象的业务来展开，进行同步心跳式的服务，而不是仅围绕信息系统本身（软硬件）来服务。作为运行维护，精准运维是通过一系列方法掌握服务对象的信息系统特征以及该信息系统所服

务的企业业务特征，找准目标，把握企业运行脉搏，从而精准地规划服务，同步应变，实现服务与业务的匹配。运营维护就是从业者以客户为导向，让业务与用户的要求达到心跳同步，并确保支撑业务的信息系统随需应变。精准运维的本质是保持用户的需求与业务心跳同步，以人为本。要达到这样的效果，需要 4 个因素，即人、软件、硬件、环境。

应用软件是指对业务的逻辑编程。支撑软件包括操作系统、中间件、开发工具、数据库等，硬件包括客户端设备、服务器、网路设施，环境包括机房设施等，人员主要指开发和运营维护的企业员工。

用户对业务的要求又是动态的、各具特色的，特别是对互联网企业而言。如果后台准备不足，就可能导致满意度下降，甚至造成客户流失。互联网企业更重视用户体验，由于信息系统本身的易用性差或稳定性低往往直接影响用户体验，进而对企业的用户群体规模产生致命的影响。值得一提的是，互联网企业的一般客户与用户是一致的，传统企业中则不一定一致。

在充分感知被服务对象的业务情况并能预测业务情况的基础上，要掌握用户对业务的动态要求，甚至预测和引导用户的行为，就需要大数据的帮助。寻找关联性，发现趋势，引领趋势，让大数据辅助精准运维，使精准运维更加精、更加准。

3. 为什么互联网企业需要精准运营

在以人为本的时代，除了尽量满足顾客的需求外，还要合理引导。决定客户满意度的因素一般有 3 个。第一是客户或用户的欲望和要求，第二是竞争对手的情况与态势，第三是自身的水平与实力。第一个和第二个均为外部因素，只有第三个是内部因素。根据实践经验发现，满足、引导和控制外部因素并提升内部因素是提高满意度的最佳做法。当然，内外密切相关，提升内部因素必须围绕外部因素，而只有准确掌握外部的情况，才能做到对外部的满足、引导与控制。所以，目前一切的智能活动都是基于“明白”这个概念的。明白客户（用户），明白对手，才能提供贴心的服务。这是一个以人为本的社会，想要明白人们的心思就需要 “察言观色”。怎样“察言观色”呢？很简单，因为人们在家庭和社会活动中会留下许多痕迹，关于这些痕迹的数据就是企业用来判断人们行为的依据。使用这些大数据，再加上合理的分析，就能帮助我们随需应变。现在互联网、移动互联网、物联网正在逐步成熟，腾讯、阿里巴巴、百度、京东、谷歌、亚马逊都具备了这样的分析条件。

前面提到过，大部分 IT 系统在设计和开发阶段，受开发周期、运行效率和成本等因素的影响，都不可能做到无限柔性。要做到随需应变，就需要运营工作来帮忙。当然，这对运营工作本身也提出了较高的要求。首先，需要全面、准确地把握业务需求。其次，运维工作需要精准，对业务需求和信息系统性能、功能等进行匹配度分析，为系统升级改造、优化完善提供依据和解决方案。再次，对运营过程中的大数据要从业务角度进行精准分析，从而找到新的业务增长点或改进方向。精准运营有助于服务精准化、个性化、甚至引领潮流，使企业更强。

当前，互联网企业正处于争夺“入口”战的白热化阶段。一是互联网正在颠覆传统信息获取方式、生活消费方式以及商务方式的入口渠道。二是面临众多互联网企业抢夺的现实，而且互联网企业扁平化程度越来越高，如何成为第一、稳住第一，都是首席执行官需要思考的问题。质量、速度、成本都是互联网企业产品的主要考量。互联网企业的产品从策划、设计、研发、上线、运营都要考虑这 3 个问题。这里的质量是指广义的质量，包含用户的热度。所以，作为运营维护人员，一开始就要参与到整个周期中，把控全局，才能真正与用户的需求实现心跳同步，实现精准运营。

这里用一个经典案例来说明。2015 年微信的摇红包活动中，除夕“摇一摇”总次数达 110 亿次，峰值是 1400 万次/秒，微信红包收发达 10.1 亿次。与 2014 年用户之间互发红包的方式相比，2015 年摇红包的方式对业务量来说是一个极大的挑战，仅 2015 年除夕晚上 10 点 30 分送出的一波红包就达到了 1.2 亿个，已经是 2014 年除夕夜峰值（每分钟被拆开红包数量仅 2.5 万个）的 4800 倍。大量用户在同一时间摇红包，每秒产生千万级的请求，这个量级的请求如果不加以疏导就直接发送到后台，必定会导致后端服务过载甚至崩溃。微信后台运维团队主要通过三大策略应对：有损服务，柔性可用，大系统小做。我们在惊叹腾讯再次创造奇迹的同时，应仔细想想如何实现这三大策略。微信摇红包是个业务，实现这个业务的是它的信息系统。也就是说，配什么样的员工，用什么样的硬件，怎样应用更合理，需要什么样的环境，这些决策都需要基于对用户群体意识的预测。然后再利用大数据决定保留哪部分业务，如何调整对应的资源。

4. 互联网企业怎样做好精准运营

对于互联网企业的运维团队而言，如何快速有效地部署从而可以保证可利用率、处理大并发访问等是头等要事。现代的互联网企业大量使用 PC 服务器、普通硬盘阵列和群集、先进的 SSD 技术，以及 Linux、MySQL 等开源软件，业务模式单一，软件技术、硬件设备更替迅速。优化性能、灵活部署、提升 IT 硬件的利用率是运维团队的工作重点，业务领先的互联网企业背后都有一个强大的 IT 运维技术团队，而这个运维技术团队往往是互联网企业内部的一个信息部门或运维部门。

对于互联网企业来说，要做好精准运维，需要关注以下几个方面。

（1）企业高层要把握大生态环境，时刻关注用户体验和发展趋势，并将其作为业务发展的一个重要任务。

（2）企业内部的专业技术团队要开展大数据分析，掌握用户对业务的动态要求，预测和引导用户的行为，通过大数据来辅助开展精确预测。同时，将预测结果转化为对信息系统的需求，包括人员、软件、硬件、环境需求等，从而提出提升性能和服务的建议。

（3）根据内部专业技术团队的建议，进行系统性能的优化或新服务产品的设计，以精确匹配用户需求。

展望未来，“连接一切”将是一个大的发展方向，物物相连，人人相连，人物相连。在这个巨大且复杂的网络中，以大数据、云计算为基础的智能感知世界，将在未来的十年得到快速发展。未来我们将是主人，让我们张开双臂，拥抱未来，以大数据为基础，精准感知、精准运维。

14.6 精准运维的利器：风控模型

随着精准运维时代的到来，信息系统与业务的心跳同步将得以实现，运维不再局限于维护，而要能为企业创造出新的价值，将运维效能提升到一个新的高度。精准运维与传统运维最大的区别是，精准运维的运维方只有精准化把握系统运行、维护中可能出现的异常，才能提前防控、有效规避风险。为此，我们在系统运维中首次引入了风险防控的概念，它就像汽车在 4S 店进行车辆维护保养一样，通过一系列检测将系统运行与维护中的隐患梳理明晰，主动采取措施，防患于未然，实现维护的针对性、精确性，从而利用有限的资源规避事故的发生。因此，可以说建立风控模型是开展精准运维的关键一步。

1. 风控模型及其意义

所谓风控模型，就是评价信息系统在运行和维护过程中的风险及其等级的一套标准或方法。要保持信息系统的各类风险得到完整、客观的评价，就需要一套成熟的模型来进行识别和校验。建立风控模型具有以下几方面的意义。

- 风控模型是精准运维的核心，各项运维都是围绕这一核心展开的。
- 将运维方、业务相关方置于同等位置，目标一致。
- 使运维工作摆脱“救火队”这一角色，变为主动预防。

风控模型实施了信息系统与业务的匹配度分析，使系统更贴近用户及业务需求，实现心跳同步，如图 14.5 所示。

2. 如何建立风控模型

1）风控模型框架

建立风控模型需要运维方和业务所有者共同参与，通过用户访谈、系统历史数据梳理、系统运维数据分析等，综合各方面的信息，结合业务运行特点，建立起风险防控模型，梳理风险清单，从而在日常运维中主动防控，降低或消除风险事件发生的可能性，减少因风险事件发生造成的损失，提升企业运营效率。

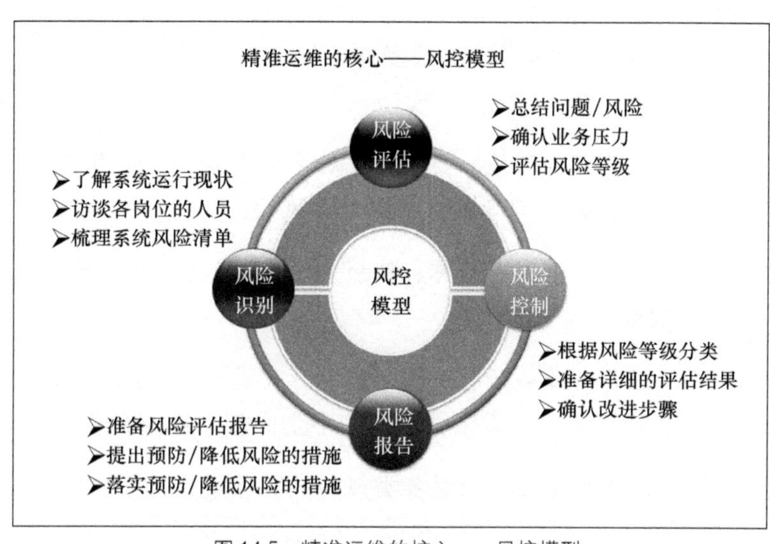

▲图 14.5 精准运维的核心——风控模型

风控模型的建立，要从两个维度考量。在横向维度，从风险类型的角度进行考量；在纵向维度，从企业 4 类主要人员角色对各类风险的关注重点进行考量。风控模型框架见表 14.1（因篇幅的关系，这里只展示了第一类人员关注的各类风险）。

表 14.1 风控模型框架

人员/风险类别	作业风险	业绩风险	政策风险	管理风险	安全风险
高级管理人员更为关注对系统运行、维护产生重大影响的风险，同时还关注对企业绩效产生影响的风险	• 因与内部作业流程相关的事件造成重大损失的风险，如审批/审核作业不及时等影响作业效率的风险； • 因人员失误、系统故障或 Bug 等相关事件造成的重大的系统运行风险，如系统崩溃无法正常开展业务、操作失误造成业务损失等	• 因系统运行出现重大安全事故而导致业绩严重受到影响； • 因系统运行管理不规范而导致重要数据质量严重下降，进而导致业绩严重受到影响； •因系统运行管理不到位而导致核心信息泄露或丢失，进而导致业绩严重受到影响	• 因对某些政策要求评估不足而对系统、业务产生了重大影响，这带来了一些风险； • 由于系统使用、业务运作过程中的某些行为而违反相应的政策、要求，进而使系统运行、维护产生重大偏差的风险； • 对政策要求理解不到位、不全面而使系统运行、维护产生重大偏差的风险	• 系统运行与维护制度不完善，导致运行与维护方面出现问题，进而严重影响业务的风险； • 由管理运作过程中因宣贯不到位、管理不到位等导致效率或效果严重下降的风险，如政策要求落实不到位、供应商管理疏忽等	• 系统运行、业务开展过程中等可能存在的重大人员安全、设备安全风险，如全部或关键设备损坏； • 系统运行、业务开展过程中等可能存在的重大信息安全风险、重大网络安全、环境安全风险，如传输过程中导致重要数据丢失、泄露等； • 因对系统运行、业务开展等安全制度不重视，缺少完善的安全管理措施导致的安全风险
中层管理人员	……	……	……	……	……
维护人员	……	……	……	……	……
作业人员	……	……	……	……	……

在横向维度，从风险的 5 种主要类型进行梳理。这 5 类风险如下。

- 作业风险：因内部作业、人员及系统的失误，或其他外部作业与相关事件，所造成损失的操作风险。

- 业绩风险：因系统运行、管理不当，或操作不规范等导致企业生产经营效率或效果下降的风险。

- 政策风险：因违反了相应的政策、要求，或缺乏对政策、要求的了解，或对政策、要求理解不到位，进而使系统运行、维护产生重大偏差的风险。

- 管理风险：因管理过程中信息不对称、判断失误、落实不到位、应急措施不完善等导致企业效率或效果下降的风险。

- 安全风险：因系统运行、业务开展过程中可能存在的人员、设备、信息、网络、环境等方面的安全隐患，或缺乏安全意识、安全管理措施不全面等，导致企业出现安全事件的风险。

在纵向维度，从企业的 4 类主要人员对各类风险的关注重点进行梳理。这 4 类人员及其关注点如下。

- 高级管理人员：更关注对系统运行、维护产生重大影响进而对企业绩效产生影响的风险。

- 中层管理人员：关注系统运行、维护过程中产生的各类等级较高的风险，应侧重于业绩、管理、安全类风险，并给予及时防范与控制。

- 维护人员：应侧重于所负责的系统在运行、维护过程中产生的作业类风险及政策违规类、安全类操作风险，并给予及时防范、有效控制，确保系统运行正常。

- 作业人员：主要关注系统使用过程中产生的各类操作风险，应避免违规操作、人为失误操作、安全性事故等，发现风险隐患能够及时上报。

2）风控评估方法

风控模型建立之后，对采集到的风险需要进行风险等级的划分。风险等级是 IT 系统所面临的威胁、存在的弱点、造成的影响三者综合作用的结果，因此，风险评估将对这三者综合作用下带来风险的可能性进行评估。

- 威胁性（threat）

可能对系统或组织造成危害的事故潜在的起因，主要由风险出现的频度决定。

- 脆弱性（vulnerability）

可能被威胁利用的资产的缺陷，主要由风险对业务、组织产生的破坏程度及组织自身的控制力度来决定。

- 风险后果系数

风险发生后对业务、组织、绩效产生的影响大小。

- 风险等级

风险等级=（威胁性×脆弱性）×风险后果系数。风险因素的关系如图 14.6 所示。

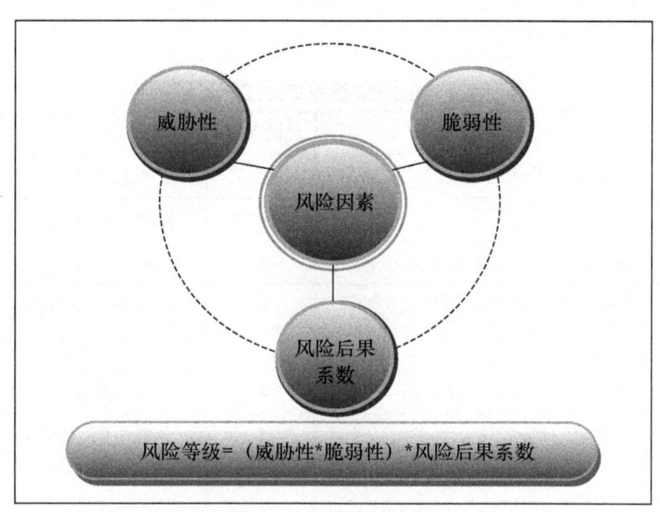

▲图 14.6　风险因素的关系

3. 风控模型运用实例

某企业交易系统是其核心业务系统，承担着每年数亿元的网上交易业务。但近期，接连出现的几次事故，导致系统停用时间较长，影响了用户体验和业务。该系统运维管理部门了解到系统存在的风险较大，委托专业的运维机构开展风险梳理和防控工作，为其评估各方面的风险。风险评估小组开展了一系列工作，最终帮助企业梳理出了各类风险及其等级，为企业下一步开展精准运维奠定了基础。下面介绍如何一步步梳理出风险清单。

第一步，对企业业务进行系统分析，和客户一起完成业务流程图，识别潜在的内部风险和外部风险，根据风险定义对风险事件进行归类。

第二步，对各项风险的属性信息进行收集，包括动因、影响、责任岗位、涉及流程、发展趋势等。

第三步，和业务各环节的用户进行访谈，包括作业人员、初级管理人员、中级管理人员、高级管理人员。

第四步，通过梳理运维历史数据、分析系统运维数据等，综合风险的属性信息，从作业风险、业绩风险、政策风险、管理风险、安全风险五个方面进行风险梳理。

第五步，对采集到的风险点，从目前面临的威胁（威胁性）、存在的弱点（脆弱性）、造成的影响（风险后果系数）三方面进行评估和计算，根据计算结果评定风险等级。

通过以上步骤，帮助用户采集到企业在交易系统方面的风险，这些风险共计有 47 个。其中高等级风险（风险等级是 1 到 5，其中 5 级为高等级风险）共 5 个，占 10.6%。表 14.2 展示了该企业交易系统的部分风险点。

表 14.2 企业交易系统的部分风险点

<table>
<tr><th>风险类型</th><th>风险序号</th><th colspan="2">风险点</th><th>风险等级</th><th>风险描述</th></tr>
<tr><td rowspan="8">作业风险</td><td>1</td><td colspan="2">应用程序无法启动</td><td>5</td><td>应用系统不可用导致相关业务中断</td></tr>
<tr><td>2</td><td colspan="2">数据解析失败</td><td>5</td><td>数据解析失败导致业务出错</td></tr>
<tr><td>3</td><td colspan="2">服务器和客户端数据交互失败</td><td>5</td><td>影响业务使用及用户体验</td></tr>
<tr><td>4</td><td colspan="2">双机热备切换后应用启动失败</td><td>4</td><td>业务无法及时恢复</td></tr>
<tr><td>5</td><td colspan="2">应用页面打开缓慢</td><td>3</td><td>影响业务使用及用户体验</td></tr>
<tr><td>6</td><td colspan="2">应用部分子页面无法打开</td><td>4</td><td>部分业务中断</td></tr>
<tr><td>7</td><td colspan="2">服务器宕机</td><td>5</td><td>业务中断，影响各项业务进行</td></tr>
<tr><td>⋮</td><td colspan="2">⋮</td><td>⋮</td><td>⋮</td></tr>
<tr><td rowspan="4">业绩风险</td><td>1</td><td colspan="2">交易数据不一致</td><td>5</td><td>系统或应用故障导致交易数据有误</td></tr>
<tr><td>2</td><td colspan="2">业务可用性较低</td><td>3</td><td>业务可用性较低导致业务量下降</td></tr>
<tr><td>3</td><td colspan="2">因系统中断导致不得不较长时间加班或业务延期</td><td>4</td><td>要临时协调资源，存在多方面的困难</td></tr>
<tr><td>⋮</td><td colspan="2">⋮</td><td>⋮</td><td>⋮</td></tr>
<tr><td rowspan="2">政策风险</td><td>1</td><td colspan="2">违反国家规定或行业规定</td><td>3</td><td>不了解或没有掌握国家及主管部门对系统运行方面的政策要求</td></tr>
<tr><td>⋮</td><td colspan="2">⋮</td><td>⋮</td><td>⋮</td></tr>
<tr><td rowspan="4">安全风险</td><td>1</td><td rowspan="2">设备安全</td><td>系统硬件设备防火/防水/防雷/防潮等风险或人为损坏风险</td><td>3</td><td>系统硬件设备防火/防水/防雷/防潮等风险或人为损坏风险</td></tr>
<tr><td>2</td><td>机房未配备 UPS 或 UPS 失效</td><td>2</td><td>各种原因引发的供电中断，导致机房无法提供电力支持</td></tr>
<tr><td>3</td><td rowspan="2">信息安全</td><td>服务器双机功能失效</td><td>4</td><td>数据缺少异地备份</td></tr>
<tr><td>4</td><td>数据缺少异地备份</td><td>3</td><td>系统软硬件故障导致的数据库数据丢失或损坏，且服务器或存储上的备份都失效</td></tr>
</table>

续表

风险类型	风险序号	风险点		风险等级	风险描述
安全风险	5	信息安全	存储设备无热备盘	3	硬盘故障后导致业务中断
	6		自动备份功能失效	3	系统软硬件故障导致的备份策略执行失败，无法实现恢复数据时
	7		信息泄露、丢失	4	人为失误、黑客攻击、客观环境缺陷等造成信息泄露
	8	环境安全	机房环境被污染或车间粉尘量超标	3	机房环境被污染或车间粉尘量超标
	9		机房温度过高	3	降低设备稳定性
	⋮	⋮	⋮	⋮	⋮
管理风险	1	应急预案是否完备可行		4	缺少应急预案或应急预案不全，遇到突发情况无法及时应对
	2	人为失误多、故障频发		4	日常操作或系统升级后人为失误多、故障频发
	3	备机、备件不足		3	服务器或硬盘损坏无法及时更换
	4	供应商管理风险		3	维护不到位、个别技术人员能力不足等影响系统运行情况
	5	意识缺失		2	意识不到位导致执行与落实不到位
	6	设备更新换代风险		2	设备陈旧面临性能严重下降的风险
	⋮	⋮		⋮	⋮

通过风险评估，该公司运维管理部门充分认识了在系统运维各环节的风险现状，精准定位目前存在的主要高等级风险点，并协调相应维护商和技术部门对风险进行控制，消除风险，为系统稳定运行打下了良好的基础。

从上面的实例可以看出，只要掌握了风控模型及其运用方法，就能快速、准确地梳理出各信息系统的风险清单，进而为开展精准运维提供有力的依据。同时，不难发现，该风控模型既涉及信息系统本身，也涉及管理、安全等方面，可以说风险范围涵盖广泛。风控模型是每个IT 企业的发展都要考虑的内容。如果企业能够很好地运用该方法开展精准运维，那么这个企业就会成为低风险的高价值企业，从而提升企业的市场竞争力。

第 15 章　用户感知体系

IT 服务发展到今天，已经经历过粗犷发展的时代。如今，每一个 IT 服务提供商都希望能够有效地管控服务质量，以促进 IT 业务的快速发展。但由于传统的 KPI 更侧重 IT 服务提供商内部的体系绩效，不能直观反映用户的业务体验，这为今后的业务发展埋下了隐患。

如何实时把握用户的体验、需求及动向，针对 IT 服务策略做出适应性调整，满足用户的需求，成为 IT 服务提供商共同面临的问题。

15.1 什么是用户感知

所谓用户感知，就是指服务提供方了解或度量用户对所提供服务的体验。一个 IT 服务组织如果想要清楚掌握服务对象的想法，了解服务对象对服务的评价（对服务的评价当然由服务对象（即用户）完成），让用户理解企业，也让企业了解用户，就需要建立一套方法，即用户感知体系。

用户感知涉及 3 个重要概念，即感知主体、感知客体及参照标准。其中，感知主体是 IT 服务提供方，感知客体是用户的体验、服务的过程与结果，参照标准是服务提供方与用户均认可的服务标准。

一般来说，用户感知体系定义了服务提供方向其用户提供的各项服务的服务标准、过程与结果的度量方法，以及感知的方式与手段。以下部分或人员需要建立用户感知体系。

- 对 IT 运维服务实施标杆管理的服务提供方。
- 要获得 IT 运维服务的机构或部门。
- IT 运维管理机构或部门。

针对 IT 服务建立用户感知体系有两个重要作用。一是通过感知用户对所提供服务的体验来作为内部服务改进的输入量，促进服务持续改进，使服务更具针对性，让服务与公司的经营宗旨更加一致；二是把用户的实际需求作为个性化服务开展的输入量，促进 IT 业务的拓展。

15.2 用户感知原理

下面就以 IT 运维服务为例说明用户感知的原理。运维服务应包含服务策略、服务内容及服务标准。一定要记住，这里的服务标准必须是用户所接受的，服务方和被服务方应就服务标准达成一致。这些都定义好之后，向用户提供服务，即实施服务。服务的实施包括两个部分，一是过程，二是结果。服务过程的规范性及服务结果的好坏用户都将体验到。作为服务提供方，一方面需要对服务过程和结果与服务标准进行对比，确定服务的效果与水平；另一方面，通过各种渠道或方式感知用户的体验。最后，对比这两个结果，寻找差距，改进运维服务，从而提高用户体验。用户感知体系的架构如图 15.1 所示。

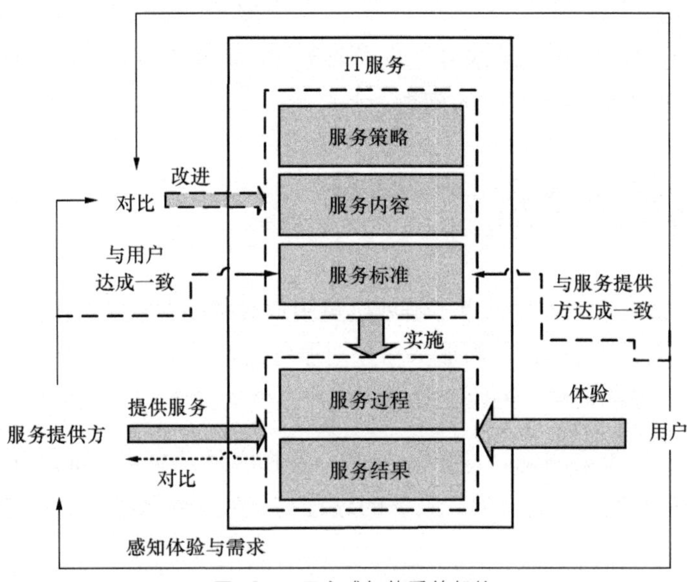

▲图 15.1　用户感知体系的架构

15.3 用户感知体系的建立

用户感知的实施一共分为四个阶段，分别是建立体系、采集信息、分析感知和回顾评价阶段。下面将举例说明。

某 IT 服务企业的服务对象为国内某制品行业的工业制造企业和商业销售企业，覆盖全国所有省份，服务的用户群体分散。运维人员组成不同的小组分散在全国的各省，每个省的运维人员并不多。

如何掌握分布在全国各省的运维团队的服务效果、如何迅速收集所有用户的需求与反馈，是管理者面临的一大挑战。为了解决这一问题，企业管理层决定建立用户感知体系并予以实施。

1. 建立体系

在企业管理层的大力支持下，按用户感知模型建立了用户感知体系，确立了清晰的服务策略、服务内容和服务标准，规划了感知的对象、方法和手段，制订了信息采集、感知分析和回顾评价的流程，并设立了体系负责人。在体系建立后，对所有相关人员进行培训和应用辅导，让参与者都能接纳用户感知的思想并能够熟练地执行。

2. 采集信息

采集的信息分为 3 类，包括用户动态信息、用户反馈与建议、个性化需求。其中，用户动态信息的采集项根据运维实际需要填写，包括但不限于企业重大事项、IT 系统升级调整、相关供应商动态、人员变动信息等；用户反馈与建议包括但不限于服务响应速度、故障处理效果、交付物质量、人员服务态度、服务规范性、培训效果等方面；个性化需求主要包括用户提出的各类 IT 服务需求。

按照上述采集内容，每个小组都是一个信息采集点，负责采集所负责用户群体的动态信息和服务体验，每周提交一次采集报告，形式不限（邮件、电话、短信等均可），指定专人收集和整理感知信息。

3. 分析感知

分析感知包括内部 KPI 分析、用户体验分析、内部 KPI 与用户体验的对比、用户需求信息分析等内容。

（1）内部 KPI 分析。参照设立的内部 KPI 评价指标，结合采集的内部 KPI 数据，对内部绩效进行评价，获得关于内部服务的评价结果。

（2）用户体验分析。对采集到的用户体验数据进行分析，得到用户的体验结果，该结果体现了用户对服务各方面的满意程度。

（3）内部 KPI 与用户体验的对比。将内部 KPI 评价结果和用户体验进行对比，分别整理出内外部结果一致的项目和差异明显的项目。对于存在明显差异的服务项目，应进行深入的调查分析，查找导致差异的具体原因，查明到底是设立的服务标准不合理，还是评价的方法有问题。这期间就需要通过相关服务项目获取更多用户的体验信息。差距对比分析的结果将作为改进服务或改进体系的重要依据，分发给相关部门进行针对性的改进和调整，以实现内部 KPI 和外部用户体验的匹配和适应。

（4）用户需求信息分析。对采集的用户需求信息进行分类分析，从而发现用户当前在哪些方面存在共性需求，在哪些方面存在可深入挖掘的服务需求。这些需求信息的分析结果将提交给市场拓展部门，并由他们和相关用户就需求信息进行沟通交流。这些信息的分析对于企业的业务发展至关重要，它可能带来新的利润增长点。

4. 回顾评价

为确保用户感知体系适应业务发展变化的需求并满足持续改进的需要，企业每年对感知体系进行两次综合评审，查找并发现可改进的方面，从而有针对性地进行改进，以保持用户感知体系的有效运转，真正做到全面感知用户、把握用户体验。

15.4 感知的方法

1. 服务策略

服务策略指根据企业发展战略和客户需求而制订的服务方针与方法。服务策略的核心理念是客户满意和客户忠诚，通过使客户的满意来促进双方的合作，最终实现服务绩效的改进和企业的长期成长。

服务策略的建立应基于两方面。一是企业有明确的服务策略（服务策略应形成文件，建立指导服务工作的体系文件），该策略能够对整个服务工作起到指导作用；二是企业的服务策略既能满足客户的需要，又能使企业的服务成本保持在合理水平（企业应合理而有效地制订服务策略，避免指定的策略空泛、无法执行，或不能满足客户的要求）。

2. 服务内容

服务内容是企业将服务作为产品推出的服务项目或根据客户需求制订的服务项目。不管是哪个行业，服务内容都可以大致分为两类：受理服务和主动服务。受理服务由客户发起，服务提供方依据客户的需求给出解决方案；主动服务由服务提供方依据服务策略而发起，主动向客户提供各种提升客户体验的服务。

服务内容的设计需要满足服务策略和客户的需求。无论是从公司的发展战略角度考虑需要对服务策略进行调整，还是客户提出了新的需求，都将引起服务内容的变化与更新。

3. 服务标准

服务标准是根据用户的需求对服务内容进行量化。服务标准的制订应遵循五大原则，即：明确性、可衡量性、可行性、及时性、吻合性。

- 明确性：服务标准必须明确、可量化。如规定应在电话铃声响起的第二声内接听电话。
- 可衡量性：指服务标准要用定量的指标表示，例如96%的电话都在铃声响起的第二声内接听。
- 可行性：设计一个可实现的工作过程，并且使之不断执行下去。
- 及时性：服务标准有明确的时间限制才有价值。
- 吻合性：服务标准要与客户的需求吻合。

受理服务标准需要遵循的要求包括：受理服务分类标准、受理服务处理规范、受理服务效率要求。根据用户的需求进行量化和具体化工作，再由服务提供商和用户共同确认，双方都接受并认可，才能作为服务的目标和要求。主动服务标准包括主动服务分类、服务方式与内容、服务频次、服务规范、服务目标等。

4. 感知方法

要准确地感知用户的体验，企业内部必须建立管理体系，且管理体系应该有体系负责人，负责承上启下、维持体系的正常运转。为确保服务感知结果的真实性、客观性，对于服务提供方而言，应由相应的人员来执行相应的调查与统计工作。

感知的手段很多，包括电话回访、抽样对比、问卷调查、反馈记录、标准对比等。针对不同的服务，服务提供方可以灵活采用一种或多种感知手段。用户主要依据所获得的实际服务与期望服务（所认可的服务标准）的对比产生体验。只要服务标准确定，用户体验就只取决于服务的过程与结果。

感知体系的实施主要包括3个流程：采集信息、分析感知及控制感知质量。每个流程都有流程负责人及相关的实施人员。具体实施步骤如下。

（1）感知体系负责人制订年度体系实施方案，确定体系的完成目标及改进目标。

（2）制订目标后，由信息采集流程负责定期通过上述感知手段与方法采集体系所规定的各项指标的信息，并汇总整理。信息采集流程负责按周出具信息采集报告。

（3）采集信息后，感知分析流程负责对其进行统计分析，并计算出分析结果，将结果与目标进行对比，确认结果是否符合目标要求。若结果与目标有差距，应寻找具体的原因，并作为改进的依据。对于用户的需求，确认是否符合公司的服务策略。若符合，则策划相应的服务内容。

（4）感知质量控制流程负责促进体系运转、对体系定期评审回顾，并审核目标完成情况，保持体系持续有效地改进。

作为 IT 服务中的一项新方法，用户感知能够有效地把握用户的真实体验和需求，对提升 IT 企业的服务水平、拓展新业务有着重要作用。尽管目前用户感知的应用还刚刚起步，但是随着越来越多的 IT 企业逐步接受并实施用户感知，它必将在提升企业的核心竞争力中发挥越来越大的作用。

第 16 章 IT 运维服务的治理

现代社会企业面临着诸多挑战，如客户的需求不断变化，需求的差异化扩大，技术日新月异的发展使企业间的竞争更加激烈。不少企业（如互联网企业、金融电信企业、大型制造业、传统零售巨头等）都认识到需要利用信息技术加强自身的竞争力。信息技术已完全融入企业本身，成为企业不可缺少的一部分。然而，有信息系统就必须有系统的运维服务，而系统的运维服务并不是这些企业的核心竞争力，企业自身完成最擅长的业务（保留核心竞争力），而将其余非核心业务服务外包或出租，已经成为一种不可逆转的趋势。

因为有了 IT 系统，伴随着 IT 系统的运行、变化和发展，IT 运维服务就有了存在和发展的基础。有 IT 运维服务需求的企业，一般情况下，内部不配备或很少配备专职 IT 运维人员。这些企业将 IT 运维服务外包，包括全部计算机硬件、网络及外设的维护工作以及软件运维服务工作，甚至 IT 运维服务的部分管理工作，都转交给专门从事 IT 运维服务的公司来做。企业自身则专注于最擅长的工作，这样一来，第三方 IT 运维服务商的发展变得十分迅速。但如何保证将外包的 IT 运维服务也能满足要求，是企业需要认真考虑的一件事情。为了便于企业轻松掌控 IT 运维服务质量，保障服务的及时性、规范性和有效性，就必须在甲乙双方（接受外包服务的为甲方，提供外包服务的为乙方）之间建立一套机制，即 IT 运维服务治理。

IT 运维服务治理与 IT 治理有本质的区别。关于 IT 治理，有人认为，它是一个过程，用于描述企业或政府是否采用有效的机制，使得 IT 的应用能够完成组织赋予它的使命，同时平衡信息化过程中的风险，确保实现组织的战略目标。它的使命是：保持 IT 与业务目标一致，推动业务发展，促使收益最大化，合理利用 IT 资源，管理和 IT 相关的风险。IT 运维服务治理，则是通过建立合理的机制，达到 IT 运维服务甲乙双方间的平衡，共同推进 IT 运维服务水平，达到业务要求。

16.1 理想与困惑

将 IT 运维服务外包后，最理想的情况是 IT 运维服务运行效率更高、成本更低，这主要基于 3 个因素。一是专业的人做专业的工作，专业公司提供的外包服务，比企业自身服务部门的工作更为高效、专业。二是节省资源、减少投入，单个企业对服务的需求不确定也不稳定，这必将造成资源的浪费，而外包服务公司的资源配备完全按照业务的数量而定，能够实现资源的合理配置。三是节约时间，有了外包服务，就不必用企业的资源来完成目标任务，而直接通过外包的方式，随时需要随时就能获得资源。

但在实际的外包活动中，甲乙双方往往都会遇到各种问题。甲方由于专注于自身业务，在 IT 运维服务方面的关注度下降，只有较少的专业人员或者没有专业人员。对甲方而言，如何监管乙方的工作，如何确定有无信息安全隐患，如何对乙方的工作完成情况进行考核，以及如何判断该外包服务是否值得，这些都是需要考虑的问题。对乙方而言，由于乙方有大量的员工在甲方的现场提供服务，因此服务工作的质量不容易判断，如果不能有效地激励爱岗敬业的优秀员工，可能导致人才流失，从而影响服务。

16.2 IT 运维服务治理的目的

通过实施 IT 运维服务治理，甲乙双方能在运维管理方面产生积极作用。在甲乙双方均达成共识的基础上，清晰地梳理甲方的管理节点和需求，明确甲方对乙方的工作要求、流程与方法，最终使运维工作能以双方认可的方式得到实施和准确的考核，提升外包服务水平。概括起来，IT 运维服务治理主要有以下几个目的。

（1）甲方能够全面了解自身的业务需求和管理重点，为管理精细化和目标化奠定基础。

（2）甲方能够形成完善的 IT 运维服务外包考核方案，实现考核指标直接与业务需求匹配，而且大部分指标可量化，使 IT 外包服务的考核科学化、程序化并具有针对性。

（3）甲方能够在 IT 运维服务管理方面展示出专业性，甲方的理念与要求能否很好地传给乙方，能否促使乙方重新梳理运维服务方案，使乙方产生提升服务水平的动力。

（4）乙方能清楚地知道该做什么、如何做、达到什么标准，为乙方提升 IT 运维服务水平提供重要支撑，最终确保运维服务的质量。

（5）乙方对外包服务人员的考核与管理有清晰的导向目标和要求，利于通过考核达成目标要求，并实现有效的激励，形成良性循环，促使运维服务水平提升。

16.3 IT 运维服务治理的原理

IT 运维服务治理的过程就是甲乙双方就 IT 运维服务需求进行梳理、对服务方案进行细化、对服务过程进行管控、对服务效果进行评价的全过程。这可以用图 16.1 来说明。

甲方根据业务需求认真梳理 IT 运维服务的需求，这个梳理过程也就是第 14 章提到的发现运维价值的过程。甲方通过梳理风险，提出保障需求和具体的可量化指标要求及考核方案。乙方根据甲方的需求按照“科学化、透明化、人本化”的原则制订完备的服务方案，重点突出主动服务部分（主动预防工作量应占到一定比重），达到“防患于未然”的目的，并按方案和流程有计划地予以实施。在实施过程中，乙方定期向甲方报告信息系统运行状况及服务情况，确保甲方对 IT 外包服务可控、可管。实施完毕后，甲方对乙方的 IT 运维服务过程与结果按考核方案进行评价，考核结果作为选择下一周期 IT 运维服务外包商的重要依据。

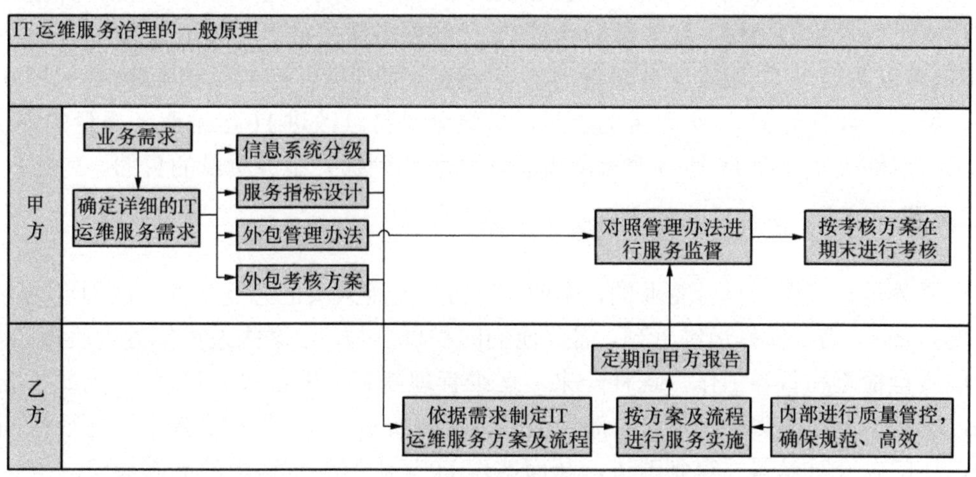

▲图 16.1　IT 运维服务治理的一般原理

1. 甲方的 IT 运维服务治理

甲方在外包活动中应明确按上述方法对乙方的 IT 运维工作进行要求，同时还应完成下面几项工作。

（1）针对不同类型信息系统的等级，制订不同的策略，并依据统一的策略界定各信息系统的重要等级。

（2）定义故障等级。对于不同等级的故障，时效性要求各不相同。一般来说，重大故障的故障响应时长和故障恢复时长要求都很高。

（3）在界定信息系统重要等级后，可依据不同等级设定不同的服务指标，包括服务支持时间要求、不同故障等级的服务恢复时长等，建立起运维指标体系。关于各运维指标，应力求定义清晰、可量化，使其具有良好的可操作性。

（4）在有了甲乙双方都认可的指标体系的基础上，可根据运维指标体系建立运维考核办法，定期对乙方的运维工作情况进行考核，考核结果将直接与最终的 IT 运维服务费用挂钩，还可以制订相应的奖惩条款。

下面介绍甲方如何做好 IT 运维服务合理。

（1）紧紧抓住 IT 运维服务质量这个龙头。

① 找到关键节点，不断推进质量工作的建设。

要提升 IT 运维服务的质量，核心的就是要找到影响服务质量的关键节点，并把这些关键节点转化成可以量化的指标。这些指标就是 IT 运维服务质量的“牛鼻子”。抓住了这个“牛鼻子”，不但可以实现对 IT 运维服务质量的宏观把控，而且可以将 IT 运维风险切实控制在“茶杯”内。所以，要抓好 IT 运维服务的质量，关键就是持续改进 IT 运维服务质量的评价体系，让质量工作能够真正反映 IT 运维服务的现状，从而达到提升服务质量的目的。

② 做好内部人员服务质量意识的宣贯工作。

运维服务是直接面向自身企业的，企业（甲方）使用人员的感受最深，他们直接影响服务的满意度。所以，为了做好运维管理，需要他们的积极参与，让这些人员都成为质量的督导员，实时开展质量检查和督导工作，这样一来，运维管理就有了千百双“眼睛”。因此，要做好运维管理，最有效的方式就是向企业内部人员宣传服务质量意识。同时，建立服务质量问题的反馈机制，让问题及时暴露并得到改进，从而实现 IT 运维服务过程中的动态调整。

③ 进行服务监督，进行不定期质量抽查。

作为甲方，做好运维服务的监督是职责所在。因此，除了用上述方法不断加强对运维服务质量的监管外，还需要不定期地与用户进行面对面的交流，收集第一手资料来了解运维的执行情况。

（2）密切掌控 IT 运维服务的各项趋势。

做好运维管理工作不仅需要必要的数据，还需要研究这些数据，及时从这些数据中发现需要改进的地方。所以，我们不仅需要了解建立起来的质量体系中的各种数据，还需要对运维数据进行整理和分析，以得到运维服务的“品质线”和“满意线”。这两条线及这两条线之间的关系是进行服务改进的重要依据。

① 掌控 IT 运维服务质量的趋势。

为了了解运维服务的变化趋势，首先要了解服务质量的趋势。这个趋势直接反映了服务本身，掌控这个趋势就能把握服务的方向，服务质量的趋势可以通过定期 KPI 的趋势图获得。

② 掌控用户对服务感受的趋势。

前文介绍过，服务是直接面向企业的，所以满意度直接体现了企业对运维服务的感受。企业是否接受运维服务的服务方式、内容和效果，都通过满意度调查直观地展示出来。因此，满意度变化的趋势将反映运维服务的差距，从而指导企业进行改进。

（3）重点把握 IT 运维服务的关键节点。

运维管理的主要任务是宏观把握 IT 运维服务的方向，保证 IT 运维服务的品质，而不是面面俱到。所以，IT 运维管理工作的重点是要找到并把握好 IT 运维服务的 3 个关键节点。

① 监控服务级别目标的达成情况。

服务级别协议是甲乙双方签订的关于 IT 运维服务的基本要求，也是乙方的郑重承诺，这是做好 IT 运维服务的底线。所以，监控好服务级别目标是做好 IT 运维管理的第一个关键节点。

② 了解系统运行情况。

关于 IT 运维服务质量的重要一点是运维服务的作业行为要保障信息系统安全、可靠、稳定地运行。所以，保障系统的正常运行是 IT 运维服务的基本目标。业务平均失效间隔（MTBF）、设备平均修复时间（MTTR）、设备平均维护时间（MTRS）能准确地反映系统运行情况。所以，把握好这 3 个指标是做好 IT 运维管理的第二个关键节点。

③ 跟踪风险改进情况。

不管是 IT 运维服务，还是 IT 运维服务质量，都是一个动态变化的过程。只有按照 PDCA 的方法论进行持续的改进，才会保持活力和竞争力。而 IT 运维服务对风险和改进的及时响应情况反映了这种意识。所以，跟踪 IT 运维服务风险和改进的落实情况是做好 IT 运维管理的第三个关键节点。

（4）及时修正 IT 运维服务的偏差。

要确保 IT 运维服务工作在正确的轨道上运行，必须及时修正 IT 运维服务上的偏差。所以，无论是进行趋势分析还是进行风险分析，目的都是要及时修正偏差。为了达到这一目的，我们需要把隐藏在大量 IT 运维数据中的这种偏差找出来，然后再通过监督落实去修正，以指导乙方找到解决的方法。这样就可以不断改进服务和提升满意度。

2. 乙方的 IT 运维服务治理

根据多年的 IT 运维经验以及参考 ITIL 和 ISO 20000 的核心方法论，要做好 IT 运维工作，首先，理念要准确，特别是乙方在 IT 运维中应体现“科学化、透明化、人本化”的理念。IT 运维工作应 “重承诺、讲计划”，确保 IT 运维工作具有良好的计划性以便最终达成 IT 运维服务的承诺。其次，IT 运维工作应依据计划有序开展，过程中应做到“遵规范、重控制、有反馈”。IT 运维效果应体现乙方的运维效率、应急保障能力，达到“讲效率、能应急、有保障”的要求。最后，乙方在 IT 运维过程中应采用 PDCA 的方法论持续改进，以有效提升 IT 运维服务质量。

在整个 IT 运维过程中，计划是整个工作流程的核心。按照计划先行的原则，乙方应提前制订分项工作计划（如巡检计划、监控计划、培训计划等）和时间维度计划（季度工作计划、月度工作计划等），并遵守流程、按计划实施。同时，要将工作计划的执行效果和 IT 运维结果与服务承诺进行对比，对比的结果应作为改进工作计划的输入，确保能够达成对用户的承诺。在此过程中，IT 运维人员将根据工作需要定期或不定期将 IT 运维工作情况向用户进行反馈与汇报，让用户全面了解整个系统的运行情况及运维工作情况。

乙方开展运维工作的整体思路如图 16.2 所示。

（1）制订合理的运维工作计划。

工作计划是最重要的一项内容，它应围绕实现服务承诺而制订，各分项工作计划和时间维度计划等都应以确保实现服务承诺为前提。其中，现场巡检计划是 IT 运维工作计划的核心。现场巡检工作具有重要的作用和意义，我们能够通过现场巡检发现系统的薄弱环节、关键业务节点、存在的隐患。这对制订应急预案及备品、备件计划等至关重要。

（2）严格按计划落实与执行。

IT 运维工作的执行是重点，能否严格按照工作计划执行是 IT 运维服务效果能否达标的关键因素之一。当然，如果计划发生变化，那么执行计划也应相应更新和变动，以适应计划需要。在 IT 运维工作的执行过程中，应严格按照流程规范开展运维工作，并注重控制以降低运维风险。针对运维的执行情况，应定期向用户反馈。总而言之，运维工作的执行来源于计划，更新于计划，受控于流程，输出于反馈。

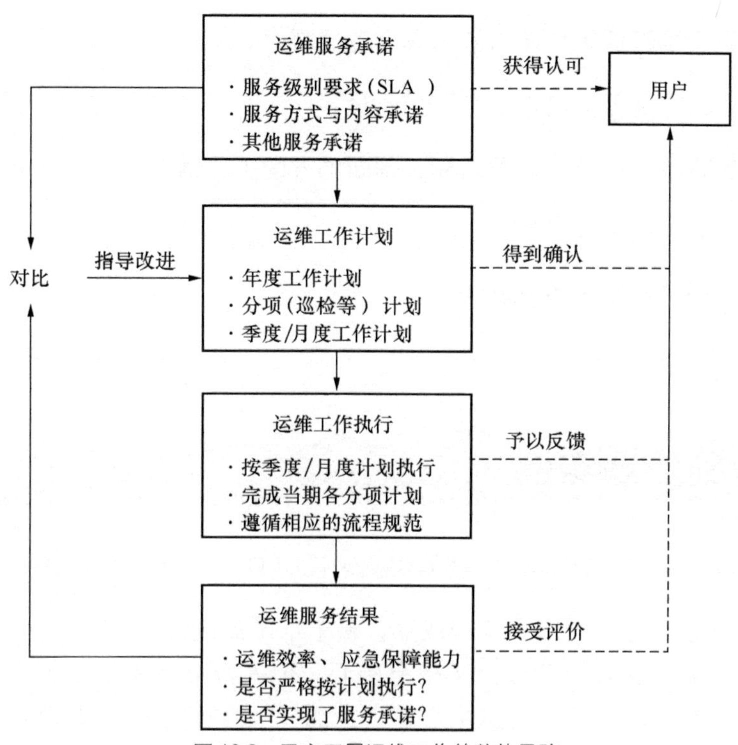

▲图 16.2　乙方开展运维工作的整体思路

（3）定期或阶段性开展工作回顾。

如何掌握运维工作的进度并了解实际效果呢？这就需要检查与回顾，也就是"回头看"，把运维工作的执行情况与计划目标和要求进行对比，梳理还存在的问题与不足，这也是监督运维工作落实到位与否的一种手段。回顾工作可以是阶段性工作总结，也可以是专项检查，重在总结工作的效果、查找问题与差距，为后续改进提供依据。甲方对运维工作的反馈是后续服务改进的重要输入，在回顾时应重点分析讨论。

（4）持续改进不足之处。

针对阶段性总结与回顾时发现的运维服务问题与不足进行持续改进，如此循环，能够促进运维服务工作深入推进，满足甲方的需要。

3. 甲方日常的管理工作

由于服务外包或租用外方服务，甲方对 IT 运维服务的管理主要是以结果为导向的节点式管理。这个管理工作主要包括以下几个方面。

（1）定期调研并了解使用该系统的甲方内部用户或外部用户对系统运行的感受。

（2）甲方信息系统管理者与使用者达成合理的需求。

（3）定期检查乙方是否按报告制度汇报质量。

（4）不定期检查系统运行的各项指标，判断乙方的工作情况。

（5）批准乙方的一些关键工作安排。

（6）与乙方共同讨论服务的 PDCA。

（7）对乙方进行考核。

16.4 IT 运维治理实例

我们以某制造企业实施 IT 运维治理的实例来说明 IT 运维治理的原理、方法及效果。

制造企业的核心业务是制造和营销成品，整个生产流通环节部署了大量的信息系统，每年运行维护的工作量很大。企业设立了信息中心，但人数只有不到十人，完全无法满足 IT 运维服务的需求。因此，企业的信息中心将大量的 IT 运维服务工作外包，其自身的职责就是进行 IT 规划及建设与维护的管理。在外包活动中，信息中心明显感觉运维服务商（乙方）的服务存在诸多问题，如驻场人员不按要求到岗、响应不及时、未及时发现并排除系统隐患，经常造成重大事故，严重影响了企业的正常业务，并且造成了无法挽回的损失。

有了前车之鉴，企业信息中心决定从软件运维项目入手尝试实施 IT 运维治理，并邀请专业的运维咨询机构协助制订 IT 运维治理方案。在专业运维咨询机构的帮助下，企业信息中心针对不同类型信息系统的等级（如 1～5 级）划分策略，定义了故障等级、建立起针对不同等级系统的运维指标体系以及运维考核办法，将这些要求纳入制度并发布。这个制度作为与运维服务商（乙方）签订运维合同书时的硬性要求，将最终运维服务费用与考核结果挂钩，体现奖惩分明的原则。关于不同类型信息系统的等级划分策略，可以从业务类型、业务依赖度、业务复杂性（包括业务环节数量、协同合作的部门数量、与其他业务的关联性、业务产生的数据量）、使用对象（包括用户规模、用户最高级别）、运行需求（包括最长允许中断时长、服务时段）等方面进行综合评分，最后确定信息系统的等级。

针对等级较高（如 4～5 级）的信息系统的供应商，考核方案如表 16.1 所示。

制订这些 IT 运维治理方案后，企业信息中心要求各软件项目运维服务商（乙方）按这些要求开展运维服务工作。乙方在明确运维目标和要求后，全面了解了自身的目标及存在的差距和不足，重新梳理了自身的 IT 运维服务内容和流程，并加强对运维服务人员和运维服务过程的治理与管控。

表 16.1 针对等级较高（如 4～5 级）的信息系统的供应商考核方案

考核项	考核小项	权重	评价结果
服务承诺	是否有明确的服务承诺及服务支持时间	10	—
工作计划	是否及时根据承诺做出明确的工作计划	15	—
服务交付	运维工作是否有经过甲方确认的明晰流程	35	—
	运维过程是否按流程实施执行		—
服务结果	抽测事件的处理质量	35	—
	重大事件处理情况		—
	提交物情况		—
	直接用户感知		—
改进项	是否有改进机制	5	—
	改进方案和计划执行情况		—
加分项	是否有合理化建议	—	—

经过一年多的运行，企业信息中心明显感觉 IT 外包服务质量有了明显提升，响应时间缩短，事件处理效率高。最重要的是，加强了主动预防使得高等级系统没有发生重大事故。企业的各业务部门对信息中心的信任度得到提升，信息中心也对运维服务商（乙方）的工作更有信心。运维服务方由于考核结果较为理想，也获得了超过预期的收益，实现了互利共赢。

第 17 章　IT 运维服务的质量

对 IT 运维服务质量的评价是一个非常重要的环节，因此对 IT 运维服务质量的评价必须要科学、透明。它既是对运维工作的反映，也是促进运维工作按 PDCA 循环不断进行的指针，还是甲方或乙方自身管理和判断运维工作情况的依据。我们把这种评价称为 IT 运维服务的质量评价。本章介绍的是结合国内外经验和笔者自己的方法初步形成的一套 IT 运维服务质量的评价方法。

17.1 运维服务质量的相关理论及定义

运维是一项服务，而按照 ISO9000 的标准，服务是 ISO9000 标准中定义的四类产品之一，所以运维服务也是一个产品。既然运维服务是一个产品，那么就必然存在优劣之分。和一般产品一样，质量不过硬的服务是没有生命力的。如何才能做好服务呢？对于一般产品来说，做好产品可能需要有先进的工艺，精密的设备或领先的技术。IT 运维服务也一样，不过它需要的可能是最佳实践或统一的标准，为了解决这个问题，ITIL 和 ISO20000 应运而生，它们凭借服务的生命周期理论及 PDCA 的方法论为服务提供者提供了有价值的参考。

虽然 ISO20000 介绍了如何做好服务，ISO9000 介绍了什么是服务质量，但是关于服务效果的度量方法，这两个标准并没有给出答案，这让很多运维服务提供者感到困惑。到底应该如何做呢？这就必须要清楚 IT 运维服务的质量。简单来说，IT 运维服务的质量就是把 IT 运维服务作为一个产品，将其中的关键要素转化为可度量的指标，以此作为评价这个产品质量的依据，得到其满足服务要求的一系列测量值，这些值就构成了运维服务的质量。这是一个关键定义，本章将围绕这个定义，帮助 IT 运维服务提供者步入正轨，走向发展壮大的阳光大道。

17.2 IT 运维服务质量和用户满意度的联系与区别

在正式介绍如何度量 IT 运维服务的质量之前，我们要知道两个既联系紧密又有本质区别的概念。一是 IT 运维服务的质量，二是用户满意度。

这两者有什么联系和区别呢？一般来说，提供运维服务的组织都会进行满意度调查，通过满意度调查来了解用户对服务的满意程度。很多初涉运维服务的组织往往把满意度视为服务的质量，其实这两者有本质的区别。满意度是外在（客户）对产品的体验，而质量却是产品本身直接影响用户使用与体验的特征。它们一个是外在的，一个是内在的，虽然有不同之处，但互相促进、互相反映，形成较强的正相关关系。再加上业绩，这三条线成为公司经营的重要指标。

通过上述分析，我们得知 IT 运维服务的质量和用户满意度是两条关系密切又互相影响、互相作用的评价曲线。当两条曲线正相关时，IT 运维服务稳步发展；当两条曲线负相关或者不同步时，则表明运维服务存在一定的风险，有可能会影响进一步的发展。因此，在进行 IT 运维服务的质量评价时，也要同时开展满意度的调查，还要研究这两者之间的关系，只有这样才能准确判断运维服务的效果。

17.3 评价运维服务质量的模型

前文介绍过，运维服务质量是满足运维服务要求的程度，也可以理解为是针对服务效果的一个度量。要让运维服务质量准确反映运维服务的实际情况，就需要将 IT 运维服务质量评价导向化、客观化、标准化，而这“三化”的前提是将质量评价进行量化。在吸收了国际上相关的实践和经验之后，我们设计了 IT 运维运维服务质量工作模型总体架构，如图 17.1 所示。

按照图 17.1 所示架构，IT 运维服务的质量可以分解为两个部分，分别是用户体验和系统情况。系统稳定运行并且满足业务需要是 IT 运维服务的最终目标，而用户的感受则是决定运维服务质量的关键要素。因此这两部分内容是 IT 运维服务质量的核心。另外，要真正量化好这两个部分，必须融入甲方的需求和风险控制的理念。甲方的需求属于质量工作的输入部分，是质量工作展开的准绳。运维工作不出事是对运维工作的一个基本要求，因此需要防范风险，排查隐患。在突发事件发生后迅速解决事件，使影响和损失降到最低，这是运维工作的基本理念，也是运维质量评价的重要依据。所以，以风险控制为理念建立的风控模型也就自然成为运维质量评价工作的基础。

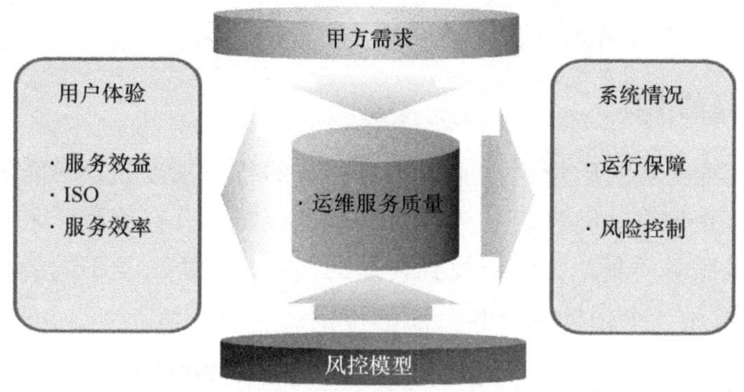

▲图 17.1 IT 运维服务质量工作模型总体架构

什么是风控模型呢？风控模型是通过分析运维的系统可能存在风险的可能性，来识别系统所面临的威胁、存在的弱点、造成的影响，及这三者综合作用带来的风险，从而帮助企业有效地规避或降低决策管理系统可识别的风险（详见第 14 章）。图 17.2 展示了风控模型的原理。

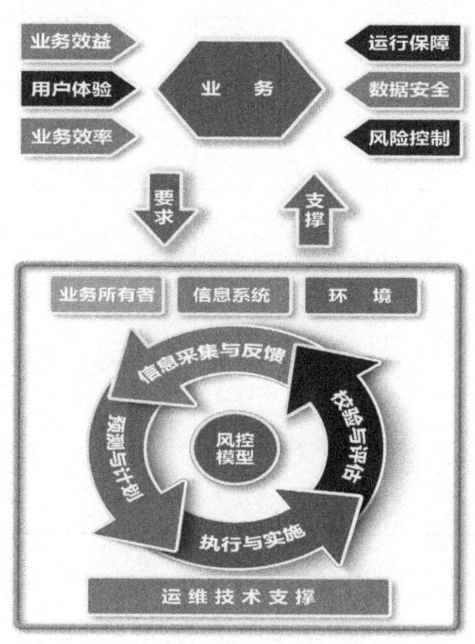

▲图 17.2 风控模型的原理

17.4 IT 运维服务质量的实践

评价运维服务质量的模型就是计算运维服务质量的理论基础。有了这个模型，评价质量的工作就可以通过测量运维服务的内在特征、分析特征和执行特征来计算运维服务的质量。下面就以这个模型为基础简要说明如何进行运维服务质量的度量。

1. 要挑选出合适的指标

前文介绍过，运维服务的质量通过服务本身固有的特性来反映。评价运维服务质量必须要找到这一组特性，并且把这些特性转化为可以量化的指标，只有这样，才能计算运维服务的质量。所以要计算运维服务质量，首先要找到合适的指标，还要赋予不同的权重，以体现当下的关注程度。表 17.1 就是一个指标设计和分配的样例。

表 17.1　IT 运维服务质量评价量化指标样例

序号	评价范围	评价权重	评价项目	项目权重	评价指标	指标权重
1	系统情况	0.*n*	运行保障	0.*n*	指标 1	0.*n*
2					指标 2	0.*n*
3					⋮	⋮
4					指标 *n*	0.*n*
5			风险控制	0.*n*	指标 1	0.*n*
6					指标 2	0.*n*
7					⋮	⋮
8					指标 *n*	0.*n*
9	用户体验	0.*n*	ISO	0.*n*	指标 1	0.*n*
10					指标 2	0.*n*
11					⋮	⋮
12					指标 *n*	0.*n*
13			服务效率	0.*n*	指标 1	0.*n*
14					指标 2	0.*n*
15					⋮	⋮
16					指标 *n*	0.*n*

根据运维服务质量的模型，可以得知运维服务的质量由系统运行情况和用户体验两部分组成。而要评价系统运行情况，最常用的就是系统平均无故障时间（MTBF）、系统平均修复时间（MTTR）和系统平均维护时间（MTRS）这 3 项指标。在计算这 3 项指标时，有一个关键的技巧，那就是在精准运维中特别强调的以业务为导向。因此，必须考虑清楚系统所承载的业务情况，如果脱离了对业务的考虑，那么这两个指标的作用就会大打折扣。

2. 要有协商一致的服务基准

IT 运维服务提供商不可能向运维服务需求方提供无限的服务。因此为了达到平衡，运维服务需求方、运维服务提供方、运维监督部门必须在充分协商的基础上明确质量测量的指标项和指标计算的方法、获取数据的途径、质量角色的分工等。服务基准协商示意图如图 17.3 所示。这就相当于签订了 IT 运维服务的 SLA（Service Level Agreement，服务级别协议），形成了运维服务执行的标准。有了这份协议，运维服务的目标就清晰明确了，无论是甲方还是乙方都有了明确的工作方向，这对促进运维服务的发展是至关重要的。需要强调的是，这个标准是可以动态调整的，各方可以根据运维形势的发展进行再次协商和调整。

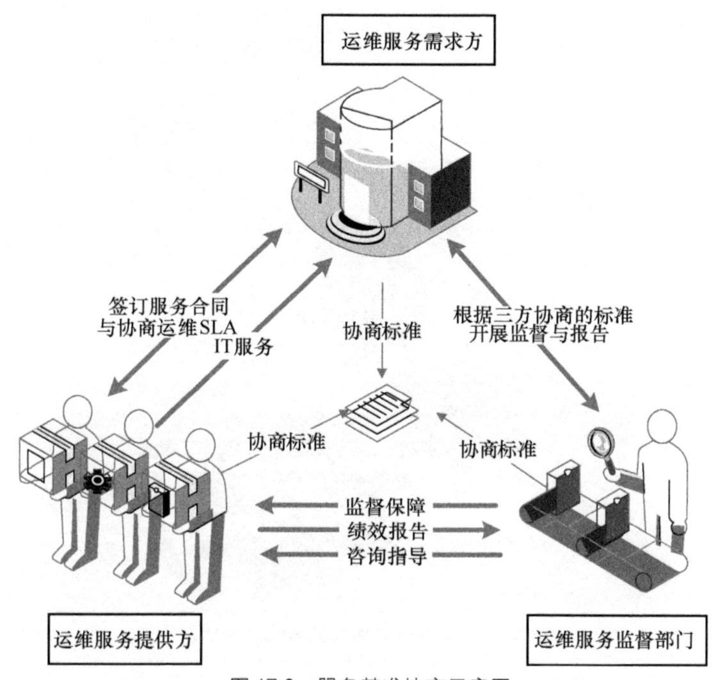

▲图 17.3 服务基准协商示意图

3. 开展服务质量工作的流程

运维服务质量工作开始于运维数据采集，终止于服务质量改进，这也是一个不断进行 PDCA 循环的过程。图 17.4 是 IT 运维服务质量工作流程示意图。通过采集 IT 系统运维过程中形成的服务数据，将质量监测与服务基准值进行比较，经过质量验证和质量分析发现隐患和风险，从而提高服务水平。

4. 测量与分析

开展运维质量工作是为了提高用户满意度，因此质量工作的关键就是分析运维数据，找到风险和隐患。只有这样才能了解运维的现状，促进运维工作的开展。从图 17.5 可以看出，质量分析这个“齿轮”，通过反馈和汇报带动运维服务不断向前发展。所以测量完之后，必须发掘运维数据中隐含的信息，这将为决策层提供决策依据，为执行层提供改进的方向。

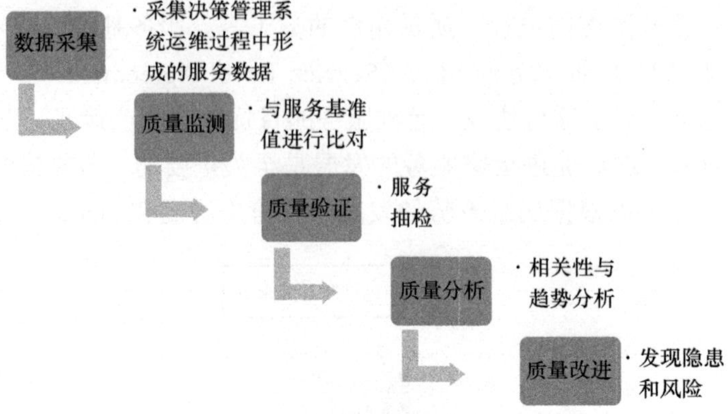

▲图 17.4　IT 运维服务质量工作流程示意图

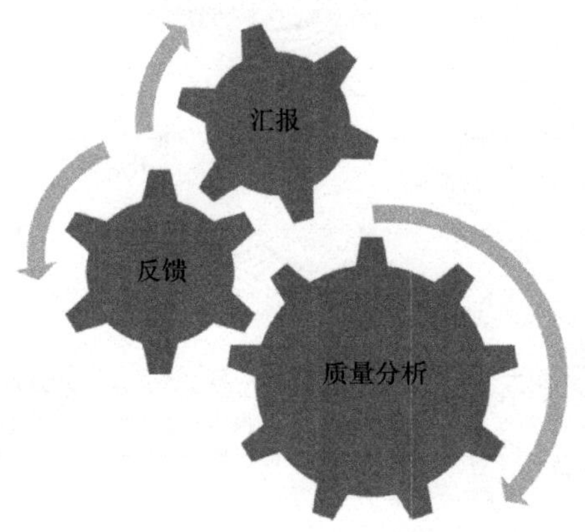

▲图 17.5　IT 运维服务质量分析过程示意图

5. 开展不同粒度的服务质量分析

根据采集到的服务质量指标值，对运维服务的开展情况进行分析，要兼顾整体与局部。因此在分析运维服务的质量时，不仅要对运维服务的全局的服务质量进行研究，还要对局部的服务质量进行研究，所以服务质量分析会按不同的粒度进行分析，从而全面反映运维服务的质量。

6. 开展多维度的运维服务质量分析

为了发现运维服务的可改进项，运维服务质量分析不仅要从横向进行研究，还要从纵向进行研究。这种多维度的服务质量分析既能为运维提供方提供决策依据，也能为运维执行部门提供改进的方向。

第 18 章　天外有天：IT 服务的国际标准

18.1 ITIL

ITIL（Information Technology Infrastructure Library，信息技术基础架构库）由英国政府部门 CCTA（Central Computing and Telecommunications Agency）在 20 世纪 80 年代末制订，现由英国商务部 OGC（Office of Government Commerce）负责管理，主要适用于 IT 服务管理。20 世纪 90 年代后期，ITIL 的思想和方法被广泛引用，并进一步发展。

ITIL 一开始作为英国政府 IT 部门的实践指南，问世后不久便被推广到英国的私营企业，然后传遍欧洲，随后开始在美国兴起。自从 1980 年至今，ITIL 经历了 3 个主要的版本。

- Version 1：1986～1999 年的原始版，主要基于职能型的实践，开发了 40 多卷图书。

- Version 2：1999～2006 年的 ITIL v2，主要基于流程型的实践，包含 7 个体系：服务支持、服务提供、实施服务管理规划、应用管理、安全管理、基础架构管理及 ITIL 的业务前景。它已经成为 IT 服务管理领域全球广泛认可的实践框架。

- Version 3：2004～2007 年基于服务生命周期的 ITIL v3 整合了 v1 和 v2 的精华，并与时俱进地融入了当前 IT 服务管理领域的优良实践。

ITIL 为企业的 IT 服务管理实践提供了一个客观、严谨、可量化的标准和规范。企业的 IT 部门和最终用户可以根据自己的能力和需求定义自己所要求的不同服务水平，参考 ITIL 来规划和制订其 IT 基础架构及服务管理，从而确保 IT 服务管理能为企业的业务运作提供更好的支持。对企业来说，实施 ITIL 的最大意义在于把 IT 与业务紧密地结合起来了，从而让企业的 IT

投资回报最大化。

目前，ITIL 已经在全球 IT 服务管理领域得到了广泛的认同和支持，四家最领先的 IT 管理解决方案提供商都宣布了相应的策略：IBM Tivoli 推出了“业务影响管理”的解决方案，HP 公司倡导“IT 服务管理”，CA 公司强调“管理按需计算环境”，BMC 公司则推出了“业务服务管理”的理念。实际上，无论各公司的理念和解决方案有多大差异，但目标都是一致的：把 IT 与业务相结合，以业务为核心搭建和管理 IT 系统。

2001 年英国标准学会（British Standard Institute，BSI）在国际 IT 服务管理论坛（itSMF）年会上，正式发布了基于 ITIL 的英国国家标准 BS 15000。2002 年，BS 15000 为国际标准化组织（ISO）所接受，作为 IT 服务管理的国际标准的重要组成部分。目前，ITSM 领域正成为全球 IT 厂商、政府、企业和业界专家广泛参与的新兴领域。对未来的 IT 走向和企业信息化，它将会产生深远的影响。其内容描述的是 IT 部门应该包含的各个工作流程以及各个工作流程之间的相互关系。ITIL 的服务生命周期框架如图 18.1 所示。

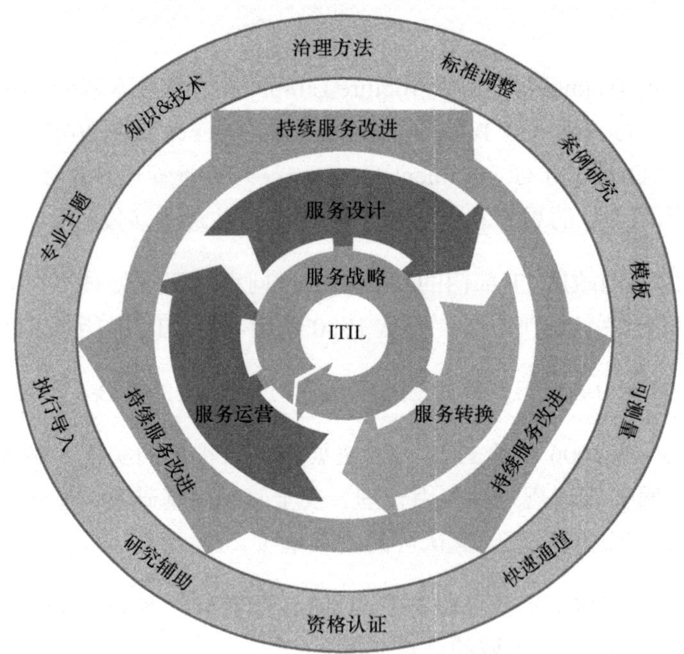

▲图 18.1　ITIL 的服务生命周期框架

要强调的一点是，ITIL 不是一个正式标准，而是目前普遍实行的“事实”上的标准。

1. ITIL 的核心模块

ITIL 的核心包括 4 个职能、26 个流程。

4 个职能分别是服务台、运营管理、应用管理、技术管理。

26 个流程分别是事件管理、事故管理、请求实施、问题管理、资产与配置管理、变更管理、发布与部署管理、服务级别管理、连续性管理、可用性管理、能力管理、IT 服务财务管理、信息安全管理、服务报告、业务关系管理、供应商管理、知识管理、服务目录管理、战略制订、需求管理、服务组合管理、变更评估、设计协作管理、服务验证与测试、转换规划与支持、访问管理。

下面就其中的部分职能和流程加以说明。

- 服务台：它是 IT 部门和 IT 服务用户之间的单一联系点。它通过提供一个集中和专职的服务联系点促进了组织业务流程与服务管理基础架构的集成。服务台的主要目标是协调客户（用户）和 IT 部门之间的联系，为 IT 服务运作提供支持，从而提高客户的满意度。

- 事故管理：负责记录、归类和安排专家处理事故并监督整个处理过程，直至事故得到解决。事故管理的目的是在客户和用户业务受到的影响最小的情况下使 IT 系统恢复到服务级别协议所定义的服务级别。

- 问题管理：这是一个服务管理流程，旨在通过调查和分析 IT 基础架构的薄弱环节、查明事故产生的潜在原因，并制订解决事故的方案和防止事故再次发生的措施，将由于问题和事故对业务产生的负面影响减小化。与事故管理强调事故恢复的速度不同，问题管理强调的是找出事故产生的根源，从而制订恰当的解决方案或预防措施。

- 资产与配置管理：包括识别和确认系统的配置项，记录和报告配置项状态与变更请求，检验配置项的正确性和完整性等活动。其目的是提供 IT 基础架构的逻辑模型，支持其他服务管理流程（特别是变更管理和发布管理）的运作。

- 变更管理：为在最短的中断时间内完成基础架构或服务的任一方面的变更而对其进行控制的服务管理流程。变更管理的目标是确保在变更实施过程中使用标准的方法和步骤，尽快地实施变更，以将由变更所导致的业务中断对业务的影响减小化。

- 发布与布置管理：对经过测试后导入实际应用的新增或修改后的配置项进行分发和宣传的管理流程。发布管理以前又称为软件控制与分发，它由变更管理流程控制。

- 服务级别管理：这是一个服务管理流程，其中包括为签订服务级别协议而进行的计划、草拟、协商、监控和报告以及签订服务级别协议后对服务绩效的评价等一系列活动。服务级别管理旨在确保组织所需的 IT 服务质量在成本合理的范围内得以维持并逐渐提高。

- IT 服务财务管理：负责向预算和核算 IT 服务提供方提供 IT 服务所需的成本，并向客户收取相应服务费用。它包括 IT 投资预算、IT 服务成本核算和服务计费三个子流程，其目标是通过量化服务成本降低成本超支的风险、减少不必要的浪费、合理引导客户的行为，从而最终保证所提供的 IT 服务符合成本效益的原则。IT 服务财务管理流程产生的预算和核算信息可以为服务级别管理、能力管理、IT 服务持续性管理和变更管理等管理流程提供决策依据。

- 能力管理：在成本和业务需求的双重约束下，通过配置合理的服务能力使组织的 IT 资源发挥最大效能。能力管理流程包括业务能力管理、服务能力管理和资源能力管理 3 个子流程。

- 可用性管理：通过分析用户和业务方的可用性需求并根据优化和设计 IT 基础架构的可用性，从而确保以合理成本满足不断增长的可用性需求。可用性管理是一个前瞻性的管理流程，它通过对业务和用户可用性需求的定位，使得 IT 服务的设计建立在真实需求的基础上，从而避免 IT 服务运作中采用过度的可用性级别，节约了 IT 服务的运作成本。

2. 实施 ITIL 的益处

ITIL 旨在解决并纠正这些可能出现的弊端。它提供了一个指导性框架，这个框架可以保留组织现有 IT 管理方法中的合理部分，同时增加必要的技术，并且方便了各种 IT 职能间的沟通和协调。但它并不是一套理论模式，而是以全球优良、实用的实际经验为依据，基于高质量、合理定义、可重复流程等，确立的可持续改进的计划。

对于企业实施 ITIL，有助于最终进行完善的服务管理。在 ITIL 的各个流程管理中，可以直接与各个业务部门相互作用，对业务功能及流程进行重新设计，降低成本、缩短周转时间、提高质量和增进客户满意度。

ITIL 的实施，使信息系统部门能够对财务、销售、市场、制造等业务中更改的流程，做出及时反应。某些情况下，这还导致了一些相关组织机构的诞生，如变更委员会、紧急变更委员等，以增进业务与 IT 的整合。

实施 ITIL，可以确保 IT 对业务支持的精确性和前瞻性。市场竞争的加剧要求企业能够快速做出决策，并缩短反应时间。传统的企业效益度量标准（如收入、市场份额等），对业务状况的反映是滞后的。一旦发现问题，再想规避问题，往往为时已晚。

就 IT 部门来讲，在投资回报方面，参考 ITIL 来考虑 IT 投资，就很容易定义期望的收益，并对收益进行度量。同时，可以明确地建立一支承担共同责任和义务的、多技能的、跨组织的合作团队。由于相互信赖程度的加深，用户与 IT 人员之间将不再互相指责，而形成相互促进的形式，改变其“救火队”的形象。

对于企业管理者，ITIL 能够在以下方面提供帮助。

- 使 IT 从规划到实施到运维更加有效，降低成本的同时获得更高的 IT 服务体验。
- 确保 IT 流程支持业务流程，提高企业整体业务运营的质量。
- 推进 IT 部门和业务部门的沟通，也增进 IT 部门与业务部门的相互融合，使 IT 部门由成本中心变为利润中心。
- 减少冗余和重复的工作，提高 IT 客户和业务人员的生产效率。

对于 IT 部门负责人，ITIL 能够在以下方面提供帮助。

- 了解业界领先的 IT 服务管理模式，熟悉业界领先的 IT 管理实践。
- 学会让 IT 部门为公司创造新的战略竞争力。
- 让企业内部客户对 IT 有更合理的期望，更清楚为达到这些期望需要付出什么。
- 让部门中的 IT 员工更清楚对他们的期望，有合适的流程和相应培训来确保他们能实现这些期望。
- 加强个人的 IT 服务管理工作技能，成为 IT 界的 MBA，向管理型的 IT 人才发展。

对于 IT 部门的运维操作人员，ITIL 能够在以下方面提供帮助。

- 了解业界领先的 IT 服务管理模式，熟悉业界领先的 IT 管理实践。
- 加强个人的工作技能，提高工作表现，获得更多的专业知识，从而胜任更多的工作。
- 当软件或硬件不再使用时，可以及时取消对它的维护及相应的维护合同。
- 加强个人的 IT 服务管理工作技能，成为 IT 界的 MBA，从而获得更好的发展机会。

3. ITIL 的实施步骤

ITIL 虽然在 20 世纪 90 年代就已经成为标准，但国内企业对它的了解才刚刚开始。针对这一状况，Malcolm Fry 先生给出了他的建议。

首先，要阅读 ITIL 资料，了解 ITIL 准则，培养 ITIL 专家。ITIL 不是一种产品，而是一套流程和准则，必须对它有充分的了解，才可能成功实施。国外一些企业已经培养了大批 ITIL 人才，例如，微软公司有 3000 多人通过了考试，宝洁公司有 1000 多人通过，BMC 也有 400 多人通过。国内的情况则不容乐观，有关 ITIL 的培训认证还没有开展起来，虽然很多企业关注 ITIL，但真正实施的并不多。

其次，要建立科学合理的流程。Malcolm Fry 认为，在 ITIL 的实践过程中，流程是最重要的，因为流程是 IT 管理的基础：在 IT 管理的过程中，针对同一问题的具体实施步骤可能不同，但流程是不会改变的。让我们来看一个简单的例子：早上上班，你发现你的计算机不能正常工作了，你会怎么办？你可能会做以下事情：检查电缆，请系统管理员来检查机器，报告老板等。于是，故障很快找到，问题得到了解决。如果我们不按流程办事，而是随意而为，那么查找一个小故障就可能用掉一整天的时间。

最后，要选择适当的软件产品。企业对 IT 系统的管理是通过 IT 管理软件实现的，因此，选择适当的软件对成功实现 ITIL 的目标至关重要。目前，一些主流厂商的软件产品都符合 ITIL 的要求，包括 IBM Tivoli、CA Unicenter、HP OpenView、BMC Patrol 等。

18.2 PDCA 循环

PDCA 循环又叫戴明环，是美国质量管理专家 Shewhart（休哈特）博士首先提出的，由 Deming（戴明）采纳、宣传，获得普及，从而也被称为“戴明环”。它是全面质量管理所应遵循的科学程序。

PDCA 是英语单词 Plan（计划）、Do（执行）、Check（检查）和 Action（行动）的首字母缩写。PDCA 循环就是按照这样的顺序进行质量管理，并且循环不止地进行下去的科学程序。PDCA 循环如图 18.2 所示。

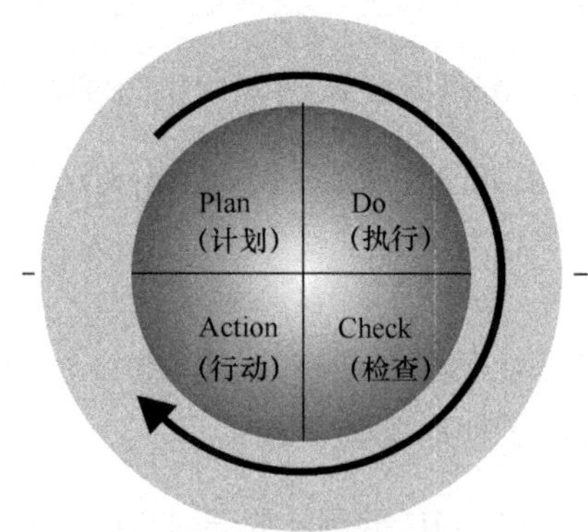

▲图 18.2　PDCA 循环

- P（Plan，计划）：包括方针和目标的确定，以及活动规划的制定。

- D（Do，执行）：根据已知的信息，设计具体的方法、方案和计划布局。再根据设计和布局，进行具体运作，实现计划中的内容。

- C（Check，检查）：总结执行计划的结果，分清哪些对了，哪些错了，明确效果，找出问题。

- A（Action，行动）：对检查的结果进行处理。对成功的经验加以肯定，并予以标准化；对于失败的教训也要总结，引起重视。对于没有解决的问题，应提交到下一个 PDCA 循环中。

PDCA 循环，可以使我们的思想方法和工作步骤更加条理化、系统化、图像化和科学化。它具有如下特点。

（1）大环套小环，小环保大环，推动大循环。

作为质量管理的基本方法，PDCA 循环不仅适用于整个工程项目，也适应于整个企业和企业内的科室、工段、班组甚至个人。各级部门根据企业的方针目标，都有自己的 PDCA 循环，层层循环，形成大环套小环，小环里面又套更小的环。大环是小环的母体和依据，小环是大环的分解和保证。各级部门的小环都围绕着企业的总目标朝着同一方向转动。通过循环把企业上下或项目的各项工作有机地联系起来，彼此协同，互相促进。

（2）不断前进、不断提高。

PDCA 循环就像爬楼梯一样，一个循环运转结束，生产的质量就会提高一步。然后再进入下一个循环，不断前进，不断提高。

（3）门路式上升。

PDCA 循环不是在同一水平上循环，每循环一次，就解决一部分问题，取得一部分成果，工作就前进一步，水平就提升一步。每通过一次 PDCA 循环，就要进行总结，提出新目标，再进行第二次 PDCA 循环，使品质治理的车轮滚滚向前。PDCA 每循环一次，品质水平和治理水平均提升一个层次。

在日常工作生活中，我们都可以借鉴 PDCA 的方法论。关于 PDCA 的应用阶段，具体说明如下。

一是计划阶段。要通过市场调查、用户访问等，摸清用户对产品质量的要求，确定质量政策、质量目标和质量计划等。

二是设计和执行阶段。实施上一阶段所规定的内容。根据质量标准进行产品设计、试制、试验及计划执行前的人员培训。

三是检查阶段。在计划执行过程之中或执行之后，检查执行情况，看是否符合计划的预期结果。

四是处理阶段。根据检查结果，采取相应的措施。巩固成绩，把成功的经验尽可能纳入标准，进行标准化，遗留问题则转入下一个 PDCA 循环中。

18.3 ITSM

ITSM（IT Service Management，IT 服务管理）是一套帮助企业对 IT 系统的规划、研发、实施和运营进行有效管理的高质量方法。它结合了高质量服务不可缺少的流程、人员和技术三大要素。标准流程负责监控 IT 服务的运行状况，人员素质关系到服务质量的高低，技术则保证服务的质量和效率。ITSM 是一套面向过程、以客户为中心的规范的管理方法。它通过集成 IT 服务和业务，协助企业提高其 IT 服务的提供和支持能力。ITSM 流程示意图如图 18.3 所示。

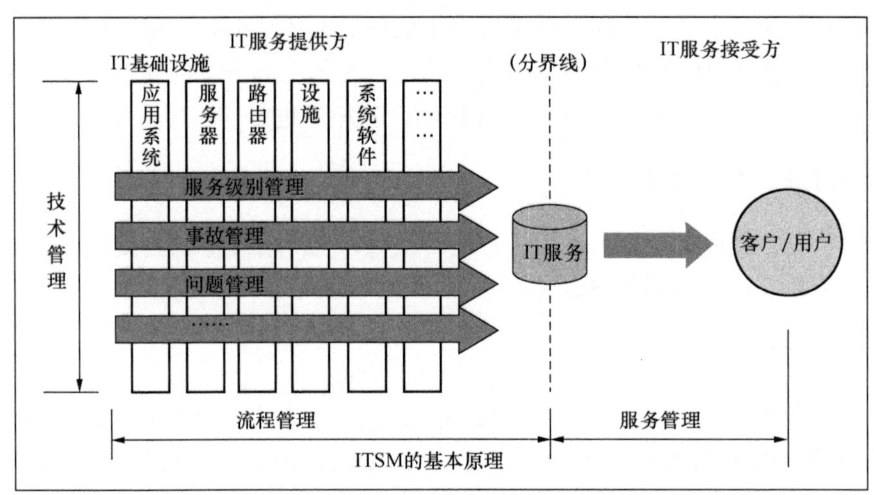

▲图 18.3　ITSM 流程示意图

ITSM 适用于 IT 管理，而不是企业的业务管理。清楚这一点非常重要，因为它明确划分了 ITSM 与 ERP、CRM 和 SCM 等管理方法和软件之间的界限。这个界限是：前者面向 IT 管理，后者面向业务管理。ITSM 不是通用的 IT 规划方法。ITSM 的重点是 IT 的运营和管理，而不是 IT 的战略规划。如果把组织的业务过程比作安排一辆汽车去完成一趟运输任务，那么 IT 规划的任务相当于为这次旅行选定正确的路线、合适的汽车和司机。而 ITSM 的任务则是确保汽车行驶过程中司机遵循操作规程和交通规则，对汽车进行必要的维修和保养，尽量避免其出现故障。一旦出现故障，也能很快修复。当汽车到达目的地时，整个行驶过程中的所有费用都可以准确地计算出来，这便于衡量成本效益，为做出有关调整提供决策依据。简单地说，IT 规划关注的是组织的 IT 方面的战略问题，而 ITSM 是确保 IT 战略得到有效执行的战术性和运营性活动。

ITSM 是一套面向过程、以客户为中心的规范的管理方法。而在 ITSM 领域有一个事实上的标准，就是英国商务部开发的信息技术基础设施库（Information Technology Infrastructure Library，ITIL）。

18.4 ISO 20000 体系

1. 什么是 ISO 20000

ISO 20000 是由国际标准化组织（ISO）和国际电工委员会（IEC）在 2005 年正式发布的第一部针对 IT 服务管理的国际标准。ISO 20000 规定了 IT 组织在向其内外部客户提供 IT 服务和支持的过程中所需完成的工作。通过这些规定，ISO 20000 展示了一套完整的 IT 管理流程，旨在帮助 IT 组织识别并管理 IT 服务的关键流程，保证向业务和客户有效地提供高质量的 IT 服务。

ISO 20000 标准模型如图 18.4 所示。

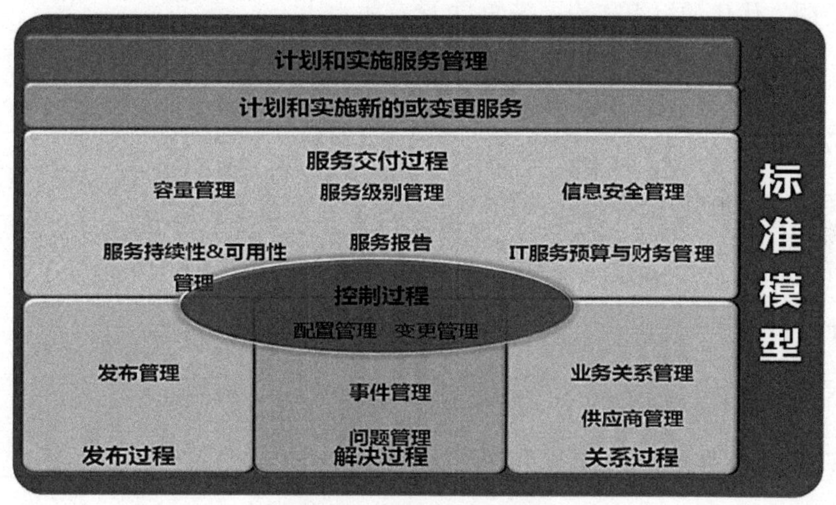

▲图 18.4　ISO 20000 标准模型

ISO/IEC 20000 是一个针对管理流程系统的标准。ISO/IEC 20000 的认证适合 IT 服务的提供者，可以是内部的 IT 部门，也可以是外部的服务提供商。获取 ISO/IEC 20000 的认证，意味着提供服务的 IT 组织，对 ISO/IEC 20000 中定义的这些管理流程，具有足够好的管理控制力。对流程的管理控制力包括以下几个方面。

- 对流程输入的了解和控制。
- 对流程输出的了解、使用和诠释。

- 制订和执行对流程效能的衡量机制。
- 有客观的证据表明，对流程的功能负责，使之符合 ISO 20000 标准要求。
- 制订流程的改进计划，衡量和回顾改进结果。

2. 建立 ISO 20000 体系带来的益处

应用 ISO 20000 能够使企业建立起一套 IT 服务管理的优良流程，从而系统地、有序地提供管理服务，为企业带来以下益处。

- 获得权威认证机构颁发的认证证书，提升市场竞争优势。
- 就服务质量和服务承诺与业务及供货商达成一致，建立和业务及供货商统一的沟通平台，达到相关利益方均满意的 IT 服务管理目标。
- 提高 IT 服务的可用性、可靠性和安全性，为用户提供高质量的服务。
- 建立透明、优化的组织架构，降低 IT 运营成本。
- 持续优化服务流程，提升服务水平，提高客户满意度。
- 将服务管理与整体业务流程相结合。
- 建立关于服务流程和常规实践的清晰的、集中的文件系统。
- 为 IT 部门建立一整套行之有效的持续改善机制和内控机制。
- 提高 IT 部门相关员工的专业素质，提高员工的服务能力和工作效率。
- 定期评估服务管理流程，维护和改进其有效性。
- 提升 IT 部门整体运作及部门间沟通的能力。
- 易于和其他管理体系整合，如 ISO 9001、ISO 27001 等。

3. 如何获得 ISO 20000 认证

IT 服务组织要获得 ISO/IEC 20000 的认证，必须证明它能够对标准中涉及的所有流程都具有管理控制力。ISO/IEC 20000 系列对流程的最佳实践进行了总结，可适用于不同规模、类型和结构的组织。服务管理流程的最佳实践要求并不会因为组织形式不同而被改变。

要获得 ISO 20000 认证，需要一系列流程才能实现，包括认知 ISO 20000、定义目标和实施范围、初始评估与差距分析、决策层批准实施、ISO 20000 培训、选择审核机构与定义审核范围、建立管理体系流程及政策、体系实施与持续改进、重新评估与定位目标、认证审核、通过 ISO 20000 认证、认证维护等。具体流程如图 18.5 所示。

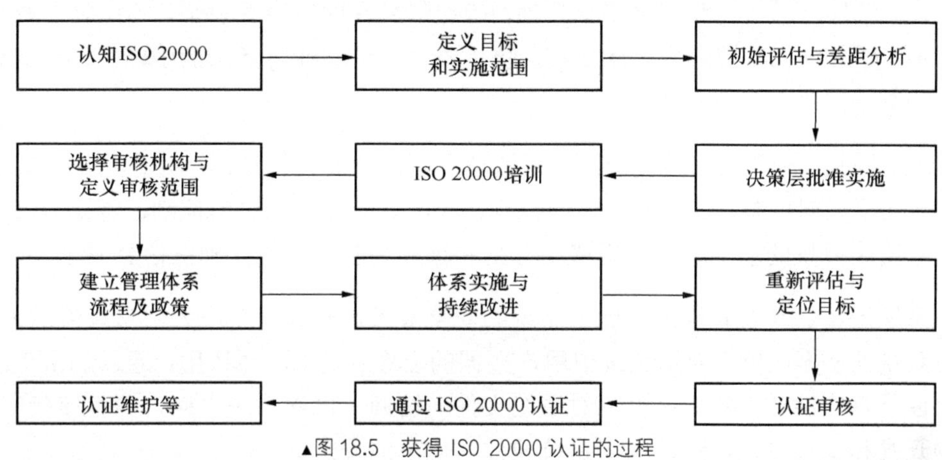

▲图 18.5 获得 ISO 20000 认证的过程

18.5 ISO 27001 标准

1. 什么是 ISO 27001

ISO 27001 是有关信息安全管理的国际标准，最初起源于英国的标准 BS 7799，经过十年的不断改版，终于在 2005 年被 ISO 转化为正式的国际标准，于 2005 年 10 月 15 日发布为 ISO/IEC 27001:2005。该标准可用于组织的信息安全管理体系的建立和实施，保障组织的信息安全，采用 PDCA 循环，基于风险评估的风险管理理念，全面、系统、持续地改进组织的安全管理。

ISO/IEC 27001 标准包括 11 章。

（1）安全策略。制订信息安全方针，为信息安全提供管理指引和支持，并定期评审。

（2）信息安全的组织。建立信息安全管理组织体系，在内部开展和控制信息安全的实施。

（3）资产管理。核查所有信息资产，做好信息分类，确保信息资产受到适当程度的保护。

（4）人力资源安全。确保所有员工、合同方和第三方了解信息安全威胁和相关事宜以及各自的责任、义务，以降低人为差错、盗窃、欺诈或误用设施的风险。

（5）物理和环境安全。定义安全区域，防止对办公场所和信息的未授权访问、破坏和干扰；保护设备的安全，防止信息资产的丢失、损坏或被盗，以及对企业业务的干扰。同时，还要做好一般控制，防止信息和信息处理设施的损坏和被盗。

（6）通信和操作管理。制订操作规程和职责，确保信息处理设施的正确和安全操作；建立系统规划和验收准则，将系统失效的风险降到最低；防范恶意代码和移动代码，保护软件和信息的完整性；做好信息备份和网络安全管理，确保信息在网络中的安全，确保其支持性基础设施得到保护；建立媒体处置和安全的规程，防止资产损坏和业务活动的中断；防止信息和软件在组织之间交换时丢失、修改或误用。

（7）访问控制。制订访问控制策略，避免信息系统的非授权访问，并让用户了解其职责和义务，包括网络访问控制，操作系统访问控制，应用系统和信息访问控制，监视系统访问和使用，定期检测未授权的活动。当使用移动办公和远程控制时，也要确保信息安全。

（8）系统采集、开发和维护。标识系统的安全要求，确保安全成为信息系统的内置部分，控制应用系统的安全，防止应用系统中用户数据的丢失、被修改或误用；通过加密手段保护信息的保密性、真实性和完整性；控制对系统文件的访问，确保系统文档、源程序代码的安全；严格控制开发和支持过程，维护应用系统软件和信息的安全。

（9）信息安全事故管理。报告信息安全事件和缺陷，及时采取纠正措施，确保使用持续有效的方法管理信息安全事故，并确保及时修复。

（10）业务连续性管理。目的是为减少业务活动的中断，使关键业务过程免受主要故障或天灾的影响，并确保及时恢复。

（11）符合性。信息系统的设计、操作、使用过程和管理要符合法律法规的要求，符合组织安全方针和标准，还要控制系统审计，使信息审核过程的效力最大化，干扰最小化。

2. 通过 ISO 27001 认证带来的好处

通过 ISO 27001 认证带来的好处如下。

（1）通过定义、评估和控制风险，确保经营的持续性和能力。

（2）减少由于合同违规行为以及直接触犯法律法规要求所造成的责任。

（3）通过遵守国际标准提高企业竞争能力，提升企业形象。

（4）明确定义所有组织内部和外部的信息接口目标，谨防数据的误用和丢失。

（5）建立安全工具使用方针。

（6）谨防技术诀窍的丢失。

（7）在组织内部增强安全意识。

（8）作为公共会计审计的证据。

3. ISO 27001 认证要求

ISO 27001 标准是为了与其他管理标准（比如 ISO 9000 和 ISO 14001 等）相互兼容而设计的。这一标准中的编号系统和文件管理需求的设计初衷，就是为了提供良好的兼容性，使得组织可以建立起这样一套管理体系：能够最大限度地融入这个组织正在使用的其他任何管理体系。一般来说，组织通常会使用为其 ISO 9000 认证或者其他管理体系认证提供认证服务的机构，来提供 ISO 27001 认证服务。正是因为这个缘故，在 ISMS 体系建立的过程中，质量管理的经验举足轻重。ISO 27001 的认证过程和 ISO 20000 认证基本相似，但更为灵活一些。

18.6 ITSS

随着各行业、各领域信息化工作的深入开展，越来越多的信息系统进入运维阶段。然而，提供运维服务的各类组织的能力水平参差不齐，需方缺乏评价或选择供方的方法、手段及规范。由中国信息技术标准化技术委员会提出的 GB/T 28827.1—2012《信息技术服务运行维护第 1 部分：通用要求》是国家层面推荐的信息技术服务标准（ITSS）。此标准对不同服务对象、服务过程和服务需求的能力要素进行抽象，并通过关键指标对服务能力进行评价。同时，针对维护服务过程、服务交付内容及特定服务需求；不同服务对象的运行维护服务，提出了要求。各部分之间的关系如图 18.6 所示。

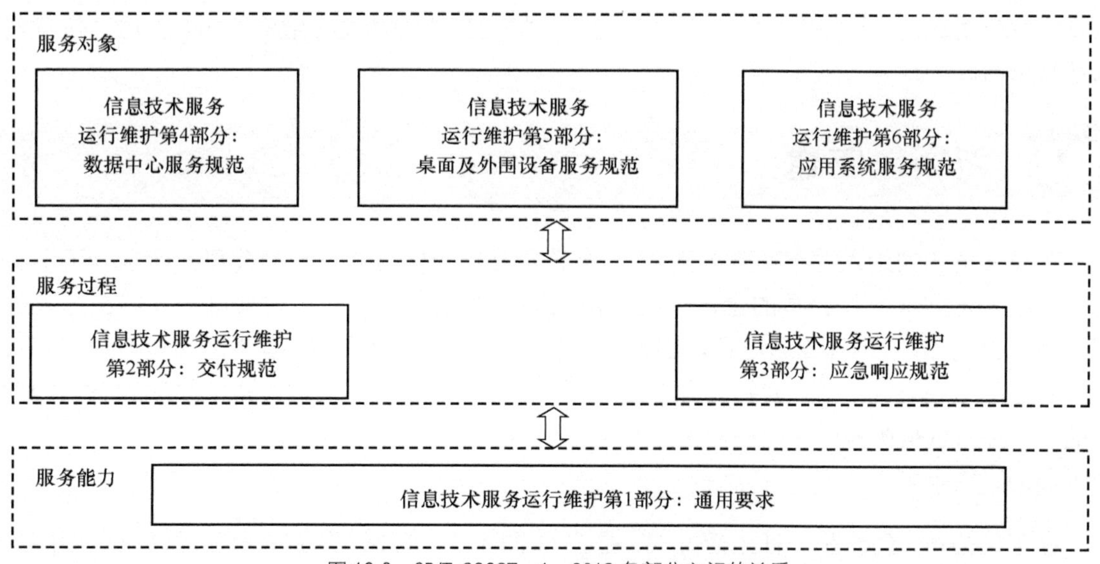

▲图 18.6 GB/T 28827・1—2012 各部分之间的关系

GB/T 28827.1 提出了信息系统运行维护的基本要素，以及提供运行维护服务的各类组织应具备的条件和能力，旨在指导供方改进和提升其运行维护服务能力，并为需方提供选择和评价供方的依据。

18.7 DevOps

DevOps（Development 和 Operations 的组合）是一组过程、方法与系统的统称，用于促进开发（应用程序/软件工程）、技术运营和质量保障（QA）部门之间的沟通、协作与整合。它的出现是由于软件行业日益清晰地认识到：为了按时交付软件产品和服务，开发和运营工作必须紧密合作。

我们可以把 DevOps 看作开发、技术运营和质量保障三者的交集。

传统的软件组织将开发、IT 运营和质量保障设为各自分离的部门。在这种环境下如何采用新的开发方法（例如敏捷软件开发），是一个重要的课题。按照从前的工作方式，开发和部署不需要 IT 支持或者 QA 深入的、跨部门的支持，而需要极其紧密的多部门协作。然而，DevOps 考虑的还不只是软件部署。它是一套针对这几个部门间沟通与协作问题的流程和方法。

需要频繁交付的企业可能更需要对 DevOps 有一个大致的了解。DevOps 的引入能对产品交付、测试、功能开发和维护起到意义深远的影响。在缺乏 DevOps 能力的组织中，开发与运营之间存在着信息“鸿沟”——例如运营人员要求更好的可靠性和安全性，开发人员则希望基础设施响应更快，而业务用户的需求则是更快地将更多的特性发布给最终用户。这种信息鸿沟就是常出问题的地方。

18.8 创新是王道

苹果公司的创始人乔布斯曾经说：“苹果公司是一个非常有条理的公司，而且有了不起的流程。但是这并非苹果公司的全部。流程使人的效率更高。但创新则来自于人们在过道上见面，或在夜晚 10 点半互相通电话，因为他们有了一个新的想法，或者是因为他们意识到对于某个问题的考虑有漏洞等。创新来自于对一百件事说不，以确保我们不走上歧途或不试图做太多的事。我们总是在考虑有哪些新的市场可以进入，但是只有通过说不，才能保证集中精力在最重要的事情上。”

在苹果公司，创新是一种生活方式，是公司基因的一部分。苹果公司的成功可以归因于它开发新产品的能力。在过去的几年中，苹果公司在市场里推出了一些优异的产品，这些产品成为顾客体验的标杆。苹果公司连续 7 年（2006～2013）排在由《商业周刊》编制的世界最具创新力公司排行榜的首位。

自公司成立起，苹果公司就一直把重点放在创新上，并且进入了它可以做出巨大贡献的市场。根据分析师的观点，苹果公司的主要目标之一是使得技术在顾客面前无缝。根据它的口号“不同的思考”，苹果公司采用了一个自我满足的运营风格。这使得苹果公司领先于竞争对手。在试图超越自身的过程中，苹果公司很少承认竞争，公司制造的产品既有意义又有利润。

苹果公司的创新成功只是一个缩影，它用不争的事实告诉我们：创新才是王道。没有创新，整个社会将停滞不前；没有创新，企业将失去它的用户；没有创新，你必然会被别人超越。

当前，很多网站和 App 在建设内容上还是一味地在制造同质化的内容，没有自己的特色，感觉就像在应付用户。这一点主要是因为优化人员和管理人员没有深入理解内容的重要程度，管理人员只追求网站或 App 的效果，更看重销售结果，优化推广人员由于对行业的理解不深入也不能深入去研究。因此，从总体上来说，对于内容的创新，存在一些盲区。在 IT 服务方面也是这样，同质化现象很严重，很多好的做法一旦实施立马会被其他企业所效仿，从而不再是自己特有的服务，几乎所有服务商的服务内容和方式都千篇一律，毫无新意可言。

为让自身脱颖而出，除了创新之外，别无他法。在 IT 服务方面，要想使服务内容创新，就必须要深挖用户需求，而且要研究一些知名企业好的做法，将其与企业自身进行有效结合，才能更好地使内容不断创新，从而紧紧吸引用户的目光，保持用户对自身服务的忠诚度。

我们在工作中，应遵循创新的七大原则，只有这样，才能创新。

（1）做你所爱的事（对事业有不同的考思考）。

（2）在宇宙中留下凹痕（对你的愿景有不同的思考）。

（3）开动你的脑筋（对你的思维方式有不同的思考）。

（4）出售梦想，而不是产品（对你的顾客有不同的思考）。

（5）对一千件事说不（对设计有不同的思考）。

（6）创造疯狂的优质体验（对品牌体验有不同的思考）。

（7）掌握信息（对你的故事有不同的思考）。

随着科技的进步，运维技术也要不断地创新。比如，可以利用移动互联展开运维人与客户的沟通，运维人与运维人的沟通以及系统的监控等，利用 AI 技术实现智能运维，以及为人工智能设备提供运维等。总之，我们生活在一个伟大的新时代，一切创新皆有可能。

结束语

到这里，本书的内容就基本结束了。由于本书旨在全面介绍 IT 服务的基础知识和基本技巧与方法以及相关理论，属于普及性质，因此还有很多内容没有深入细致地讲解，作者后续再深入讨论这些内容。

要成为一个 IT 服务达人，应该具备以下素质。

（1）精通业务、勤于思考。

（2）在技能方面软硬兼备、根底扎实。

（3）熟练掌握运维的类型、内容、方法、技能、技巧。

（4）做事讲计划、重承诺、讲规范、重控制、有反馈、重效率、能应急、有保障。

（5）以主动服务为主，掌握平衡服务的方法。

（6）掌握运维流程并能将各项流程贯穿服务始终。

（7）为人有亲和性，做事有系统性。

（8）练好内外功，赢得用户的心。

有了上面这八方面做保障，你不想成为 IT 服务达人都难。很多事情就是这样，只要你用心地去学、去做，不知不觉就达到了那个高度。苹果公司的乔布斯也好，海底捞的张勇也罢，他们在奋斗的过程中不曾想到自己会获得那么大的成功，但相同的是他们都一直用心地做事。永远记住：胜利更偏爱有准备的人。

希望本书的内容能够为在奋斗中的你点亮一盏灯！

附录 A　名词解释

下面给出一些名词解释。

- 目标恢复时间：恢复用户约定的系统事件的时间，判断恢复的依据是 IT 系统故障通过变通手段可以为用户的业务提供服务。
- 目标解决时间：解决用户约定的系统事件的时间，判断解决的依据是 IT 系统的故障得以排除。
- 紧急度：用于衡量一个中断的服务等待恢复的迫切程度。
- 影响度：用于衡量一个中断的服务的影响范围，即对业务的影响程度。
- 配置项：配置型指 IT 基础架构组件中与基础架构有关的项目，包括软件、硬件和各种文档，比如变更请求、服务、服务器、环境、设备、网络设施、台式机、移动设备、应用系统、协议、电信服务等。
- 配置管理数据库：包含每个配置项及配置项之间重要关系的详细资料的数据库。
- 变更请求：用于记录变更请求的书面文档或电子文档。

参考文献

[1] 孙强, 左天祖, 刘伟. IT 服务管理: 概念、理解与实施[M]. 北京: 机械工业出版社, 2004.

[2] 中国国家标准管理委员会. GB/T 28827 信息技术服务运行维护 [S]. 北京：中国标准出版社, 2013.